THÉATRE COMPLET

DE

G. E. LESSING

Bruxelles.—Typ. de A. Lacroix, Verboeckhoven et C¹ᵉ, Boulev. de Waterloo, 42

THÉATRE COMPLET

DE

G. E. LESSING

TRADUIT PAR

FÉLIX SALLES

AVEC

UNE ÉTUDE CRITIQUE

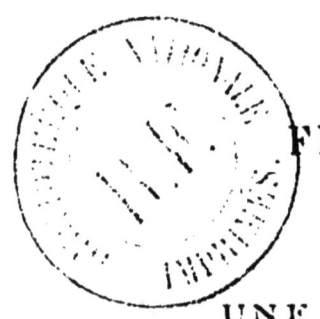

TOME PREMIER

PARIS
LIBRAIRIE INTERNATIONALE
15, BOULEVARD MONTMARTRE, 15

A. LACROIX, VERBOECKHOVEN ET Cie, ÉDITEURS
A BRUXELLES, A LEIPZIG ET A LIVOURNE

1870
Tous droits de reproduction réservés

L'ŒUVRE DRAMATIQUE

DE LESSING

Lessing a été l'objet, déjà, de nombreuses études dans notre langue, mais jamais jusqu'ici son œuvre dramatique tout entière n'a encore été explorée par nos critiques, ni même traduite en français. Après une année de travail, nous avons pu terminer le 17 mars 1866 la traduction du théâtre complet du plus grand auteur comique de l'Allemagne.

Ayant vécu longtemps en communauté intime avec Lessing, nous espérons donc être à même de faire passer son œuvre au creuset d'une critique autorisée, et révéler l'écrivain sous un jour encore peu connu.

Quelle belle et forte langue, que la sienne; que de ressources dramatiques; que d'originalité souvent dans les moyens; que de netteté et de fermeté dans le dessin et la peinture des caractères! Personne, même en Allemagne, où l'on vit agenouillé devant le génie de Gœthe et de Schiller, ne nous contestera que l'œuvre dramatique de Lessing mérite d'y être placée au premier rang.

Avant de pénétrer au cœur de l'œuvre même, nous

rappellerons que notre poète, dont le talent s'est manifesté sous tant de formes diverses, né en 1729, à Kamentz, et mort en 1781, à Wolfenbuttel, a eu, comme beaucoup d'autres hommes de génie, une vie assez orageuse et assez tourmentée. Ce n'est même que vers la fin de sa vie que, nommé conseiller aulique de Brunswick, puis bibliothécaire de la cour du même État, il goûta cette *aurea mediocritas* vantée à bon droit par Horace. Mais son génie, loin d'être étouffé par les luttes de chaque jour, semble s'y être retrempé sans cesse et avoir grandi au contact de l'adversité. Lessing d'ailleurs ne fut pas seulement un écrivain de génie, il pratiqua aussi les vertus et les devoirs de l'homme.

Quand on étudie son style, comme est obligé de le faire le philologue qui doit se l'incarner en quelque sorte pour en saisir toutes les finesses, on est frappé tout d'abord des différences sensibles qui existent entre ses premières et ses dernières pièces de théâtre. On comprend que Lessing a écrit aux heures de formation de la langue, et l'on suit avec un vif intérêt le perfectionnement progressif qu'il est facile de constater au point de vue de la correction, du naturel, de la clarté, de la limpidité et de l'élégance.

Ce qu'il faut admirer surtout dans Lessing, c'est ce que nous admirons dans notre grand Molière : la force, l'énergie et la propriété de l'expression. Sa langue, autre affinité avec Molière, est à la langue contemporaine de l'Allemagne, ce qu'est à notre langue moderne la langue du grand génie de la comédie. Chez tous deux enfin, chacun parle son langage : les gens d'éducation en gens d'éducation, le peuple en peuple.

Les défauts principaux de Lessing, c'est la recherche trop fréquente du *trait*, quelquefois aux dépens de la clarté et du bon sens, et la répétition assez fatigante à la réplique des derniers mots de la phrase précédente. Ceci, du reste, est une conséquence de la construction allemande plus encore qu'un vice de style, propre à l'auteur. En effet, la langue germanique, toute riche, toute harmonieuse et toute poétique qu'elle est, n'a point cette flexibilité qui fait de la nôtre la première langue du monde pour la rapidité et la liberté d'allures du dialogue, qui en fait la langue de la *causerie* — mot sans équivalent en allemand. Somme toute, ce qu'il faut admirer dans Lessing, c'est la finesse des touches dans l'observation et la conduite des caractères ; c'est la création de types éminemment vrais ; c'est la fécondité et la variété d'invention dans les moyens comiques ; c'est l'esprit, et l'esprit souvent le plus attique, jeté à profusion à travers toutes les pages de ce théâtre.

Ses jeunes filles sont adorables d'innocence ou de cœur ; presque toutes, elles ont un grain de malice qui ne gâte rien aux portraits. Ses soubrettes sont des démons d'esprit : elles ont toutes la langue bien affilée, elles valent les meilleures soubrettes de Marivaux.

Lessing enfin est peut-être l'auteur allemand dont le génie, quoique lui-même s'en soit toujours énergiquement défendu, a le plus de points de contact avec le génie français.

C'est le Molière de l'Allemagne.

—

L'œuvre dramatique se compose de douze pièces de théâtre, que nous analyserons dans l'ordre où les présente la grande édition complète de Carl Lachman, sans chercher aucune classification d'école. En voici la liste : *Nathan le sage,* — *Miss Sara Sampson,* — *Emilia Galotti,* — *Minna de Barnhelm,* — *le Jeune Savant,* — *le Misogyne,* — *Damon,* — *la Vieille Fille,* — *les Juifs,* — *le Trésor,* — *le Libertin,* — *Philotas.*

NATHAN LE SAGE (1779)

L'idée mère de ce poème dramatique, ou drame, comme on voudra l'appeler, est prise de Boccace, le conteur italien, dont l'œuvre est une mine féconde d'où poètes et dramaturges ont détaché de riches filons. Ici, c'est l'apologue si connu des trois anneaux qui a inspiré Lessing. Cet apologue a même été transporté en entier dans le poème qui nous occupe.

Dans Boccace, le juif Melchisédech est un avare et un usurier; mais Saladin, conformément aux traditions des Croisades, est généreux, magnifique, homme de grandes vertus et de grandes lumières. C'est, comme dans Nathan, un embarras pécuniaire qui le force à s'adresser à Melchisédech, et c'est aussi pour l'éprouver qu'il le consulte sur les trois religions. Tout le reste est de l'invention du dramaturge allemand, lequel, comme notre Molière, prenait son bien où il le trouvait. Sa traduction élégante du conte de Boccace en fait du reste son œuvre presque entièrement personnelle. Voici ce morceau tel que nous avons pu le rendre en dehors de la langue rhythmée dans laquelle tout *Nathan* est écrit.

Acte III, scène VII

NATHAN. Il y a longues années vivait en Orient un homme, qui avait reçu d'une main chère une bague précieuse. La pierre en était une opale aux cent reflets; elle avait la vertu secrète de rendre agréable devant Dieu et devant les hommes celui qui la portait avec cette conviction. Rien d'étonnant donc que cet homme de l'Orient ne l'ôtât jamais de son doigt, et qu'il prît toutes ses mesures pour qu'elle demeurât toujours dans sa maison. Voici comment il agit : Il laissa la bague à celui de ses fils qu'il aimait le mieux, ordonna formellement que celui-ci la laisserait de même à celui de ses fils qu'il aimerait le mieux, et que toujours, sans acception du droit d'aînesse, le fils le plus aimé deviendrait par la seule possession de la bague le chef de la maison... Ainsi de fils en fils, cette bague arriva enfin au père de trois garçons, tous trois également soumis, qu'il ne pouvait s'empêcher d'aimer tous trois également. Seulement, de temps en temps, selon que l'un d'eux se trouvait seul avec lui, et que les deux autres n'étaient point là pour partager les effusions de son cœur, c'était tantôt celui-ci, tantôt celui-là, tantôt le troisième qui lui paraissait le plus digne de la bague, si bien qu'il eut la paternelle faiblesse de la promettre à chacun des trois... Cela alla ainsi tant que cela put aller... Mais il approchait de sa fin, et l'excellent père se trouvait dans l'embarras. Il s'affligeait de tromper deux de ses fils et de leur fausser parole. Que faire? Il appela en secret un orfévre et lui commanda deux bagues sur le modèle de la sienne, en lui recommandant de n'épargner ni frais ni soins pour arriver à les rendre d'une imitation parfaite. L'ouvrier y parvint. Quand il rapporta les bagues, le père ne sut même plus distinguer la sienne. Il appelle alors ses fils, chacun en particulier, et à chacun d'eux donne sa bénédiction et sa bague, puis, il meurt... Ce qui suit, va de soi. A peine le père est-il mort que chacun d'eux se présente avec sa bague et prétend être le chef de la maison. On examine, on querelle, on plaide. Mais en vain, la véritable bague ne pouvait se reconnaître... Pas plus qu'en ce moment la vraie croyance... Comme je le disais, les fils plaidèrent et chacun d'eux prêta serment devant le juge qu'il avait directement reçu sa bague de la main de son père, — ce qui était vrai, — après avoir depuis longtemps reçu la promesse de tous les priviléges attachés à la bague, — ce qui n'était pas moins vrai. — Le père, affirmait chacun d'eux, ne pouvait pas avoir eu l'idée de le tromper ; et plutôt que de concevoir un soupçon contre un si bon père, il devait, malgré son estime pour ses frères, les accuser de supercherie ; chacun d'eux ajoutait que s'il pouvait découvrir les traîtres, il s'en vengerait aussitôt... Le juge dit : Si vous ne me faites pas sur-le-champ comparaître votre père, je vous renvoie de mon tribunal. Pensez-vous que je sois ici pour deviner des énigmes? Ou espéreriez-vous voir la vraie bague prendre la parole? Attendez cependant. Vous avez dit que la véritable bague avait la vertu surprenante de rendre son possesseur agréable à Dieu et aux hommes. Cela tranche la question. Car les fausses bagues ne sauraient avoir la même propriété. Eh bien, lequel de vous est le plus aimé des deux autres? Allons, parlez. Vous vous taisez? Alors vos bagues n'ont qu'une vertu intérieure, mais point de vertu extérieure? C'est soi-même que chacun de vous aime le plus?... Ou, n'êtes-vous tous trois que des trompeurs trompés? Vos bagues ne sont vraies ni l'une ni l'autre. La vraie a probablement été perdue, et pour en dissimuler la perte, votre père en aura fait faire trois au lieu d'une... Ainsi donc, si vous ne voulez pas d'un conseil au lieu d'une sentence, retirez-vous. Mais voici mon conseil. Prenez les choses comme elles sont. Chacun de vous tient de son père son anneau ; que chacun donc croie son anneau véritable. Il est possible que le père n'ait pas voulu prolonger plus longtemps la tyrannie d'une bague dans sa maison. Il est certain qu'il vous a aimés tous les trois également, puisqu'il n'a pas voulu en opprimer deux pour en favoriser un seul. Allons, que chacun de ses enfants, exempt de préjugés, imite son amour ! Que chacun d'eux fasse ses efforts pour mettre en lumière la puissance qui réside dans le chaton de sa bague ! Qu'il vienne en aide à cette puissance, par la douceur, par l'égalité du caractère, par la bienfaisance, par la plus absolue confiance en Dieu ! Et quand ensuite la puissance de la bague se sera manifestée dans vos arrière-petits-enfants, alors je vous cite à comparaître de nouveau dans des milliards d'années devant ce tribunal, où siégera un homme plus sage que moi qui prononcera. Allez ! — Ainsi parla le juge modeste.

La morale de ce conte est transparente, du reste Nathan sait à l'aide de cet apologue se tirer de l'embarras où le sultan Saladin pensait le jeter en l'interrogeant sur les trois religions positives. L'intrigue de la pièce est assez compliquée, et ce ne sont pas les situations plus ou moins habilement inventées des personnages qui doivent nous occuper le plus, mais l'observation des caractères mêmes. *Nathan le Sage* est généralement considéré comme le chef-d'œuvre de Lessing, aujourd'hui surtout que cette œuvre à portée philosophique est à la hauteur du *siècle où nous sommes*. Ce qui en fit tout d'abord le succès, c'est que l'auteur y essaya l'ïambe non rimé, qui est devenu le vers tragique en Allemagne. La destination première du poème de Nathan se reconnaît facilement : c'est un dialogue philosophique plutôt qu'un drame, dont la lecture intéresse, et dont la représentation ne se supporte qu'à l'aide de nombreuses et larges coupures. On a souvent dit qu'on ne joue presque jamais *Nathan* : c'est une erreur. Cette pièce est la plus connue et la plus fréquemment représentée en Allemagne parmi celles de notre auteur. Cependant il est d'autres comédies de Lessing qui sont plus appropriées au théâtre. Il faut en effet une grande puissance d'imagination pour se faire à l'idée de ce soudan, de ce templier et de ce marchand, discutant et phrasant à qui mieux mieux comme des docteurs allemands d'après la Réforme. Mais, malgré cette source d'invraisemblance, la croisade, les cieux enchantés de la Palestine, les magnificences de l'Orient, les chevaliers du Temple, le sultan Saladin, tout cela produit sur l'esprit une impression sérieuse.

Les caractères sont admirablement conçus et observés : et cependant ils manquent un peu de vitalité.

Nathan. — Écoutons ce qu'en dit madame de Staël.

« Le caractère de Nathan est d'une admirable simplicité. L'on s'étonne de l'attendrissement qu'il cause, quoiqu'il ne soit agité, ni par des passions vives, ni par des circonstances fortes. Une fois cependant on veut enlever à Nathan la jeune fille à laquelle il a servi de père. La douleur de s'en séparer serait amère... L'attendrissement de Nathan émeut d'autant plus, qu'il cherche à se contenir, et que la pudeur de la vieillesse lui fait désirer de cacher ce qu'il éprouve. Sa sublime patience ne se dément point, quoiqu'on le blesse dans sa croyance et dans sa fierté... La défaveur dans laquelle le nom de juif l'a fait vivre au milieu de la société, mêle une sorte de dédain pour la nature humaine à l'expression de sa bonté... »

« Le jeune templier, — c'est toujours madame de Staël qui parle, — a dans le caractère toute la sévérité de l'état qu'il professe... Il a dans l'âme quelque chose de farouche qui vient de la crainte d'être sensible... »

L'éloge est enthousiaste, et pourtant, chez madame de Staël, l'éloge n'est pas coutumier.

Le personnage de Récha, la jeune chrétienne adoptée par Nathan, la sœur du templier, que l'honnête homme s'est bien gardé d'élever dans la religion de ses pères, par respect pour ses propres principes, est le plus finement touché du poème. On aime en elle la tendresse pleine d'abandon, la supériorité des idées, jointe à la chaste innocence du cœur. Elle est l'âme de la pièce :

c'est vers elle que convergent les affections de tous. Quoiqu'elle n'ait pas subi les leçons philosophiques de Nathan, et ne partage point les utopies de son père adoptif, son caractère s'est adouci, son âme s'est élevée au contact du philosophe. Saladin est bien tel que la légende nous l'a décrit : cependant on peut lui reprocher parfois trop de mignardise, on l'aimerait mieux dans toute la pureté de son vrai caractère.

Nous avons indiqué déjà la portée philosophique de *Nathan le Sage*. Lessing cherche à y démontrer qu'il existe, en dehors des religions positives, une religion rationnelle, la religion de l'homme. Cette utopie peut plaire dans la pièce, parce que la pièce en est l'habile défense et qu'elle ne nous présente que le beau côté de la médaille. Mais ce n'est point ici le lieu de discuter les théories de Nathan. Si l'on s'étonnait que Lessing ait fait d'un membre de la famille juive le héros de la tolérance et de la raison, il suffirait de rappeler, pour expliquer ce choix, l'étroite amitié qui unissait Lessing et Mendelssohn auquel il songeait sans doute en créant le type de Nathan.

Une autre pièce d'une importance assez minime dans son théâtre, *les Juifs* a, du reste, été écrite spécialement en vue de relever aux yeux de l'opinion la race israélite assez méprisée, comme on sait, au siècle dernier. Pour ne pas revenir plus tard à cette seconde pièce dont l'analyse n'apprendrait rien au lecteur sinon qu'il y avait des juifs honnêtes gens dès l'année 1749 et que souvent à cette époque on rejetait sur la race bien des méfaits dont elle n'était point coupable, nous dirons que nous voyons dans *Nathan* et *les Juifs*, une protestation courageuse contre les lois féodales de l'empire germanique. Afin de faire mieux apprécier le courage qu'il a fallu à Lessing pour écrire cette double protestation qui va peut-être un peu loin, car elle pose l'antithèse entre le juif et le chrétien au détriment de celui-ci ; souvenons-nous qu'alors le juif était le paria de la famille allemande, parqué dans certains quartiers des villes, obligé à porter haut bonnet, longue barbe et costume distinctif, inhabile à toutes les fonctions publiques. Ses biens appartenaient de droit au souverain qui pouvait d'un trait de plume se les approprier. Il y a quelques années encore qu'à Francfort-sur-le-Mein il ne pouvait jouir d'aucun droit civique ; c'est à Francfort aussi que jadis l'édit des empereurs lui interdisait l'approche de la place du Rœmer, et le passage du pont de Sachsenhausen, sans qu'il fût accompagné d'une vieille femme — singulière coutume, qui existait ailleurs encore que dans la ville des empereurs. Nous ne ferons qu'une courte citation, afin de mettre en lumière un des meilleurs effets scéniques qu'il y ait au théâtre.

Un juif a sauvé un baron attaqué par des coupeurs de bourse, sur la grand'route. Le baron a une fille jeune, riche et jolie. La reconnaissance lui inspire l'idée d'offrir sa fille à son sauveur, dont elle s'est, elle aussi, vivement éprise. Mis en demeure d'accepter cette récompense magnifique, le juif est obligé, après bien des hésitations, de se découvrir. On attribue ses refus à l'exagération de la modestie, puis à la vanité. Plus on le serre de près, plus sa souffrance augmente. Enfin il n'y résiste plus, et son aveu va élever une barrière entre lui et ceux qui se donnaient à lui tout entiers.

« LE VOYAGEUR (*à part*). Pourquoi aussi ne pas me découvrir ? — Monsieur, la noblesse de votre cœur pénètre mon âme. Mais prenez-vous-en à la fatalité, et et non à moi, si je ne puis agréer votre offre. Je suis...

« LE BARON. Déjà marié, peut-être ?

« LE VOYAGEUR. Non...

« LE BARON. Eh bien ! quoi ?

« LE VOYAGEUR. Je suis juif.
« LE BARON. Juif! cruel hasard!
« CHRISTOPHE. Juif!!
« LISETTE. Juif!!!
« LA JEUNE FILLE. Eh bien, qu'est-ce que cela fait?
« LE BARON. Faut-il donc qu'il y ait des circonstances où le ciel s'oppose lui-même à notre reconnaissance! »

Rencontrons-nous au théâtre beaucoup d'effets scéniques aussi grands que celui-ci et beaucoup d'effets aussi bien notés qu'il l'est dans la bouche des différents personnages?

EMILIA GALOTTI (1772)

Après le poëme dramatique, nous abordons deux drames aux allures vives et passionnées, aux dénoûments ultra-tragiques. Le premier est *Emilia Galotti*.

Un prince débauché, et surtout faible aux insinuations d'un courtisan corrompu, d'une âme vile, d'un misérable prêt à tout pour aduler son maître et conserver sa faveur; — en contraste, une jeune fille pieuse, modeste, innocente, qui s'effraie du péril auquel elle a été violemment exposée, et qui se réfugie dans la mort pour y échapper; — ce courtisan, rompu à toutes les intrigues, doué de finesse, d'adresse, d'astuce, et qui n'a qu'un défaut, c'est d'avoir le crime trop facile; — une comtesse de comédie, ancienne maîtresse du prince, qui se jette à la traverse de la nouvelle passion du prince et qui amène chez son amant, les parents de la jeune fille afin de sauver celle-ci, en se vengeant elle-même; — un noble gentilhomme, intraitable en tout ce qui touche à l'honneur; voilà les caractères principaux de la pièce. Ils engendrent le drame, lequel est bien tracé, bien conduit, et après une succession d'incidents propres à tenir le spectateur en haleine, se ferme sur une douce parole et sur un beau coup de poignard. Le gentilhomme a frappé sa fille dans un moment d'égarement douloureux. Émilia elle-même le suppliait de la tuer pour la sauver. Lisons ces quelques lignes de dialogue. La scène se passe dans le palais du prince.

« ÉMILIA. (*Elle a voulu se frapper du poignard que son père tient à la main, mais le père le lui a arraché.*) Eh bien, il suffira d'une épingle à cheveux ! (*Elle porte la main à ses cheveux pour en chercher une ; elle saisit la rose qui les pare.*) Tu es encore là ?... A terre, tu ne conviens pas aux cheveux d'une..... comme mon père veut que je devienne...

« ODOARDO. Oh ! ma fille !

« ÉMILIA. Mon père, si je vous devinais ! Non certes, ce n'est pas cela non plus que vous voulez. Autrement vous ne trembleriez pas ainsi. (*Avec amertume, tandis qu'elle effeuille la rose.*) Autrefois il y eut un père, qui pour arracher sa fille à l'infamie, lui plongea d'une main ferme l'acier dans le cœur... Il lui donnait ainsi une seconde fois la vie. Mais de tels faits sont d'autrefois. De tels pères, il n'y en a plus.

« ODOARDO. Si, ma fille, si ! (*Il la poignarde.*) Dieu ! qu'ai-je fait. (*Elle tombe, il la reçoit dans ses bras.*)

« ÉMILIA. Vous avez tranché la rose avant que la tempête l'eût effeuillée. Laissez-la moi baiser cette main paternelle. »

La victime est pure, et si elle a demandé la mort à son père, ce n'est pas qu'elle craigne la violence. Ce qu'elle redoute, c'est la séduction. Elle, la jeune fiancée, qui allait monter à l'autel pour y épouser celui qu'elle aime, au moment où elle a été enlevée par les gens de ce prince italien qui s'appelle Ettore Gonzaga de Guastalla (un nom qu'on pourrait remplacer par bien d'autres, à l'époque où nous sommes), elle redoute les tentatives qui seront faites par le séducteur sur sa vertu.

« La violence, la violence qui est-ce qui ne peut pas la braver, la violence ! Ce qu'on appelle la violence, ce n'est rien. La vraie violence, c'est la séduction. Mon père, j'ai le sang aussi jeune, aussi ardent qu'une autre. Mes sens sont des sens. Je ne résisterai pas, je ne serai pas forte... C'est pour n'éviter rien de pis que des milliers de vierges se sont précipitées dans les flots, et elles sont saintes!... Donnez-moi, mon père, donnez-moi ce poignard. »

Cet enthousiasme de la mort a affolé le vieux père, et il a frappé pour sauver la vertu de sa fille et l'honneur de son nom. La jeune fille s'accuse elle-même devant le prince qui survient. Du reste voici le châtiment du débauché.

« ODOARDO. (*Après avoir déposé doucement sa fille sur le sol.*) La voilà !... Et maintenant, prince, vous plaît-elle encore? Excite-t-elle encore vos appétits? Encore, dans ce sang qui crie vengeance contre vous? (*Après un silence.*) Mais vous attendez la fin de tout ceci. Vous attendez peut-être que je tourne le fer contre moi-même, et que je finisse mon action comme une fade tragédie. Vous vous trompez. Le voici. (*Il jette le poignard aux pieds du prince.*) Le voici! le témoin sanglant de mon crime. Je pars, je vais me constituer prisonnier. Je pars et je vais vous attendre comme juge... Et puis, là haut, je vous ajourne devant notre Juge à tous! »

Il y a peut-être de la tirade à effet dans ces paroles; mais Galotti parle sous la pression de la colère, qui seule explique son coup de poignard. Si l'on rencontre dans *Emilia Galotti* des ombres, on y trouve aussi des rayons. Le premier acte est plein de naturel, il est vif et spirituel. Le drame tout entier renferme de grands effets scéniques : ainsi l'entrée de la mère, de la comtesse Orsina, de Galotti, sont de beaux coups de théâtre qui doivent vivement enlever le spectateur. La scène où Marinelli, le courtisan, gagne le prince et l'amène au crime, est des plus habiles.

MISS SARA SAMPSON (1755-1722)

Il n'est point facile de donner une analyse raisonnée des beautés de cette tragédie ou drame. C'est là une de ces œuvres concrètes qu'il faut juger d'ensemble, et qu'on ne saurait disséquer pièce à pièce, sans les défigurer. Un jeune homme, rompu à la séduction, se fait aimer d'une noble et innocente jeune fille. Il pourrait l'épouser, mais un vil intérêt d'argent l'en empêche. La colère et la rage arment du poison la main d'une maîtresse délaissée, et Sara meurt dans les bras de son père, repentante et pardonnée. Mellefont — c'est le séducteur — aimait vraiment Sara, et, de désespoir, il se frappe et meurt aussi en recevant la bénédiction du père outragé. Voilà toute l'action, mais les caractères ! Oh ! il a une palette aux plus riches couleurs, Lessing ! sa touche est délicate, et ses portraits sont d'une finesse charmante de modelé.

Quelle âme douce et mélancolique que Sara ! Piété filiale et amour, confiance de l'innocence et remords, tels sont les sentiments qui l'animent tour à tour et nous la présentent sous les aspects les plus propres à intéresser et à émouvoir. On pourrait dire que le rôle de Sara aspire en quelque sorte la sympathie par tous les pores. Il y a là Waitwell, un type de fidélité domestique ; Marwood, une débauchée de la pire espèce ; Mellefont, un homme qui n'est, au demeurant, ni pire ni meilleur que le grand nombre, mais que la cupidité et les habitudes du vice ont gâté ; sir William, un père à l'âme généreuse. Ce sont les incidents créés par l'auteur qui seuls font marcher l'action ; les invraisemblances ne manquent point au cours de la pièce. Enfin, on ne sait trop pourquoi Mellefont se tue, quand sir William lui tend les bras au dessus du cadavre de Sara, en l'appelant son fils. En épargnant sa vie, Lessing aurait diminué l'horreur qu'inspire au dénoûment ce double meurtre ; en même temps, il serait demeuré plus près de la nature. Mellefont avait mieux à faire qu'à mourir ; il lui restait à remplir un devoir sacré, celui de de la consolation. Ici, enfin, plus encore que dans *Emilia Galotti*, trop de tirades à effet sur les lèvres de Sara et de Mellefont, à l'heure de la mort. Toutes ces longues dissertations philosophiques ne sont point dans la nature.

Si *Emilia Galotti* nous représente les vices des régents d'alors, *Miss Sara* nous montre les habitudes débauchées des fils de la noblesse, qui ne valaient guère mieux que les souverains ; et, ce qu'il y a de curieux à noter c'est que, c'est à l'occasion de cette pièce que Lessing inventa, dans l'édition de 1755 de ses œuvres ce titre de *Tragédie bourgeoise*, ce qu'aujourd'hui nous nommons un drame, par opposition à la tragédie classique.

MINNA DE BARNHELM (1763)

Par *Minna*, nous entrons dans le véritable domaine de la comédie, et de la bonne comédie de mœurs. La science de Lessing y brille dans tout son éclat, dans le développement des caractères ! L'intrigue est presque nulle, et sans incidents. Et cependant la lecture de cette pièce intéresse, et la représentation en est très fréquente de nos jours encore, sur les théâtres nationaux. C'est la première comédie véritablement allemande, nous présentant des mœurs et des caractères tout à fait allemands. Elle fut jouée pour la première fois, le 28 septembre 1767, à Hambourg, puis en 1768, à Berlin, où elle avait été interdite d'abord parce qu'on y mettait en scène un soldat, c'est à dire un membre de l'Arche sainte.

Un honnête homme, type de la loyauté militaire, a connu en campagne une jeune fille de grande famille : les anneaux des fiançailles ont été échangés, selon l'antique coutume qui subsiste encore en Allemagne. Mais le malheur immérité a depuis frappé Tellheim dans sa fortune, dans sa position, dans son honneur de soldat. L'amour de la fiancée n'en a pas diminué : elle lutte contre les hésitations peut-être trop opiniâtres de l'homme d'honneur qui, devenu malheureux, refuse, par une loyale susceptibilité, d'exécuter les engagements contractés aux temps heureux. La fiancée met tout en œuvre pour vaincre les résistances de Tellheim, et cependant ses efforts seraient inutiles, si justice n'était enfin rendue à l'officier.

Tellheim est un caractère admirable : il n'a qu'un ridicule, c'est l'exagération du point d'honneur ; Minna est une âme aimante qui ne veut reconnaître aucun obstacle à l'exécution de la parole donnée ; Françoise, sa suivante, est une soubrette du meilleur aloi. Son babil égaie et mouvemente la pièce. Ses amours avec le brave et fidèle Werner, un autre type, celui-là, du dévoûment, arrivées à terme à la dernière réplique, font bon effet sur le tout. Werner n'est que maréchal des logis, mais il va reprendre du service et elle aurait bien mérité de devenir madame la générale. Juste, le goujat du major, est un domestique idéal, et qui n'est pas bête, surtout lorsqu'il s'agit de défendre les intérêts de son maître.

On cite comme des chefs-d'œuvre, les scènes avec l'aubergiste (act. I, sc. 1re), avec son maître (act. I, sc. 8), et avec Françoise (act. III, sc. 2). Vivacité de dialogue, esprit de repartie et convenance de style, tout se trouve dans ces morceaux. Nous ne pouvons résister au désir de donner au moins la dernière de ces trois scènes.

« JUSTE. Votre serviteur.

« FRANÇOISE. Je ne voudrais pas d'un tel serviteur.

« JUSTE. Là, là, pardonnez-moi cette manière de parler. J'apporte un billet de mon maître pour votre maîtresse, la noble demoiselle..., sa sœur... N'est-ce pas ainsi, sa sœur ?

« FRANÇOISE. Donnez. (*Elle lui arrache la lettre des mains.*)

« JUSTE. Soyez assez bonne, vous fait dire mon maître, pour la remettre. Ensuite soyez assez bonne, vous fait dire mon maître, — n'allez pas croire au moins que moi je vous demande quelque chose.

« FRANÇOISE. Après ?

« JUSTE. Mon maître entend ses affaires. Il sait que, pour arriver aux demoiselles, il faut s'adresser aux filles de chambres, — à ce que je m'imagine ; — vous aurez donc la bonté — vous envoie dire mon maître —

de lui faire dire s'il ne pourrait pas avoir le plaisir de vous entretenir un petit quart d'heure.

« FRANÇOISE. Moi?

« JUSTE. Oui, vous! — Seulement un mignon petit quart d'heure, mais seule, toute seule, en tête à tête, entre quatre yeux. Il aurait quelque chose de très important à vous dire.

« FRANÇOISE. Bien! Moi aussi, j'ai beaucoup de choses à lui dire. Il n'a qu'à venir, je serai à ses ordres.

« JUSTE. Mais, quand peut-il venir? Quel moment vous convient le mieux? Sur la brune?

« FRANÇOISE. Que voulez-vous dire là? — Votre maître peut venir à l'heure qu'il préférera... Sur ce, filez.

« JUSTE. De grand cœur. (*Il veut s'en aller*).

« FRANÇOISE. Écoutez donc, encore un mot. Où sont les autres domestiques du major?

« JUSTE. Les autres? Ici, là, partout.

« FRANÇOISE. Où est Guillaume?

« JUSTE. Le valet de chambre? Le major le laisse voyager.

« FRANÇOISE. Ah! Et Philippe, où est-il?

« JUSTE. Le chasseur? Monsieur l'a donné à quelqu'un pour l'employer.

« FRANÇOISE. Parce qu'il n'a plus de chasses, sans doute. — Mais Martin?

« JUSTE. Le cocher? Il est parti à cheval.

« FRANÇOISE. Et Fritz?

« JUSTE. Le coureur? Il a pris de l'avancement.

« FRANÇOISE. Où étiez-vous donc, vous, quand le major était chez nous en quartiers d'hiver, dans la Thuringe? N'étiez-vous pas encore à son service?

« JUSTE. Pardon, j'étais son goujat, mais j'étais malade à l'ambulance.

« FRANÇOISE. Son goujat? Et maintenant vous êtes?...

« JUSTE. Son Michel-Morin : son valet de chambre et son chasseur, son coureur et son goujat.

« FRANÇOISE. Il faut que je l'avoue, pour éloigner tant de gens intelligents, tant de braves gens et garder justement le plus mauvais de tous, je voudrais bien savoir ce que votre maître a trouvé en vous...

« JUSTE. Peut-être un honnête garçon.

« FRANÇOISE. Cela n'empêche pas d'être diablement peu de chose, quand on n'est qu'honnête. Guillaume était un autre homme, et cependant le maître le fait voyager?

« JUSTE. Oui, il le laisse voyager, parce qu'il ne peut faire autrement.

« FRANÇOISE. Comment cela?

« JUSTE. Oh! Guillaume retirera tous les honneurs possibles de son voyage. Il a emporté toute la garde-robe du maître.

« FRANÇOISE. Quoi! il ne s'est pourtant pas enfui avec cette garde-robe?

« JUSTE. On ne peut pas précisément le dire. Mais, quand nous avons quitté Nuremberg, il s'est contenté de ne pas nous suivre avec la garde-robe.

« FRANÇOISE. Oh! le fripon!

« JUSTE. C'était un homme complet. Il savait friser, raser... et charmer. N'est-il pas vrai?

« FRANÇOISE. Mais, le chasseur, à la place du major, je ne l'aurais pas renvoyé. S'il ne lui était plus utile comme chasseur, au moins était-ce un garçon entendu A qui l'a-t-il donc donné?

« JUSTE. Au commandant de Spandau.

« FRANÇOISE. De la forteresse? La chasse sur les remparts ne doit pas être considérable.

« JUSTE. Aussi Philippe ne chasse-t-il plus.

« FRANÇOISE. Que fait-il donc?

« JUSTE. Il traîne la brouette.

« FRANÇOISE. La brouette?

« JUSTE. Rien que pour trois ans. Il avait organisé un petit complot dans la compagnie du maître : il s'agissait de traverser avec six hommes les avant-postes.

« FRANÇOISE. J'en suis atterrée, le scélérat!

« JUSTE. Oh! c'est un garçon habile! Un chasseur qui, à cinquante lieues à la ronde, par forêts et marais, connaissait toutes les pistes, toutes les passées. Et un tireur!

« FRANÇOISE. Bien, mais, au moins le major a-t-il encore son cocher?

« JUSTE. Ai-je dit cela?

« FRANÇOISE. Je le pensais, puisque vous disiez qu'il était parti à cheval. Il reviendra donc?

« JUSTE. Le pensez-vous.

« FRANÇOISE. Où donc est-il allé à cheval?

« JUSTE. Il y aura tout à l'heure deux mois et demi qu'il est parti sur le dernier cheval de selle du maître... pour aller au gué.

« FRANÇOISE. Et il n'est pas encore de retour! Oh! le gibier de potence!

« JUSTE. Peut-être s'est-il noyé dans le gué, ce brave cocher! C'était un cocher excellent. Il avait conduit pendant dix années à Vienne. Quand les chevaux étaient lancés à pleine course, il n'avait qu'à faire : ho! et ils s'arrêtaient aussitôt comme des murailles. Et puis c'était un savant maquignon.

« FRANÇOISE. Maintenant l'avancement du coureur m'inquiète.

« JUSTE. A tort, à tort, il a trouvé ce qu'il méritait. Il est passé tambour dans un régiment de la garnison.

« FRANÇOISE. Je m'imaginais quelque chose de pareil.

« JUSTE. Fritz s'était accroché à une femme de débauche, il découchait toutes les nuits, il faisait partout des dettes au nom du maître, et mille tours infâmes. Bientôt le major vit qu'il voulait à toute force se faire... (*Il indique par un geste la pendaison*) le major le remit dans le bon chemin.

« FRANÇOISE. Oh! le polisson!

« JUSTE. Mais c'était un parfait coureur, c'est certain. Quand le maître lui donnait cinquante pas d'avance, il ne pouvait, avec son meilleur trotteur, le rejoindre. Au contraire, Fritz pourrait donner mille pas d'avance sur lui à la potence, que je gagerais ma tête qu'il la rattraperait. — Mais ils étaient tous vos bons amis, n'est-ce pas, jeune fille? Le Guillaume et le Philippe, le Martin et le Fritz. — Maintenant, Juste vous salue. »

En dehors des sentiments qui font mouvoir l'action, Lessing, toujours philosophe, proteste contre la coutume de ces temps où les princes vendaient leurs sujets pour la défense de causes qui leur étaient étrangères, où les hommes de guerre eux-mêmes se mettaient à prix d'or au service du plus offrant, de ces temps de lansquenets. C'est Tellheim qui flétrit cet usage immoral. Écoutons-le parler. Il s'adresse à son fidèle Werner.

« Ne me fais pas penser mal de toi, Werner. Ce n'est pas avec plaisir que j'ai appris ce que Juste m'a dit. Tu as vendu ta terre et tu veux de nouveau courir le monde. Ne me fais pas croire que ce n'est pas tant le métier que tu aimes, que l'existence désordonnée et débauchée qu'on y mène. On doit être soldat pour son pays, ou par amour de la cause pour laquelle on prend les armes. Mais, servir sans but, ici aujourd'hui, là demain, cela s'appelle voyager en garçon boucher, rien autre. »

Vous le voyez, notre auteur ne s'était pas seulement fait l'adversaire de l'intolérance religieuse, il s'était fait aussi l'adversaire d'un abus si autorisé à l'époque où il écrivait.

Un dernier mot sur *Minna*. Ici comme dans Molière, chacun parle sa langue : Tellheim parle en homme du monde qu'inspirent toujours les principes de l'honneur et la générosité de l'âme ; Minna, en jeune fille ardente et aimante, que les obstacles irritent et que les impatiences font aller quelquefois jusqu'à la raillerie la mieux trempée. Werner, Juste et l'aubergiste ont aussi leur vrai langage, un peu soldatesque chez le premier, populaire et imagé chez le second, doucereux ou insolent chez le dernier. Françoise, nous l'avons dit, est une fille de cœur et de sens : elle sait manier l'arme vibrante de la parole, et tient toujours prêtes pour tous et pour chacun, répliques affilées de frais. Ce qu'on peut blâmer dans *Minna*, c'est l'absence de mouvement dramatique ; ce sont les scènes de Riccaut de la Marlinière, une faute grave au point de vue des convenances, en même temps qu'elles sont une ressource maladroite de théâtre puisqu'elles retardent et allanguissent l'action. Ici comme dans toutes les œuvres de Lessing la passion pérore un peu trop ; il y a des longueurs, qu'il est même absolument nécessaire de retrancher à la scène. Mais il y a de belles idées et de nobles caractères : c'est une bonne comédie.

LE JEUNE SAVANT (1754-1767)

Damis est un type ignoré de nos jours, que l'on ne pâlit plus guère sur les livres, et que l'on ne met plus guère la science avant tout dans ce monde. Les bizarreries du jeune savant n'en sont pas moins récréatives, depuis le premier mot jusqu'au dernier de son rôle. Il possède le latin, le grec, l'hébreu, le français, l'italien, l'anglais... six langues ! sans compter sa langue maternelle, et il a vingt ans. Son père veut le marier, mais il a épousé la science et ne veut entendre parler d'autres liens : jusqu'à quarante ans, si on lui demande pourquoi il ne se marie pas, il répondra qu'il est encore trop jeune ; au delà de quarante ans, il dira qu'il est trop vieux pour se marier. Cela désespère le père de Damis, Chrysandre, un vieux marchand assez amusant lui aussi par son pédantisme, citant à tort et à travers les Grecs et les Latins, Chrysandre use de toutes les ressources de son esprit pour le marier à une sienne pupille et pour mettre ainsi fin à un gros procès, car si le pédantisme de son fils a déteint sur lui, avant d'être un beau parleur il était un négociant intéressé. Damis n'épouse pas la pupille, renonce à la créance, Chrysandre la donne à celui qu'elle aime, et le jeune savant reste... savant. Son caractère est un peu outré ; mais c'est un si comique ridicule que le pédantisme d'un garçon de vingt ans, qu'on pardonne facilement à l'auteur les quelques exagérations qu'on rencontre. Antoine, le serviteur de Damis, est un vrai valet de comédie, façon Térence et Molière, bien nécessaire à la marche de l'action. Antoine sous son apparente bêtise, est un fin drôle, prompt à la réplique et sachant faire flèche de tout bois.

LE MISOGYNE (1748)

Le titre de cette comédie est assez bien inventé, le mot mysogyne, la contre-partie du mot misanthrope, est formé des vocables grecs : μισος γυνη ; il est employé d'ailleurs, quoique rarement, dans notre langue.

L'intrigue n'est ici qu'un fil ténu qui ne doit qu'à la finesse du tact de l'auteur, de ne pas se rompre à chaque instant. Il s'agit d'un mariage, de deux mariages même. Mais le chef de famille, — Arnolphe modifié, — de qui dépendent ces deux mariages, est arrivé à la vieillesse; de plus, il a eu trois femmes, oui, tout autant. Il a donc acquis une solide expérience, et il est devenu mysogyne jusqu'à la moelle des os. Cette haine de parti pris contre les femmes, lui inspire les meilleures boutades; son caractère d'ailleurs est très habilement observé.

Les deux mariages pourtant réussiront, et leur réussite sera une conséquence du caractère de Wumshaeter, — appelons-le par son nom. Ils réussiront, le premier, par suite d'un travestissement de la fiancée qui, sous le costume d'homme, et moyennant force lardons contre le sexe féminin, sait conquérir la confiance du bonhomme; — le second, par suite d'une ruse d'avocat madré qui persuade au bonhomme de donner sa fille à son ennemi, pour faire pièce à cet ennemi qui est en même temps l'amoureux. Il faut lire à ce propos le discours de l'avocat, qui reste court dès les premiers mots et s'entortille à mesure dans les longues phrases qu'il avait méditées pour attendrir Wumshaeter. Son oraison vaut peut-être les plaidoyers célèbres de Racine dans *les Plaideurs*.

Le meilleur parti a été tiré pour le rire, de ce ridicule d'une originalité aussi plaisante que rare. Si nous avions à choisir dans l'œuvre théâtrale de Lessing, c'est à cette comédie que nous donnerions la priorité.

DAMON (1747)

Qu'est-ce que c'est que *Damon*? Un acte sans prétention, qui n'a pour but que de prouver que l'amitié est une vertu difficile à l'usée, et un sentiment souvent moins fort que l'amour. Deux amis, Damon et Léandre, courtisent une veuve qui aime l'un deux, Damon. Lisette, la mouche du coche de la pièce, les raille sans cesse sur l'amitié qui les unit et qui leur fait oublier la femme dont ils désirent l'un et l'autre obtenir la main. Léandre emploie la ruse pour détourner Damon de sa recherche. Il gagne la partie contre Damon, mais il la perd contre la veuve qui donne sa main à celui-ci. Enfin Damon et la veuve pardonnent à Léandre et tout est bien qui finit bien.

Oronte, le cousin de Léandre, n'est point parvenu à gagner la veuve à la cause de son client. Le « Comprends-moi » répété à satiété par le bonhomme, fait un assez plaisant effet aux deux dernières scènes de cette petite comédie.

LA VIEILLE FILLE (1748)

Si le français dans les mots ne devait être respecté, nous écririons la *Vieille Pucelle*, traduction fidèle du titre allemand : *Die alte Jungfer*. C'est la comédie la plus facétieuse de Lessing, elle est émaillée de saillies fines et spirituelles. On y trouve bien quelques plaisanteries de gros sel, de celles que l'on rencontre dans nos vaudevilles contemporains. Vous comprenez qu'une vieille fille de cinquante-quatre ans, qui ne veut pour rien au monde *coiffer sainte Catherine*, — et c'est ici notre cas,

— est un prétexte à joyeusetés de toutes nuances. Un courtier matrimonial, — preuve que l'institution ne date pas de M. de Foy, — vient de proposer à Ohldinn (la vieille fille) un certain capitaine de Schlag; mais cela ne fait pas les affaires de Lisette, la suivante, ni du cousin, l'héritier en espérance. Nos deux compères font alors entrer en scène, sous le nom du futur, Peter, un marchand ambulant, qui consent à se *faire une figure* repoussante, et, en se présentant comme capitaine de Schlag, à se montrer assez impérieux et assez grossier pour dégoûter l'Ohldinn du mariage projeté. Malheureusement pour le cousin et pour Lisette, Peter est reconnu, la ruse est déjouée et la vieille fille épouse. L'introduction du personnage de Peter donne lieu à des scènes très risibles : la pièce du reste, marche sans trop d'invraisemblances; on pourrait nommer la *Vieille Fille* un vaudeville. L'auteur n'y a qu'une prétention : provoquer le rire et amuser, ce qui est bien quelque chose.

LE TRÉSOR (1750)

Nous avons affaire à une comédie d'intrigue où Lessing a mis le plus de caractères qu'il a pu. La scène se passe dans la rue. Léandre aime et veut se marier; il ne voit que la femme, mais son tuteur ne voit que la dot. L'effet du « Quelle est sa dot? » réplique incessante du tuteur, peut se comparer à l'effet du « Sans dot » de Molière. Naturellement, la jeune fille est pauvre, mais Anselme, son père, parti depuis longtemps, précipite le dénoûment par son arrivée imprévue. Il est riche et tout s'arrange. Le vieillard est longtemps à réussir à se faire reconnaître, grâce au subterfuge de Mascarille, un coquin fieffé, le valet de Lélio le débauché, fils d'Anselme. La scène la plus jolie est celle où Mascarille, après s'être joué pendant un bon quart d'heure de son maître, finit par lui prêter, *sans intérêts*, les gages qu'il lui doit.

Ce titre, *le Trésor*, est justifié par l'enfouissement d'une somme considérable par Anselme, dans sa maison. Philto qui a reçu la garde de ce trésor est un ami véritable qui ne viole point le secret à lui confié, même lorsqu'il y va de sa réputation.

LE LIBERTIN (1749)

Le Libertin, c'est à dire l'*Esprit-fort*, pour nous servir de l'expression moderne, est une pièce à portée philosophique. Mais, sauf des tirades de métaphysique allemande qu'on pourrait bien retrancher sans nuire à l'ensemble, cette comédie est assez mouvementée. Adraste, le libertin, et Théophane, l'homme pieux, font bien en contraste; ce sont des types saisis sur le vif. Théophane est peut-être un peu douceâtre, si l'on considère surtout cette passion contrariée qui fait d'Adraste un fagot d'épines. Les deux jeunes filles sont charmantes, chacune dans son genre, et Lessing a eu bien raison d'enter les amours d'Adraste et de Juliane, de Théophane et de Henriette, sur la différence des caractères. Cela est vrai chaque jour dans la vie : cela est donc éminemment vrai sur la scène. La soubrette est assez amusante dans les querelles des jeunes filles : et ici, comme dans plusieurs autres comédies, entre autres dans le *Misogyne*, c'est elle qui a le don de double vue et qui, perçant à jour la situation, fait pressentir le dénoûment. La scène entre le Jean d'Adraste et le Martin de Théophane est un peu bouffonne, mais elle est très spirituelle. Enfin *le Libertin* est trop long, mais l'intérêt y est assez bien et assez progressivement ménagé pour qu'on ait plaisir à le lire, et qu'on ne s'aperçoive que très peu de la longueur de la pièce. Nous ne parlons pas de l'esprit qui s'y trouve à profusion : ce serait nous répéter. Le style en est d'une grande beauté, quoiqu'on y reconnaisse par instants les phrases emphatiques de l'époque.

PHILOTAS (1759)

Philotas est une jolie petite tragédie, une sorte de tragédie au coin du feu, travaillée à loisir, faite pour la lecture. Aridée est en guerre avec un roi voisin. Dans la bataille, Philotas, le fils de ce roi, est tombé aux mains d'Aridée. Il a été enlevé par un gros de cavaliers, sans avoir eu le temps de se défendre. Ne pouvant supporter la honte d'être fait prisonnier, ne voulant pas que son père, pour le racheter, compromette les intérêts de ses États, ce jeune héros profite de la bienveillance d'Aridée qui lui a fait rendre une épée en échange de la sienne, et se frappe du glaive, aussitôt qu'il l'a pu saisir. Œuvre de la jeunesse du poète, on y sent courir un souffle qu'on ne retrouve pas dans les situations même les plus pathétiques de *Nathan le Sage*.

Philotas mort, la tragédie se termine par un de ces mots énergiques et vrais que Lessing s'entendait si bien à buriner d'un seul trait :

« Croyez-vous donc, vous autres hommes, qu'on ne se lasse point de régner ! » Les puissants de ce monde le savent, et ils ont tous leurs heures de découragement et de lassitude du trône, où ils portent envie au meunier sans-souci.

Nous n'avons voulu donner qu'une esquisse critique du théâtre de Lessing ; mais nous en avons dit assez pour faire connaître le caractère général de l'œuvre, et pour en mettre en lumière toutes les facettes, si variées de couleur et d'éclat. Dans Lessing on trouve tous les genres : le poème dramatique, la tragédie, le drame, la comédie de caractère et la comédie d'intrigue. Et partout, on rencontre des beautés de premier ordre, et partout, une profonde science de l'homme.

Nous avions raison de le dire en tête de cette étude, Lessing est le Molière de l'Allemagne. Nous ajouterons en terminant, que Lessing comme Molière, attend un un successeur.

1865-1870.

Félix SALLES.

NATHAN LE SAGE

PERSONNAGES

Le sultan SALADIN.
SITTAH, sa sœur.
NATHAN, riche juif de Jérusalem.
RÉCHA, sa fille supposée.
DAYA, chrétienne, mais attachée à la maison du juif, comme compagne de Récha.
Un jeune Templier.
Un Derviche.
Le Patriarche de Jérusalem.
Un Religieux.
Un Émir et plusieurs Mamelouks de Saladin.

(La scène est à Jérusalem.)

NATHAN LE SAGE

POÈME DRAMATIQUE EN CINQ ACTES

1779

Introite, nam et heic Dii sunt.
AUL. GELL.

ACTE PREMIER

Le vestibule ouvert de la maison de Nathan

SCÈNE PREMIÈRE

NATHAN arrivant de voyage, DAYA allant à sa rencontre

DAYA. Voilà Nathan ! Dieu soit à jamais béni de ce qu'il nous revienne enfin !

NATHAN. C'est moi, Daya : Dieu soit loué ! Mais pourquoi cet enfin ? Ai-je eu l'intention de revenir plus tôt ? Ai-je pu revenir plus tôt ? De Jérusalem à Babylone, en prenant, comme j'ai été obligé de le faire, tantôt à droite, tantôt à gauche, il y a bien deux cents lieues ; et encaisser des créances, n'est pas non plus une affaire que l'on puisse terminer en une heure.

DAYA. Oh ! Nathan, combien malheureux, malheureux vous auriez pu pendant ce temps devenir ici ! Votre maison...

NATHAN. Elle a brûlé. Je l'ai appris déjà. — Plaise à Dieu que je n'aie rien d'autre à apprendre !

DAYA. Et elle a failli être détruite de fond en comble.

NATHAN. Alors, Daya, nous nous en serions construit une autre plus commode.

DAYA. D'accord!... Mais il ne s'en est fallu que de l'épaisseur d'un cheveu que Récha ne fût brûlée aussi.

NATHAN. Brûlée? Qui? Ma Récha? Elle?... Cela, on ne me l'avait pas appris... Eh bien, alors, je n'aurais plus eu besoin de maison... Brûlée; il ne s'en est fallu que de l'épaisseur d'un cheveu!... Hélas! elle l'est peut-être! Elle est peut-être réellement brûlée!... Parle! Mais parle!... Tue-moi, et ne me torture pas plus longtemps. Oui, elle est brûlée.

DAYA. Si elle l'était, est-ce de moi que vous l'apprendriez?

NATHAN. Pourquoi me causer alors une telle frayeur? O Récha! O ma Récha!

DAYA. Votre? Votre Récha?

NATHAN. Me faudrait-il encore renoncer à nommer cette enfant, mon enfant?

DAYA. Tout ce que vous possédez, ne l'appelez-vous vôtre qu'avec le même droit?

NATHAN. Rien, avec plus de droit. Tout ce que je possède d'autre, c'est la nature et la fortune qui me l'ont procuré. Il n'y a que ce seul bien que je doive à la vertu.

DAYA. Oh! combien, Nathan, me faites-vous payer cher votre bonté! Si, avec de telles vues, la bonté peut encore s'appeler bonté!

NATHAN. Avec de telles vues? Lesquelles?

DAYA. Ma conscience...

NATHAN. Daya, avant tout, laisse-moi te raconter...

DAYA. Ma conscience, dis-je...

NATHAN. Quelle belle étoffe je t'ai achetée à Babylone, si riche et de si bon goût! C'est à peine si j'en rapporte une plus belle à Récha elle-même.

DAYA. A quoi cela vous servira-t-il? Car, ma conscience, je dois vous le dire, ne se laissera pas étourdir plus longtemps.

NATHAN. Et combien les boucles, les pendants d'oreilles, la bague et la chaîne, que je t'ai choisis à Damas te plairont, je suis curieux de le voir.

DAYA. Vous voilà bien ! Vous croyez qu'il vous suffit de faire des présents et encore des présents.

NATHAN. Accepte avec le même plaisir que j'ai à te donner. — Mais, silence !

DAYA. Mais, silence ! Qui doute, Nathan, que vous soyez l'honneur et la générosité même ? Et pourtant...

NATHAN. Et pourtant, je ne suis qu'un juif. — N'est-ce pas cela que tu veux dire ?

DAYA. Ce que je veux dire, vous le savez.

NATHAN. Allons, silence !

DAYA. Je me tais. Que ce qu'il y a de coupable devant Dieu en cette circonstance, et que je ne puis ni empêcher ni modifier... retombe sur vous !

NATHAN. Retombe sur moi !... Mais où est-elle donc ? Où s'arrête-t-elle ?... Daya, si tu me trompais !... Sait-elle donc mon arrivée ?

DAYA. Jugez vous-même. La frayeur fait encore trembler tous ses nerfs. Son imagination ne lui peint que flammes. Pendant le sommeil, son esprit veille ; pendant la veille, il dort : tantôt moindre que chez la brute, tantôt supérieur à celui des anges.

NATHAN. Pauvre enfant ! Voilà l'humanité !

DAYA. Ce matin, elle resta longtemps gisante, les yeux fermés, et semblable à une morte. Tout à coup elle se relève et s'écrie : « Écoutez ! écoutez ! voici venir les chameaux de mon père ! Écoutez ! c'est sa douce voix elle-même ! » — Cependant ses yeux se referment, et sa tête à laquelle son bras a retiré son soutien, retombe sur les coussins. — Moi, je m'élance à la porte ! Et voilà que vous arrivez en réalité ! Quelle merveille ! Toute son âme n'avait été durant ce temps-là qu'avec vous... qu'avec lui.

NATHAN. Avec lui ? Avec qui, lui !

DAYA. Avec celui qui l'a sauvée du feu.

NATHAN. Qui est-il ? Qui ?... Où est-il ? Qui m'a sauvé ma Récha ? Qui ?

DAYA. Un jeune Templier que, quelques jours auparavant, on a amené prisonnier ici, et qui a trouvé grâce devant le Sultan.

NATHAN. Comment? Un Templier, auquel le sultan Saladin a laissé la vie! Dieu! Récha pouvait-elle être sauvée par un moindre miracle?

DAYA. Sans lui, qui a de nouveau hasardé la vie qui venait de lui être conservée d'une manière inespérée, c'en était fait de Récha.

NATHAN. Où est-il, Daya, ce noble jeune homme?... Où est-il? Conduis-moi à ses pieds. Avez-vous au moins commencé par lui donner les trésors que je vous avais laissés? Lui avez-vous tout donné? Lui avez-vous promis plus, bien plus?

DAYA. Comment l'eussions-nous pu?

NATHAN. Ne l'avez-vous pas fait?

DAYA. Il arriva, personne ne sait d'où. Il s'en alla, personne ne sait où. Sans connaître les êtres de la maison, conduit par son ouïe seule, il s'élance, enveloppé de son manteau, et se dirige, à travers les flammes et la fumée, vers la voix qui nous appelait à l'aide. Nous le tenions déjà pour perdu, quand tout à coup il reparaît sortant de la fumée et des flammes, la portant devant lui, dans ses bras vigoureux. Froid et insensible à nos cris de reconnaissance, il dépose à terre son fardeau, il se perd dans la foule... et disparaît!

NATHAN. Pas pour toujours, j'espère...

DAYA. Dans les premiers jours qui suivirent, nous le vîmes se promener sous les palmiers qui ombragent le tombeau du Sauveur. Je m'approchai de lui gracieusement, je le remerciai, je le louai, je le priai, je le conjurai de venir, au moins encore une fois, voir la pieuse créature, qui ne pouvait avoir de repos qu'elle n'eût à ses pieds pleuré les larmes de la reconnaissance.

NATHAN. Eh bien?

DAYA. Tout fut inutile! Il fut sourd à notre prière; et proféra de si amères railleries sur moi en particulier...

NATHAN. Qu'il t'intimida...

DAYA. Nullement. Chaque jour, je l'ai de nouveau abordé; chaque jour, je me suis de nouveau laissé railler par lui. Que n'aurais-je pas enduré de lui?... Mais, depuis longtemps déjà, il ne vient plus aux palmiers qui ombragent le sépulcre de Notre-Sauveur, et personne ne sait où il est allé... Vous êtes surpris? Vous songez?

NATHAN. Je songe à l'impression que cela aura peut-être fait sur un esprit tel que celui de Récha. Se voir ainsi dédaignée de celui qu'elle est forcée de tant admirer; se voir ainsi repoussée et se sentir cependant tant attirée!... C'est alors certes qu'il s'établit une longue lutte entre le cœur et le cerveau, pour savoir ce qui, de la haine des hommes ou de la tristesse, l'emportera. Souvent aussi, ni l'un ni l'autre ne l'emportent; et l'imagination, se mêlant à la lutte, enfante des fanatiques chez qui c'est tantôt la tête qui se joue du cœur, tantôt le cœur qui se joue de la tête. — Mauvaise alternative!... C'est la dernière de ces choses qui a dû, si je connais Récha, lui arriver : elle est fanatisée...

DAYA. Mais d'une manière si pieuse, si aimable!

NATHAN. Elle ne l'en est pas moins!

DAYA. Il y a surtout une imagination, si vous voulez, à laquelle elle tient beaucoup. C'est que son templier n'est pas de la terre et n'a rien de terrestre; que c'est un des anges auxquels depuis son enfance, elle aimait tant, dans son petit cœur, à se croire confiée, qui, sortant de la nuée où il planait auparavant, s'est précipité pour elle dans le feu, sous la forme d'un templier. — Ne souriez pas! — Qui sait? Souriez, mais laissez-lui au moins une illusion qu'acceptent juifs, chrétiens et musulmans... une si douce illusion!

NATHAN. Si douce pour moi aussi!... Va, brave Daya, va : vois ce qu'elle fait et si je puis lui parler... Ensuite j'irai à la recherche de cet ange sauveur, si sauvage et si railleur. Et s'il lui plaît encore de marcher au milieu de nous, quand il voudrait encore fausser ainsi la courtoisie chevaleresque, je le trouverai et je l'amènerai.

DAYA. Ce sera beaucoup entreprendre.

NATHAN. Alors la douce illusion fera place à la vérité plus douce... Car, Daya, crois-moi, un homme nous est encore plus cher que ne l'est un ange... Mais tu ne m'en voudras pas trop, à moi, si tu me vois guérir son enthousiasme pour les anges?

DAYA. Faut-il que vous soyez si bon et en même temps si mauvais? J'y vais... mais, écoutez... mais voyez!... La voici elle-même...

SCÈNE II

RÉCHA, LES PRÉCÉDENTS

RÉCHA. C'est donc vraiment vous, mon père? Je croyais que c'était votre voix seulement que vous aviez envoyée devant vous. Qu'est-ce qui vous a donc retenu? Quelles montagnes, quels déserts, quels torrents nous séparent donc encore? Vous respirez à quelques pas de votre Récha, et vous n'accourez pas pour l'embrasser, la pauvre Récha qui, pendant ce temps, a été brûlée... presque, presque brûlée... presque, seulement. Ne frémissez pas! C'est une vilaine mort que d'être brûlée, oh!

NATHAN. Mon enfant, ma chère enfant!

RÉCHA. Il vous a fallu franchir l'Euphrate, le Tigre, le Jourdain, et tant d'autres fleuves... Combien ai-je souvent tremblé pour vous, avant que le feu me touchât de si près! Car depuis que le feu m'a touchée de si près, il me semble que la mort par l'eau est rafraîchissement, soulagement, délivrance... Mais vous n'êtes point noyé, et moi, je ne suis point brûlée. Combien nous allons nous réjouir, et louer Dieu! C'est lui, lui qui sur les ailes de ses anges *invisibles* vous a portés, vous et votre barque, au dessus des flots perfides. C'est lui, lui qui a fait signe à mon ange de m'enlever du feu, sur ses blanches et *visibles* ailes...

NATHAN. (Sur ses blanches ailes? Ah! oui! C'était le manteau blanc déployé du Templier.)

RÉCHA. Il était visible, visible en m'emportant au travers des flammes, que ses ailes écartaient. J'ai donc vu, moi, vu un ange face à face ; *mon* ange.

NATHAN. Récha en serait digne, et ne verrait en lui rien de plus beau que lui en elle.

RÉCHA (*souriant*). Pour qui la flatterie, mon père? Pour qui? Pour l'ange ou pour vous?

NATHAN. Et quand ce ne serait qu'un homme, qu'un homme tel que la nature en produit tous les jours, qui t'aurait rendu ce service : pour toi il devrait être un ange, il en devrait être et en serait un.

RÉCHA. Ce n'était pas un tel ange, non! mais un véritable; certainement un véritable ange!... Ne m'avez-vous pas vous-même appris la possibilité qu'il y ait des anges, et que Dieu fasse des miracles, en faveur de ceux qui l'aiment? Or, je l'aime, moi.

NATHAN. Et il t'aime ; et il fait pour toi et pour ceux qui te ressemblent ; des miracles de toutes les heures; oui, pour vous, il en a fait de toute éternité.

RÉCHA. J'aime à l'apprendre.

NATHAN. Comment? Parce qu'il paraîtrait tout naturel, tout ordinaire que ce fût un véritable Templier qui t'eût sauvée, en serait-ce moins un miracle?... Le plus sublime miracle, c'est que de vrais, de légitimes miracles puissent nous devenir et nous deviennent ainsi familiers. Sans ces miracles universels, un penseur aurait de la peine à nommer miracle ce qui ne devrait s'appeler ainsi que pour les enfants qui, tout ébahis, se laissent entraîner par ce qui n'est que nouveau et extraordinaire.

DAYA (*à Nathan*). Voulez-vous donc, par de telles subtilités, faire éclater son cerveau qui n'est déjà que trop tendu?

NATHAN. Laisse-moi. — Ne serait-ce pas assez miraculeux déjà pour ma Récha, qu'un homme l'eût sauvée, qui lui-même n'eût pas été sauvé sans un miracle! Car, qui avait jamais ouï dire que Saladin eût épargné un Templier; qu'un Templier eût jamais souhaité d'être épargné par lui? L'eût-on jamais espéré? Que Saladin lui eût jamais offert d'autre moyen de délivrance que le baudrier qui soutient son épée, ou tout au plus son poignard.

RÉCHA. Cela me prouve, mon père... que ce n'était pas un Templier, qu'il n'en avait que l'apparence... S'il ne vient jamais à Jérusalem aucun Templier captif que, pour y trouver une mort certaine, si aucun Templier ne s'y promène ainsi en liberté; comment un Templier en liberté aurait-il pu me sauver cette nuit-là?

NATHAN. Mais, quelle puissance de raisonnement! Maintenant, Daya, prends la parole. Tu m'as déjà appris qu'il a été envoyé ici captif. Sans doute en sais-tu davantage.

DAYA. Eh bien, oui. — Voilà ce qu'on dit de certain... Mais on dit aussi que Saladin a fait grâce au Templier, à cause de la ressemblance qu'il lui trouve avec un de ses frères, qu'il a aimé particulièrement; mais que ce frère est mort il y a plus de vingt ans : il s'appelait, je ne sais comment... il est mort, je ne sais où... Tout cela paraît si complètement... si complétement incroyable, que, peut-être, il n'y a rien de vrai.

NATHAN. Eh! Daya, pourquoi cela serait-il donc si incroyable? Ne serait-ce pas — comme il arrive souvent — que tu aimes mieux croire quelque chose de plus incroyable encore?... Pourquoi, dans ses jeunes années, Saladin qui aime tant toute sa famille, n'aurait-il pas pu aimer d'une manière toute particulière un de ses frères?... Deux visages ne peuvent-ils se ressembler?... Une vieille impression ne peut-elle se réveiller?... Une telle ressemblance ne produit-elle plus un pareil effet? Depuis quand?... Où est donc l'incroyable en ceci? Eh! certainement alors, pour toi, sage Daya, il n'y aurait plus rien de miraculeux; et *pour toi*, il n'y a que le miraculeux qui exige... qui mérite, veux-je dire, croyance.

DAYA. Vous raillez.

NATHAN. Parce que tu te railles toi-même de moi... Cependant, de cette façon, Récha, ta délivrance n'en demeure pas moins un miracle, possible à celui-là seulement qui dirige par les fils les plus faibles, comme en se jouant et même comme en se raillant, les plus fermes résolutions, les plus impétueux desseins des rois.

RÉCHA. Mon père! mon père! si je me trompe, vous savez que c'est involontairement.

NATHAN. Bien plus, tu aimes à te faire éclairer... Écoute : un front bombé de telle ou telle façon; la courbe du nez plus ou moins aquiline; des sourcils plus ou moins arqués, au dessus d'un œil enfoncé ou à fleur de tête; une ligne, une ride, une marque, un signe, une tache, un rien sur le visage d'un farouche Européen,... et tu échappes au feu, en Asie! Ce ne serait pas là un miracle, race chercheuse de miracles? Pourquoi vous efforcer encore de faire entrer là-dedans un ange?

DAYA. Quel mal y a-t-il à cela? — Nathan, si j'ose parler... quel mal de préférer se croire sauvée par un ange que par un homme? Ne se sent-on pas ainsi beaucoup plus rapproché de la cause première et insaisissable de son salut?

NATHAN. Vanité, et rien que vanité! Le pot de fer, parce qu'on l'a retiré du feu avec un crochet d'argent, se croit lui-même un pot d'argent. Bah! Quel mal y a-t-il, demandes-tu; quel mal y a-t-il?... A quoi cela sert-il, demanderai-je à mon tour... car ton : « Se sentir d'autant plus rapproché de Dieu » est sottise ou impiété... Voici quel mal il y a, oui, le voici... Allons, écoute-moi... N'est-il pas vrai qu'à ce qui t'a sauvée, que ce soit un ange ou un homme, vous désireriez en particulier pouvoir lui rendre en échange de très grands services? N'est-il pas vrai? Eh bien, à un ange, quels services, quels grands services pourriez-vous bien lui rendre? Vous pourriez le remercier, lui adresser des soupirs et des prières, vous pourriez pour lui vous perdre dans l'extase, vous pourriez au jour de sa fête, jeûner, répandre des aumônes... Tout cela n'est rien... car il me semble qu'en tout cas, vous et votre prochain, vous y gagneriez bien plus que lui. Vos jeûnes ne l'engraisseraient point; vos aumônes ne l'enrichiraient point; vos extases ne le grandiraient point. N'est-ce pas? Mais si c'était un homme!

DAYA. Sans doute, si c'était un homme, nous aurions plus occasion de *faire* quelque chose pour lui; et Dieu sait combien nous y étions disposées! Mais il n'a rien voulu et n'a si absolument besoin de rien; mais il a trouvé sa satisfaction, en lui et par lui, de telle façon qu'il n'y a que les anges qui soient et qui puissent être ainsi.

RÉCHA. Enfin, il a tout à fait disparu...

NATHAN. Disparu? Comment donc disparu?... Ne se laisse-t-il plus apercevoir de loin sous les palmiers?... Comment! Ou bien l'auriez-vous en réalité déjà cherché plus loin?

DAYA. Quant à cela, non.

NATHAN. Non, Daya? non?... Eh bien, vois-tu quel mal il y a!... Cruelles fanatiques!... Si maintenant cet ange était... était malade!...

RÉCHA. Malade?

DAYA. Malade? Il ne l'est certes pas!

RÉCHA. Quel frisson glacé me saisit! — Daya!... Mon front tout à l'heure si brûlant, — touche-le! — s'est glacé tout d'un coup.

NATHAN. C'est un Franc, non habitué à ce climat; il est jeune, non accoutumé aux rudes travaux de son état, à la faim, aux veilles.

RÉCHA. Malade! malade!

DAYA. Nathan veut seulement dire que ce serait possible.

NATHAN. Le voilà, gisant, sans amis, et sans argent pour s'en procurer...

RÉCHA. Ah! mon père!

NATHAN. Gisant sans soins, sans conseils, sans consolations, le voilà en proie à la douleur et à la mort!...

RÉCHA. Où? où?

NATHAN. Lui, qui pour une personne qu'il n'avait jamais connue, jamais vue — c'était assez qu'elle fût une créature humaine — s'est précipité dans le feu...

DAYA. Nathan, épargnez-la.

NATHAN. Qui ne désire pas la revoir, à moins que ce ne fût pour la sauver une seconde fois — car c'était assez qu'elle fût une créature humaine...

DAYA. Cessez et voyez.

NATHAN. Qui, en mourant, n'a rien pour le soulager... que la conscience de cette action!...

DAYA. Cessez donc, vous la tuez.

NATHAN. Et tu l'as tué! Tu aurais pu le tuer ainsi... Récha! Récha! c'est un dyctame et non du poison que je te présente. Il vit... reviens à toi!... il n'est peut-être pas malade non plus : il ne l'est pas.

RÉCHA. Sûrement?... Ni mort, ni malade?

NATHAN. Sûrement, il n'est pas mort : car Dieu récompense même ici-bas le bien qu'on fait ici-bas... Allons!... mais comprends-tu combien il est plus facile de *s'exalter dévotement* que de *bien agir?* combien l'homme le plus indolent s'exalte dévotement; rien que — sans l'avoir clairement prémédité — rien que pour se dispenser de bien agir?

RÉCHA. Ah! mon père! ne laissez donc jamais plus votre Récha seule! — N'est-ce pas qu'il peut même n'être qu'en voyage?

NATHAN. Oui!... certainement... Je vois là-bas un musulman qui étudie d'un regard curieux mes chameaux chargés. Le connaissez-vous?

DAYA. Ha! c'est votre derviche.

NATHAN. Qui?

DAYA. Votre derviche : votre partenaire aux échecs!

NATHAN. Al-Hafi? c'est Al-Hafi!

DAYA. Maintenant trésorier du sultan.

NATHAN. Comment? Al-Hafi? Rêves-tu de nouveau?.. C'est lui!... Vraiment, c'est lui!... il vient à nous. Rentrez vous autres, vite... que vais-je apprendre?

SCÈNE III

NATHAN, LE DERVICHE

LE DERVICHE. Vous n'avez qu'à ouvrir les yeux aussi grands que vous pourrez!

NATHAN. Est-ce toi, oui ou non?... Un derviche sous ce magnifique costume!...

LE DERVICHE. Eh bien? Pourquoi donc pas? N'y a-t-il rien, absolument rien à faire d'un derviche?

NATHAN. Que si... seulement je m'étais toujours imaginé que le derviche... le franc derviche ne consentait pas à ce qu'on fît quelque chose de lui.

LE DERVICHE. Par le prophète! Que je ne sois pas un franc derviche, cela se peut. Cependant quand on est contraint...

NATHAN. Contraint!... Un derviche... un derviche contraint! Quand aucun homme ne peut l'être, un derviche le serait! Par quoi donc?

LE DERVICHE. Par une loyale prière, dont il reconnaît la justesse; voilà par quoi un derviche est contraint.

NATHAN. Par notre Dieu! tu dis vrai... Laisse-moi t'embrasser, homme de bien... Tu es pourtant encore mon ami?

LE DERVICHE. Et vous ne demandez pas d'abord ce que je suis devenu?

NATHAN. Laissons ce que tu es devenu.

LE DERVICHE. Ne pourrais-je pas être devenu un ami du pouvoir dont l'amitié vous serait importune?

NATHAN. Si ton cœur est resté celui du derviche, je m'y fie. C'est ton habit seul qui est au service du pouvoir.

LE DERVICHE. Il faut l'honorer alors... Que pensez-vous? Devinez! Qu'est-ce que je suis à votre cour?

NATHAN. Derviche, rien de plus; ou, vraisemblablement; quelque chose comme... cuisinier!

LE DERVICHE. Ah! oui, pour venir désapprendre chez vous mes talents... cuisinier! Pourquoi pas sommelier aussi?... Avouez que Saladin me connaît mieux que cela... Je suis devenu son trésorier.

NATHAN. Toi... trésorier?

LE DERVICHE. De sa cassette, s'entend; car, quant au grand trésor, son père en a encore le maniement... du trésor de sa maison.

NATHAN. Sa maison est nombreuse.

LE DERVICHE. Et plus nombreuse que vous ne croyez ; car tout mendiant est de sa maison.

NATHAN. Cependant Saladin est si ennemi des mendiants...

LE DERVICHE. Qu'il s'est résolu à les exterminer jusqu'à la dernière racine... dût-il, pour ce faire, devenir mendiant lui-même.

NATHAN. Bravo ! c'est justement ainsi que je l'entendais.

LE DERVICHE Il l'est déjà, ou peu s'en faut !... Car son trésor est chaque soir au coucher du soleil, beaucoup plus que vide. Le flux qui y entre si largement le matin, a déjà depuis longtemps baissé à midi...

NATHAN. Parce qu'il est impossible de remplir ou de fermer les canaux qui en absorbent une partie.

LE DERVICHE. Vous l'avez dit.

NATHAN. Je connais cela.

LE DERVICHE. Il ne vaut certainement rien que les vautours soient au milieu des cadavres ; mais que les cadavres soient au milieu des vautours. Cela vaut encore dix fois moins.

NATHAN. Oh ! non pas, derviche, non pas !

LE DERVICHE. Vous en parlez à votre guise, vous !... Eh bien, qu'est-ce que vous me donnez ? Je vous cède ma place.

NATHAN. Que te rapporte ta place ?

LE DERVICHE. A moi ? Pas beaucoup. Mais à vous, elle peut rapporter à usure ; car, lorsqu'il y aura marée basse au trésor, comme cela est souvent... vous ouvrirez vos écluses ; vous avancerez des fonds et vous prendrez d'aussi gros intérêts qu'il vous plaira.

NATHAN. Même l'intérêt de l'intérêt des intérêts ?

LE DERVICHE. Sans doute ?

NATHAN. Jusqu'à ce que tout mon capital soit placé à haut intérêt.

LE DERVICHE. Cela ne vous tente pas ? Alors c'en est fait de notre amitié. Car, vraiment, j'ai beaucoup compté sur vous.

NATHAN. Vraiment ? Comment cela ? Comment donc ?

LE DERVICHE. J'avais compté que vous m'aideriez à remplir ma charge avec honneur; qu'en tout temps votre caisse me serait ouverte... Vous haussez les épaules?

NATHAN. Eh bien, il s'agit de bien nous comprendre. Il y a ici à distinguer... Toi? Pourquoi pas, toi, Al-Hafi, le derviche, tu seras toujours le bienvenu pour tout ce qui est en mon pouvoir... mais, Al-Hafi, le defterdar du sultan, qui... auquel...

LE DERVICHE. Est ce que je ne vous ai pas deviné? Vous êtes certes toujours aussi bon que prudent, aussi prudent que sage. Patience! Ce que vous estimez dans Al-Hafi, vous l'y retrouverez bientôt... Vous voyez ce vêtement d'honneur que Saladin m'a donné. Avant qu'il soit, avant qu'il soit en lambeaux comme ceux des derviches, je l'aurai jeté aux orties, à Jérusalem, et, je serai sur les rives du Gange, où j'irai fouler légèrement de mes pieds nus, avec mes maîtres, le sable brûlant du désert....

NATHAN. Je te retrouve.

LE DERVICHE. Et jouer aux échecs avec eux.

NATHAN. Ce qui est ton plus grand bonheur.

LE DERVICHE. Songez seulement à ce qui m'a séduit... Était-ce de pouvoir m'abstenir de mendier plus longtemps? Était-ce de pouvoir jouer l'homme riche avec des mendiants? Était-ce qu'il fût en ma puissance de changer en un instant le plus riche mendiant en un pauvre riche?

NATHAN. Certainement non.

LE DERVICHE. C'était quelque chose de beaucoup plus absurde. Je me suis senti séduit tout d'un coup par les idées généreuses de Saladin...

NATHAN. Comment donc?

LE DERVICHE. « Il n'y a qu'un mendiant qui sache combien les mendiants ont de peine; un pauvre seul connaît la bonne manière de donner aux pauvres. Ton prédécesseur, disait-il, était selon moi beaucoup trop froid, beaucoup trop rude. Il donnait avec tant de rudesse, quand il donnait; il commençait d'abord par interroger si rudement ceux à qui il donnait, qu'il ne se contentait pas de connaître le dénûment, mais voulait encore savoir les causes du dénûment, afin de mesurer parcimonieusement le don à ces causes. Tel ne sera pas Al-Hafi. Par Hafi, Saladin ne paraîtra pas si durement charitable. Al-Hafi ne ressemble pas à ces canaux engorgés qui rendent si impures et si bouillonnantes les eaux limpides et calmes qu'ils ont reçues. Al-Hafi pense, Al-Hafi sent comme moi. » Si doucement sonnait l'appeau de l'oiseleur, que l'oiseau est venu dans le filet... Pauvre fou que j'étais! Pauvre fou d'un autre fou!

NATHAN. Doucement, mon derviche, doucement!

LE DERVICHE. Eh quoi?... Ce ne serait pas folie que d'opprimer des hommes par centaines de mille; de les épuiser, de les piller, de les pressurer, de les égorger, et de vouloir envers quelques autres paraître un ami des hommes? Ce ne serait pas folie que de singer la charité du Très-Haut qui, sans distinction, dispense les rayons du soleil et la pluie, sur les méchants et sur les bons, sur les déserts et sur les champs fertiles... et de n'avoir pas toujours, comme le Très-Haut, la main pleine? Eh! quoi! ce ne serait pas folie?...

NATHAN. Assez! Tais-toi.

LE DERVICHE. Laissez-moi seulement encore parler de ma *folie* à moi!... Eh! quoi? Ce ne serait pas folie que de ne voir que le bon côté de pareilles folies, pour arriver, à cause de ce bon côté, à se rendre complice de ces folies? Eh! ce ne le serait pas?

NATHAN. Al-Hafi, fais en sorte de retourner au plus tôt dans tes déserts. Je crains bien que, parmi les hommes, tu ne puisses désapprendre à être homme.

LE DERVICHE. Vous avez raison, et moi aussi je le crains. Adieu!

NATHAN. Si vite?... Attends donc, Al-Hafi. Le désert t'échappera-t-il donc?... Attends... Pût-il m'écouter!... Hé, Al-Hafi! reste donc!... Le voilà loin; et j'aurais tant voulu le questionner sur notre Templier. Il est probable qu'il le connaît.

SCÈNE IV

DAYA accourant, NATHAN

DAYA. O Nathan! Nathan!

NATHAN. Eh bien? Qu'y a-t-il?

DAYA. Il se laisse apercevoir de nouveau! il se laisse voir de nouveau!

NATHAN. Qui, Daya, qui!

DAYA. Lui! lui!

NATHAN. Lui? lui?... Quand ce *lui* ne s'est-il pas laissé apercevoir?... Ah! vraiment, pour vous il ne s'appelle que *lui*... Vous ne devriez pas parler ainsi, non, quand même ce serait un ange, non!

DAYA. Il se promène de nouveau sous les palmiers, et de temps en temps cueille des dattes.

NATHAN. Et les mange... comme si c'était un Templier?

DAYA. Pourquoi me tracasser?... Son œil curieux l'a déjà deviné, sous les palmiers sombres, et le suit avec fixité. Elle vous fait prier... conjurer, d'aller à lui sans retard. Oh! courez! Elle vous fera signe de la fenêtre, s'il remonte ou s'il s'éloigne. Oh! courez!

NATHAN. Comme me voilà, au débotté?.. Cela convient-il? Va, cours à lui, et annonce lui mon retour. Remarque que ce n'est qu'à cause de mon absence, que cet homme d'honneur n'a pas voulu pénétrer chez moi; et qu'il ne se refusera pas à y venir sur l'invitation du père de famille lui-même. Va, dis-lui que je le fais prier, cordialement prier...

DAYA. C'est tout à fait inutile. Il ne viendra point chez vous... Car, en deux mots, il ne viendra point chez un juif.

NATHAN. Va toujours, afin de le retenir, ou tout au moins de le suivre des yeux... Va, je te suis dans un instant. (*Nathan rentre à la hâte, et Daya s'éloigne.*)

SCÈNE V

Un lieu planté de palmiers, sous lesquels va et vient le Templier. Un religieux le suit à quelque distance, hésitant toujours à lui parler.

LE TEMPLIER. Il y a bien longtemps qu'il me suit !... Mais, comme il regarde à mes mains !... Bon frère !... Bon père, dois-je peut-être dire ?

LE RELIGIEUX. Frère seulement, frère lai, pour vous servir.

LE TEMPLIER. Donc, bon frère, il faudrait que j'eusse, pour vous donner. Par Dieu, par Dieu, je n'ai rien...

LE RELIGIEUX. Je ne vous en remercie pas moins chaudement ! Dieu vous rende mille fois ce que vous voudriez me donner ! Car c'est le vouloir et non le don qui fait le bienfaiteur... D'ailleurs, ce n'est pas pour recevoir l'aumône de monsieur le chevalier, que je lui suis envoyé.

LE TEMPLIER. Vous m'êtes donc envoyé ?

LE RELIGIEUX. Oui, du couvent.

LE TEMPLIER. De celui même où j'avais espéré trouver la collation légère du pèlerin ?

LE RELIGIEUX. Les tables étaient toutes occupées : mais monsieur le chevalier n'a qu'à y revenir avec moi.

LE TEMPLIER. Pourquoi ? Il y a bien longtemps que je n'ai mangé de viande, mais qu'importe ? Les dattes sont mûres.

LE RELIGIEUX. Que monsieur le chevalier prenne garde à ce fruit. Il n'est pas sain d'en manger trop : cela engorge la rate, cela rend l'humeur mélancolique.

LE TEMPLIER. Et si j'aimais à me sentir mélancolique ?... Mais ce n'est certes pas pour ce bon avis seul que vous m'avez été envoyé ?

LE RELIGIEUX. Oh, non !... Je ne vous suis envoyé que pour vous étudier et vous sonder.

LE TEMPLIER. Et c'est à moi-même que vous le dites ?

LE RELIGIEUX. Pourquoi pas?

LE TEMPLIER. (Voilà un frère habile!) — Le couvent en contient-il beaucoup qui vous ressemblent?

LE RELIGIEUX. Je l'ignore. L'obéissance est un devoir, mon cher monsieur le chevalier.

LE TEMPLIER. Et l'obéissance sans examen?

LE RELIGIEUX. Autrement, serait-ce l'obéissance?

LE TEMPLIER. (La simplicité a toujours raison.) — Pourriez-vous cependant peut-être aussi me confier, quel est celui qui voudrait me connaître de plus près?... Ce n'est pas vous, j'en jurerais.

LE RELIGIEUX. Serait-ce mon fait? Cela me serait-il utile?

LE TEMPLIER. De qui donc est-ce le fait? à qui donc est-ce utile d'être si indiscret? Parlez.

LE RELIGIEUX. Au patriarche, faut-il croire... Car c'est lui qui m'a envoyé vers vous.

LE TEMPLIER. Le patriarche? Ne connaît-il pas mieux que cela la croix rouge sur le manteau blanc?

LE RELIGIEUX. Moi, je la connais.

LE TEMPLIER. Eh bien, frère? Eh bien?... Je suis chevalier du Temple et captif... Ajoutez à cela : pris à Tebnin, ce bourg dont nous aurions bien voulu nous emparer, à l'expiration de la trève, pour nous diriger ensuite sur Sidon... Ajoutez encore : pris vingtième et seul gracié par Saladin; et le patriarche en saura autant... plus qu'il ne lui est nécessaire.

LE RELIGIEUX. Oui, mais pas plus, je crois, qu'il n'en sait déjà. Il désirerait savoir pourquoi monsieur le chevalier a été gracié par Saladin, lui tout seul.

LE TEMPLIER. Le sais-je moi-même?... Déjà, le cou découvert, je m'agenouillais sur mon manteau, attendant le coup; quand Saladin me regarde plus profondément dans les yeux, bondit jusqu'à moi et fait un signe. On me relève, on me délivre de mes liens; j'allais lui rendre grâces, je vois ses yeux pleins de larmes : il demeure muet, moi aussi; il s'éloigne, je demeure... Comment enchaîner tout cela? Que le patriarche s'en tire lui-même.

LE RELIGIEUX. Il en conclut, que Dieu a voulu vous réserver pour de grandes, de très grandes choses.

LE TEMPLIER. Oui, pour de grandes choses! Pour sauver du feu une fille de juif, pour conduire au Sinaï des pèlerins curieux, et autres choses pareilles.

LE RELIGIEUX. Cela pourra venir... En attendant, ce n'est pas mal non plus... Peut-être le patriarche a-t-il préparé à monsieur le chevalier de plus importantes affaires.

LE TEMPLIER. En vérité? Que supposez-vous, frère?... Le patriarche vous l'a-t-il laissé pressentir à vous-même?

LE RELIGIEUX. Oh, oui... Il ne me reste qu'à sonder monsieur le chevalier, afin de savoir s'il est l'homme qu'il faut pour cela.

LE TEMPLIER. Eh bien, sondez-moi donc! — (Nous verrons bien comment celui-là me sondera!) — Eh bien?

LE RELIGIEUX. Le plus court sera que je découvre tout bonnement à monsieur le chevalier le désir du patriarche.

LE TEMPLIER. Faites.

LE RELIGIEUX. Il chargerait volontiers monsieur le chevalier d'une petite lettre.

LE TEMPLIER. Moi? me prend-il pour un facteur?... Voilà, voilà quelle serait l'affaire de beaucoup plus glorieuse, que d'arracher au feu les filles de juifs?

LE RELIGIEUX. Eh oui! « Car — disait le patriarche — de cette petite lettre dépend le salut de toute la chrétienté. Avoir remis fidèlement cette petite lettre — disait le patriarche — mériterait dans le ciel une récompense toute glorieuse. Et cette récompense — disait le patriarche — personne n'en serait plus digne que monsieur le chevalier. »

LE TEMPLIER. Que moi?

LE RELIGIEUX. « Car, pour mériter cette récompense — disait le patriarche — il serait difficile que quelqu'un y fût plus apte que monsieur le chevalier. »

LE TEMPLIER. Que moi?

LE RELIGIEUX. « Il est libre ici; il peut tout examiner ici ; il sait comment on attaque et comment on défend une ville ; il peut — disait le patriarche — apprécier au mieux le fort et le faible de cette seconde muraille intérieure, récemment construite par Saladin et les faire connaître — disait le patriarche — de la manière la plus explicite aux soldats de la Croix. »

LE TEMPLIER. Bon frère, pourrais-je cependant savoir d'une manière plus précise, le contenu de cette petite lettre?

LE RELIGIEUX. Oui, le contenu... c'est que ceci, je ne le sais pas aussi bien. La lettre toutefois est pour le roi Philippe... Le patriarche... je me suis souvent étonné qu'un tel saint, qui du reste ne vit que pour le ciel, en vienne en même temps à être si bien informé des choses de ce monde. Cela doit lui coûter beaucoup de peines.

LE TEMPLIER. Eh bien, donc? Le patriarche?...

LE RELIGIEUX. Il sait très exactement, très précisément, où, comment, avec quelles forces, de quel côté, Saladin ouvrira la campagne, au cas où la guerre recommencerait.

LE TEMPLIER. Le sait-il?

LE RELIGIEUX. Oui, et il voudrait le faire savoir au roi Philippe ; afin que celui-ci pût à peu près calculer, si le danger est assez effrayant pour renouer, coûte que coûte, une trêve que votre Ordre a déjà si bravement rompue.

LE TEMPLIER. Quel patriarche!... Ah! en vérité, ce cher brave homme ne veut pas faire de moi qu'un simple facteur, il veut faire de moi... un espion. Allez dire à votre patriarche, bon frère, qu'autant que vous ayez pu me sonder, ce ne serait pas mon fait... Qu'il faut que je me considère encore comme captif, et que la mission des chevaliers du Temple, la seule, c'est de combattre par l'épée et non de descendre au métier d'espion.

LE RELIGIEUX. C'est ce que je pensais, moi aussi... Cela ne peut faire aucun tort à monsieur le chevalier... Mais arrivons au meilleur... Le patriarche a récemment découvert comment se nomme et où est située, sur le Liban, la forteresse où sont enfouies les immenses sommes, avec lesquelles le père prévoyant de Saladin solde l'armée et paie tous les préparatifs de la guerre. Saladin, de temps en temps, se glisse jusqu'à cette forteresse par des chemins détournés et à peine accompagné... Saisissez-vous?

LE TEMPLIER. Non!

LE RELIGIEUX. Quoi de plus facile que de se rendre alors maître de Saladin? que d'en finir avec lui? Vous frémissez?... Oh! il y a déjà une couple de Maronites, gens craignant Dieu, qui se sont offerts à tenter le coup, pourvu qu'un homme brave voulût les conduire.

LE TEMPLIER. Et c'est moi-même que le patriarche avait choisi, pour être cet homme brave?

LE RELIGIEUX. Il croit que, de Ptolémaïs, le roi Philippe pourrait, dans cette affaire, vous donner un bon coup de main.

LE TEMPLIER. A moi? A moi? mon frère. A moi? N'avez-vous pas entendu? Pas entendu tout d'abord quelle reconnaissance me lie au sultan?

LE RELIGIEUX. Je l'ai bien entendu.

LE TEMPLIER. Et cependant?

LE RELIGIEUX. « Oui, — pense le patriarche — tout cela serait bon, mais Dieu et votre Ordre... »

LE TEMPLIER. N'y changent rien! Ils ne commandent pas de scélératesse.

LE RELIGIEUX. Non, à coup sûr!... « Seulement — pense le patriarche — ce qui est scélératesse aux yeux des hommes n'est pas scélératesse aux yeux de Dieu. »

LE TEMPLIER. Je dois ma vie à Saladin, et je lui ravirais la sienne?

LE RELIGIEUX. Horreur!... « Il n'en demande pas moins — pense le patriarche — que Saladin étant l'ennemi de la chrétienté, il ne peut acquérir aucun droit à être votre ami. »

LE TEMPLIER. Mon ami? Parce que je ne veux pas à son égard devenir un misérable, le plus ingrat des misérables?

LE RELIGIEUX. Sans doute!... « Mais — pense le patriarche — on est dispensé de reconnaissance, on en est dispensé devant Dieu et devant les hommes, lorsque ce n'est pas pour l'amour de nous que le service nous a été rendu. Or, comme on répète — pense le patriarche — que ce n'est qu'à cause de ce qu'il a trouvé dans votre physionomie, dans votre air, quelque chose de son frère, que Saladin vous a fait grâce... »

LE TEMPLIER. Le patriarche sait cela aussi ; et cependant? Ah! cela fût-il vrai! Ah! Saladin!... Comment?... La nature aurait formé un seul de mes traits à l'image de ton frère, et rien dans mon âme n'y répondrait? Ce qui y répond, je le foulerais aux pieds, pour plaire à un patriarche?... Nature, tu ne te trompes pas de la sorte! Dieu ne se contredit pas ainsi, dans ses œuvres!... Allez, frère!... N'excitez pas ma colère!... Allez! allez!

LE RELIGIEUX. Je m'en vais, et je m'en vais avec plus de plaisir que je ne suis venu. Que monsieur le chevalier me pardonne. Nous autres gens de cloître, notre devoir est l'obéissance à nos supérieurs.

SCÈNE VI

LE TEMPLIER, DAYA qui de loin considérait depuis longtemps le Templier et qui s'approche alors de lui

DAYA. Ce religieux, ce semble, ne l'a pas mis de la meilleure humeur... Cependant je vais toujours risquer la commission.

LE TEMPLIER. Eh bien, à merveille!... Est-ce que l'adage ment : moine et femme, femme et moine, ce sont les deux griffes du diable? Il me jette aujourd'hui de l'une dans l'autre.

DAYA. Que vois-je? C'est vous, noble chevalier?... Louange à Dieu! mille fois louange à Dieu!... Où vous êtes-vous donc caché pendant si longtemps? Vous n'auriez pas cependant été malade?

LE TEMPLIER. Non.
DAYA. Vous étiez bien portant alors?
LE TEMPLIER. Oui.
DAYA. Vous nous avez vraiment bien inquiétés.
LE TEMPLIER. Ah!
DAYA. Vous aurez voyagé?
LE TEMPLIER. Vous l'avez deviné.
DAYA. Et vous n'êtes de retour que d'aujourd'hui?
LE TEMPLIER. Que d'hier.
DAYA. Le père de Récha est aussi de retour depuis aujourd'hui. Et maintenant Récha osera-t-elle espérer?...
LE TEMPLIER. Quoi?
DAYA. Ce qu'elle vous a fait si souvent demander. Son père va venir lui-même vous en prier avec les plus vives instances. Il arrive de Babylone avec vingt chameaux richement chargés de tout ce que l'Inde, la Perse, la Syrie, le Sinaï même, peuvent fournir de plus précieux en fines épices, en pierreries et en étoffes.
LE TEMPLIER. Je n'ai besoin de rien.
DAYA. Sa race l'honore comme un prince, à ce point qu'on le nomme Nathan *le sage* et non *le riche*, ce qui m'a souvent surprise.
LE TEMPLIER. Pour sa race, riche et sage, c'est peut-être tout un.
DAYA. Mais de tous il mériterait le titre de *bon*. Car vous ne vous imaginez pas combien il est bon. Quand il a appris quel service vous avez rendu à Récha, il aurait, à l'instant, tout fait pour vous; il vous aurait tout donné!
LE TEMPLIER. Ah!
DAYA. Essayez, venez et voyez.
LE TEMPLIER. Quoi donc? Un instant ne passe-t-il pas bien vite?
DAYA. S'il n'était pas aussi bon, ne serais-je plus depuis si longtemps chez lui? Croyez-vous par hasard que je n'aie pas conscience de ma dignité de chrétienne? Il ne m'avait certes pas non plus été prédit dès le berceau, que je ne suivrais mon époux en Palestine que pour y

faire l'éducation d'une fille juive. Mon époux était un noble écuyer de l'armée de l'empereur Frédéric...

LE TEMPLIER. Suisse de naissance, qui a eu l'honneur et la grâce de se noyer dans le même fleuve que Sa Majesté impériale... Femme, combien de fois ne me l'avez-vous pas déjà raconté? Ne cesserez-vous donc pas de me persécuter!

DAYA. Vous persécuter! Bon Dieu!

LE TEMPLIER. Oui, oui, me persécuter. Je ne veux plus vous revoir, ni vous entendre! Je ne veux pas que sans cesse vous me rappeliez une action que j'ai accomplie sans y penser, et qui, lorsque j'y songe, devient pour moi une énigme. De vrai, je ne voudrais pas m'en repentir. Mais, si un semblable accident se représentait, vous seriez cause que je n'agirais pas avec autant de promptitude; que je commencerais par prendre des informations... et par laisser brûler ce qui brûlerait.

DAYA. Dieu vous en préservât!

LE TEMPLIER. Dès aujourd'hui, faites-moi au moins le plaisir de ne plus me connaître. Je vous en prie. Débarrassez-moi aussi du père. Un juif est un juif. Moi, je suis un grossier Souabe. L'image de la jeune fille est depuis longtemps hors de mon âme, en supposant qu'elle y ait jamais été.

DAYA. Mais votre image n'est pas hors de la sienne.

LE TEMPLIER. Et qu'importe? qu'importe?

DAYA. Qui sait? Les hommes ne sont pas toujours tels qu'ils paraissent.

LE TEMPLIER. Rarement ils sont meilleurs. (*Il s'éloigne.*)

DAYA. Attendez donc! Qu'est-ce qui vous presse?

LE TEMPLIER. Femme, ne me rends pas odieux ces palmiers, où j'aime tant à me promener.

DAYA. Va-t'en, ours allemand! Va-t'en?... Mais cependant il ne faut pas perdre la piste de ce farouche animal. (*Elle le suit de loin.*)

FIN DU PREMIER ACTE

ACTE II

SCÈNE PREMIÈRE

Le palais du Sultan

SALADIN, SITTAH jouant aux échecs

SITTAH. Où est ton esprit, Saladin? Comment joues-tu aujourd'hui?
SALADIN. Pas bien? Je croyais que si.
SITTAH. A peine bien, même pour moi. Reprends ce coup.
SALADIN. Pourquoi?
SITTAH. Le cavalier reste découvert.
SALADIN. C'est vrai. Eh bien, ainsi?
SITTAH. Si tu avances ainsi, je passe au milieu.
SALADIN. C'est encore vrai... Donc échec au roi!
SITTAH. A quoi cela te sert-il? Je couvre l'échec, et te voilà comme devant.
SALADIN. Je vois bien que je ne sortirai de cet embarras que par un sacrifice. Allons, prends le cavalier.
SITTAH. Je n'en veux pas. Je le laisse derrière.
SALADIN. Crois-tu me faire une grâce? Tu aimes mieux cette position que le cavalier.
SITTAH. Cela se peut.
SALADIN. Qui compte sans son hôte compte deux fois. Vois donc. Gageons que tu ne t'y attendais pas.
SITTAH. Non, sans doute. Comment aussi aurais-je pu supposer que tu fusses las de ta reine?

SALADIN. De ma reine?

SITTAH. Je commence à voir qu'aujourd'hui je ne gagnerai que mes mille dinars, pas un naserin de plus.

SALADIN. Comment cela?

SITTAH. Tu le demandes encore!... Parce que tu t'appliques de toutes tes forces à perdre... Cela ne fait pourtant pas mon compte. Car, outre qu'une pareille manière de jouer n'est pas des plus amusantes, est-ce que ce n'est pas lorsque j'ai perdu, que j'ai gagné le plus avec toi? Ne m'as-tu pas alors toujours fait présent du double de ma mise, pour me consoler de ma perte?

SALADIN. Tiens! Alors c'est pour cela, petite sœur, que lorsque tu as perdu, tu t'y appliquais peut-être.

SITTAH. Au moins pourrait-il bien se faire que ta libéralité, mon cher petit frère, m'ait empêchée de mieux apprendre à jouer.

SALADIN. Nous ne sommes plus au jeu. Finissons.

SITTAH. Tu restes ainsi? Échec, échec de deux côtés!

SALADIN. Eh bien, à coup sûr, je n'avais pas prévu ce double échec qui m'enlève en même temps ma reine.

SITTAH. Pouvais-tu l'empêcher? Voyons.

SALADIN. Non, non; prends seulement la reine : avec cette pièce, je n'ai jamais de chance.

SITTAH. Rien qu'avec ce pion?

SALADIN. Allons, continuons... Cela m'est égal. Je suis gardé partout.

SITTAH. Mon frère m'a trop bien appris quelle galanterie on doit avoir pour les reines. (*Elle laisse la pièce.*)

SALADIN. Prends-la, ou ne la prends pas : je ne m'en servirai plus.

SITTAH. Pourquoi la prendre? Échec! échec au roi!

SALADIN. Après?

SITTAH. Échec!... Et échec!... Encore échec!

SALADIN. Et mat!

SITTAH. Pas tout à fait, tu peux encore placer le cavalier devant, ou faire ce que tu voudras. C'est la même chose!

SALADIN. C'est très juste!... Tu as gagné et Al-Hafi

paiera. Qu'on le mande, tout de suite !... Tu n'avais pas déjà tort, Sittah : je n'étais pas tout au jeu, j'étais distrait. Et puis, qui nous a donné ces échecs tout unis, qui ne représentent, ni ne rappellent rien ? Ai-je donc joué avec l'iman ?... Mais, bah ! Le perdant ne manque pas d'excuses. Ce ne sont pas ces pièces tout unies, Sittah, qui m'ont fait perdre : c'est ton habileté, c'est ton coup d'œil calme et rapide...

SITTAH. C'est encore là une manière d'émousser l'aiguillon de la perte. C'est assez que tu aies été distrait ; et que tu l'aies été plus que moi.

SALADIN. Plus que toi ? Qu'est-ce qui t'aurait distraite ?

SITTAH. Sans doute pas ta propre distraction !... O Saladin, quand retrouverons-nous notre ardeur au jeu ?

SALADIN. Nous n'en jouons qu'avec plus de plaisir... Ah ! la guerre a recommencé, veux-tu dire ?... Cela se peut... Ecoute seulement... Ce n'est pas moi qui ai rouvert la campagne ; j'aurais volontiers renouvelé la suspension d'armes ; j'aurais volontiers aussi uni ma Sittah à un brave mari, tel que serait le frère de Richard : car il est frère de Richard (1).

SITTAH. Pourvu que tu puisses vanter ton Richard !

SALADIN. Si la sœur de Richard avait pu tomber en partage à notre frère Malek, ah ! quelle maison nous aurions formée ! Ah ! la première et la meilleure des meilleures maisons de l'univers !... Tu vois que je ne me fais pas faute de me louer moi-même. Je me juge digne de mes amis... Cette maison aurait donné des hommes ! Oh ! cette maison !

SITTAH. N'ai-je pas ri tout de suite de ce beau rêve ? Tu ne connais pas les chrétiens, tu te refuses à les connaître. Leur orgueil, c'est d'être chrétiens et non d'être hommes. Car même ce qui, depuis leur fondateur jusqu'ici, assaisonne d'humanité leurs superstitions, ils l'aiment, non parce que c'est de l'humanité, mais parce Christ l'enseigne ; parce que Christ l'a pratiqué... Il

(1) Richard Cœur de Lion.

est heureux pour eux qu'il ait encore été un si homme de bien ; heureux pour eux, que par la foi et la croyance ils puissent acquérir quelque chose de sa vertu !... Sa vertu ?... Ce n'est pas sa vertu, mais son nom qu'ils veulent répandre partout, en déshonorant et en anéantissant les noms de tous les hommes de bien. C'est pour son nom, pour son nom seulement qu'ils travaillent.

SALADIN. Voici ce que tu penses : pourquoi donc exigeraient-ils que vous aussi, toi et Malek, vous vous nommiez chrétiens, avant que, dans le mariage, vous voulussiez aimer des chrétiens ?

SITTAH. Oui ! comme si, des chrétiens seuls, en tant que chrétiens, on devait attendre l'amour que le Créateur a inspiré au mari et à la femme !

SALADIN. Les chrétiens croient-ils plus d'absurdités que n'en pourrait croire le reste des hommes ?... Et d'ailleurs tu te trompes... La faute en est, non aux chrétiens, mais aux Templiers : la faute en est à eux, non comme chrétiens, mais comme Templiers. Eux seuls ont tout empêché, en refusant de céder Acre, que la sœur de Richard devait apporter en cadeau de noces à notre frère Malek. Pour que leurs priviléges de chevaliers ne courent aucuns périls, ils jouent aux moines, aux moines imbéciles. Et pour tenter à la hâte quelque bon coup, ils ont à peine pu attendre l'expiration de la suspension d'armes... Gai! Messeigneurs, continuez !... Cela me va... Si d'ailleurs seulement tout allait, comme il le faudrait !

SITTAH. Eh bien ? Qu'est-ce qui d'ailleurs tromperait ton attente ? Qu'est-ce qui d'ailleurs pourrait ébranler ta fermeté ?

SALADIN. Ce qui l'a toujours ébranlé... je suis allé au Liban, chez mon père. Il succombe aux soucis qui...

SITTAH. O malheur !...

SALADIN. Il ne peut s'en tirer ; il a des embarras de tous côtés ; cela manque d'ici, de là...

SITTAH. Qu'est-ce qui l'embarrasse ? Qu'est-ce qui lui manque ?

SALADIN. Quoi d'autre que ce que je daigne à peine

nommer, que ce qui, lorsque je l'ai, me semble si superflu, et, lorsque je ne l'ai pas, me paraît si indispensable?... Mais où est donc Al-Hafi? Personne n'est-il allé à sa recherche?... Misérable et maudit argent!... Enfin, Al-Hafi, te voici.

SCÈNE II

Le derviche AL-HAFI, SALADIN, SITTAH

AL-HAFI. L'argent est probablement arrivé d'Égypte. Pourvu qu'il y en ait beaucoup.

SALADIN. En as-tu la nouvelle?

AL-HAFI. Moi? Moi, non. Je pensais la recevoir ici.

SALADIN. Compte à Sittah mille dinars. (*Il se promène pensif.*)

AL-HAFI. Paie, au lieu de : reçois! C'est joli! C'est encore moins que rien... A Sittah?... Et de l'argent perdu... perdu de nouveau aux échecs?... Voici encore la partie.

SITTAH. Ne m'envies-tu pas mon bonheur?

AL-HAFI. Vous envier quoi?... (*Il considère la partie.*) Quand.... vous savez bien.

SITTAH. (*Lui faisant signe.*) Psitt, Hafi, psitt!

AL-HAFI. (*Continuant à étudier le jeu.*) Il faudrait qu'il y eût lieu de l'envier!

SITTAH. Al-Hafi, psitt!

AL-HAFI. (*A Sittah.*) C'est à vous les blancs? Vous avez donné échec?

SITTAH. Bon, il n'entend pas.

AL-HAFI. (*Toujours les yeux fixés sur le jeu.*) Et c'est à lui à avancer?

SITTAH. (*S'approchant du derviche.*) Dis donc que je puis toucher mon argent.

AL-HAFI. Eh! Oui, vous toucherez, comme vous avez toujours touché.

SITTAH. Comment, es-tu fou?

AL-HAFI. La partie n'est pas finie. Vous n'avez pas du tout perdu, Saladin.

SALADIN. (*L'écoutant à peine.*) Si! si! paie, paie.

AL-HAFI. Paie, paie! Mais voilà votre reine encore.

SALADIN. (*Toujours de même.*) Qu'importe? elle ne compte plus dans le jeu.

SITTAH. Assez! dis donc que je puis envoyer chercher l'argent.

AL-HAFI. (*Encore absorbé par le jeu.*) Comme toujours, s'entend!... Quand même, quand même la reine ne compterait plus; vous n'êtes pas pour cela mat.

SALADIN. (*Va au jeu et bouleverse les pièces.*) Je le suis; je veux l'être.

AL-HAFI. Très bien, alors!... Le paiement sera de la même monnaie que le gain. Tant gagné, tant payé.

SALADIN. (*A Sittah.*) Que dit-il donc? Quoi?

SITTAH. (*Faisant de temps en temps des signes à Al-Hafi.*) Tu le connais bien. Il aime à faire le hérisson, à se faire prier; il est peut-être jaloux...

SALADIN. Ce ne peut être de toi? Ce ne peut être de ma sœur?... Qu'est-ce que j'entends, Hafi? Jaloux, toi?

AL-HAFI. Cela peut être! Cela peut être!... Je voudrais bien avoir son jugement; être aussi bon qu'elle.

SITTAH. Cependant il m'a toujours bien payée, et il me paiera bien encore aujourd'hui. Fiez-vous à lui... Va, Al-Hafi, va! J'envoie chercher l'argent.

AL-HAFI. Non, je ne jouerai pas plus longtemps cette momerie. Il faut qu'enfin il le sache.

SALADIN. Qui? Et quoi?

SITTAH. Al-Hafi! Est-ce là ta promesse? Tiens-tu si mal ta parole?

AL-HAFI. Comment aurais-je pu croire que les choses iraient aussi loin?

SALADIN. Eh bien? N'apprendrai-je rien?

SITTAH. Je t'en prie, Al-Hafi, sois discret.

SALADIN. Ceci est pourtant singulier! De quoi Sittah pourrait-elle si solennellement, si ardemment prier un étranger, un derviche, plutôt que moi son frère?... Maintenant, Al-Hafi, je commande... Parle, derviche.

SITTAH. Ne nous occupons pas d'une bagatelle, mon frère, plus qu'elle n'en vaut la peine. Tu sais que je t'ai, à plusieurs reprises, gagné aux échecs la même somme. Et comme je n'ai pas, en ce moment, besoin d'argent ; comme, en ce moment, la caisse d'Hafi n'est pas trop remplie : mes créances y sont restées. Mais ne t'en inquiète pas. Je n'ai l'intention d'en faire don, ni à toi, ni à Hafi, ni même à la caisse.

AL-HAFI. Oui, si ce n'était que cela, que cela !

SITTAH. C'est toujours la même chose... C'est que j'ai laissé dans la caisse les arrérages de ma pension, et cela depuis quelques lunes.

AL-HAFI. Ce n'est pas là tout encore.

SALADIN. Pas encore tout ?... Parleras-tu ?

AL-HAFI. Depuis que nous attendons l'argent d'Égypte, elle n'a...

SITTAH. (*A Saladin.*) Pourquoi l'écoutes-tu ?

AL-HAFI. Non seulement elle n'a rien reçu...

SALADIN. Bonne sœur !... Mais encore elle a avancé de l'argent. N'est-ce pas ?

AL-HAFI. Elle a entretenu toute la cour, et seule a défrayé toute la dépense.

SALADIN. Ah ! c'est bien toi, ma sœur ! (*Il l'embrasse.*)

SITTAH. Qui m'avait fait assez riche pour cela, si ce n'est toi, mon frère ?

AL-HAFI. Et il vous rendra bientôt aussi pauvre que lui.

SALADIN. Moi, pauvre ? Son frère, pauvre ? Quand ai-je eu davantage ? Quand ai-je eu moins ? Une armure, une épée, un cheval... et *un* Dieu ! Que me faut-il de plus ? Quand cela peut-il me faire défaut ? Tiens, Al-Hafi, tu pourrais m'irriter contre toi.

SITTAH. Ne gronde pas, mon frère. Si je pouvais de même alléger les soucis de notre père !

SALADIN. Ah ! ah ! tu détruis de nouveau toute ma joie !... Quant à moi, quant à moi, je ne manque de rien. Mais lui, il manque, et nous en lui... Que faire ? Dis... De longtemps il ne viendra peut-être encore rien d'Égypte. Où cet argent est-il arrêté. Dieu seul le sait.

Cependant là-bas tout est encore tranquille... Supprimer, retrancher, économiser, je le veux bien, j'y consentirais volontiers, si cela n'atteignait que moi; si personne d'autre que moi n'en devait souffrir... Mais est-ce possible? A moi, il me faut un cheval, une armure, une épée... A mon Dieu, non plus, je ne puis rien retrancher. Il se contente déjà de si peu, de mon cœur... J'avais beaucoup compté sur l'excédant de la caisse, Hafi.

AL-HAFI. L'excédant?... Dites vous-même si vous ne m'auriez pas fait empaler, ou tout au moins étrangler, si vous m'aviez pris en excédant. Oui, une telle malversation, c'eût été bien osé.

SALADIN. Eh bien, que faire?... Ne pourrais-tu emprunter à personne d'autre qu'à Sittah?

SITTAH. Me laisserais-je enlever ce privilége, frère? Et par lui? Je le réclame encore. Je ne suis pas encore tout à fait à sec.

SALADIN. Pas tout à fait! Il ne manquait plus que cela?.. Hâte-toi, Hafi, prends des mesures, emprunte à qui et comme tu pourras; va, emprunte, promets... Pourvu que tu n'empruntes pas, Hafi, à ceux que j'ai enrichis : car emprunter à ceux-là, ce serait reprendre. Adresse-toi aux plus avares; ce sont ceux qui me prêteront le plus volontiers; ils savent bien que, me prêter, c'est prêter à usure.

AL-HAFI. Je n'en connais aucun.

SITTAH. Je songe précisément, Hafi, qu'on m'a appris que ton ami est de retour.

AL-HAFI. (*Embarrassé.*) Un ami? Mon ami? Qui serait-ce donc?

SITTAH. Ton juif tant vanté.

AL-HAFI. Un juif vanté? tant vanté par moi?

SITTAH. A qui, Dieu — je me souviens encore de l'expression dont tu te servis un jour à son sujet; — à qui, son Dieu a départi, à pleine mesure, le plus grand et le moindre des biens de ce monde...

AL-HAFI. Ai-je dit ainsi?.. Que voulais-je donc dire alors?

SITTAH. Le moindre, c'est à dire la richesse. Et le plus grand, c'est à dire la sagesse.

AL-HAFI. Comment? C'est d'un juif, d'un juif que j'aurais dit cela?

SITTAH. N'est-ce pas de ton Nathan que tu l'aurais dit?

AL-HAFI. Ah oui! De celui-là! De Nathan!.. Je ne m'en étais d'abord pas souvenu... Vraiment, est-il enfin de retour chez lui? Eh! eh! Alors ses affaires ne doivent pas aller trop mal... C'est très juste? le peuple l'a surnommé le sage, et aussi, le riche.

SITTAH. Et maintenant plus que jamais on le nomme le riche. Toute la ville ne parle que des marchandises de prix, que des trésors qu'il a rapportés.

AL-HAFI. Eh bien, s'il est plus riche encore, il sera plus sage aussi.

SITTAH. Et si tu t'adressais à lui, Hafi, qu'en penses-tu?

AL-HAFI. Pourquoi, à lui? Ce ne serait sans doute pas pour lui emprunter?.. Ah! vous le connaissez trop bien... Lui, prêter!.. Sa sagesse consiste précisément à ne prêter à personne.

SITTAH. Tu m'as fait de lui autrefois un tout autre portrait.

AL-HAFI. Au besoin, il vous prêtera des marchandises. Mais de l'argent, de l'argent? Jamais... C'est au reste un juif, comme il n'y a pas beaucoup de juifs... Il a de l'esprit, du savoir-vivre, et joue bien aux échecs. Mais il ne se distingue pas moins des autres juifs par le mal que par le bien... Ce n'est pas sur lui, sur lui que vous pouvez compter... Il donne, il est vrai, beaucoup aux pauvres et donne peut-être autant que Saladin. Si même il ne donne pas autant, il aime autant à donner, et à donner, avec aussi peu d'ostentation. Juif et chrétien, musulman et parsi, c'est pour lui tout un.

SITTAH. Et un tel homme...

SALADIN. Comment se fait-il donc que je n'aie jamais entendu parler de cet homme?

SITTAH. Ne prêterait pas à Saladin? A Saladin, qui n'a besoin d'argent que pour les autres et non pour lui.

AL-HAFI. Voici où vous le trouverez de la même étoffe que les juifs, que les juifs les plus vulgaires... Croyez-moi donc!.. Il est aussi jaloux, aussi envieux que vous du plaisir de donner. Chaque *Dieu vous le rende!* qui se prononce dans le monde, il vous l'attire à lui seul. Et c'est précisément pour pouvoir donner en tout temps qu'il ne prête jamais à personne. Parce que la charité est sa loi, la complaisance n'est pas pour cela considérée par lui comme une loi : aussi la charité le rend-elle le compère le moins complaisant de l'univers. En vérité, depuis quelque temps, je ne suis pas en trop bons termes avec lui : qu'il ne vous semble pourtant point que je ne lui rende pas justice. Il est bon en tout, excepté en cela, excepté en cela seul vraiment. Je vais à l'instant aller frapper à d'autres portes... Je viens de me souvenir d'un Maure, qui est riche et avare... J'y vais, j'y vais.

SITTAH. Où cours-tu, Al-Hafi?

SALADIN. Laisse-le! Laisse-le!

SCÈNE III

SITTAH, SALADIN

SITTAH. Ne court-il pas, comme s'il voulait m'échapper? Qu'est-ce que cela veut dire?.. Se serait-il vraiment trompé sur le compte de cet homme, ou... aurait-il voulu nous tromper?...

SALADIN. Comment? Que me demandes-tu? Je sais à peine de qui il était question, et c'est aujourd'hui la première fois que j'entends parler de votre juif, de votre Nathan.

SITTAH. Est-il possible qu'un homme te soit resté si inconnu, qui passe pour avoir sondé les tombeaux de David et de Salomon, et pour savoir se procurer leurs sceaux au moyen de certains mots d'une mystérieuse puissance? Il en rapporte, dit-on, de temps en temps, ces richesses immenses, auxquelles on ne peut attribuer une moindre origine.

SALADIN. Si cet homme trouve ses richesses dans des tombeaux, ce n'est certainement pas dans ceux de Salomon ou de David. Les fous seuls enfouissent.

SITTAH. Ou les méchants !.. Aussi la source de sa richesse est-elle plus abondante, plus inépuisable, qu'un tombeau rempli d'or.

SALADIN. En effet, il fait le commerce, à ce que je viens d'apprendre.

SITTAH. On rencontre ses bêtes de somme sur tous les chemins, à travers tous les déserts, ses vaisseaux dans tous les ports. Il y a longtemps qu'Al-Hafi me l'a raconté lui-même; et il ajoutait avec enthousiasme, avec quelle grandeur, avec quelle noblesse, son ami employait, ce qu'il n'estimait point trop petit pour le gagner avec tant d'habileté et par tant de labeurs; — il ajoutait combien son esprit est libre de préjugés, combien son cœur est ouvert à toutes les vertus et rempli de toutes les harmonies du beau.

SALADIN. Et tout à l'heure Hafi parlait cependant de lui, avec tant de doute et de froideur?

SITTAH. Non pas peut-être avec froideur, mais avec embarras : comme s'il eût cru dangereux de le louer, et qu'il ne voulût cependant pas non plus injustement le blâmer... Ou serait-il vrai que le meilleur de cette nation ne pût pas se dépouiller entièrement du caractère de la race, et réellement Al-Hafi aurait-il à rougir sous ce rapport de son ami?.. Qu'il en soit ce qu'il voudra !.. Que ce juif soit plus ou moins juif, il est riche en tous cas et cela nous suffit.

SALADIN. Il n'est cependant pas question, ma sœur, de lui arracher son bien de force?

SITTAH. Qu'est-ce que cela, la force? Le fer ou le feu? Non, non ! Avec le faible, quelle autre force nous faut-il que sa propre faiblesse?... Quant à présent, viens avec moi à mon harem, entendre une chanteuse que j'ai achetée hier. Pendant ce temps-là mûrira peut-être un projet que j'ai sur ce Nathan... Viens !

SCÈNE IV

Devant la maison de Nathan, du côté des palmiers

RÉCHA ET NATHAN, sortant de la maison, DAYA allant à eux

RÉCHA. Vous avez bien tardé, mon père. Il est peu probable que vous le trouviez encore.

NATHAN. Eh bien, eh bien, s'il n'est plus ici, ici sous ces palmiers, on le trouvera ailleurs... Calme-toi seulement... Regarde : n'est-ce pas Daya qui vient à nous?

RÉCHA. Elle l'aura sans doute perdu.

NATHAN. Peut-être que non.

RÉCHA. Autrement, elle accourrait plus vite.

NATHAN. Elle ne nous a peut-être pas encore aperçus...

RÉCHA. Voilà qu'elle nous voit.

NATHAN. Aussi double-t-elle le pas. Regarde!... Sois donc calme! sois calme!

RÉCHA. Voudriez-vous bien d'une jeune fille qui serait calme en ce moment; qui ne serait pas émue de savoir qui lui aurait sauvé la vie, la vie... qui ne lui est chère que parce que c'est à vous d'abord qu'elle la doit?

NATHAN. Je ne te voudrais pas autrement que tu es : quand même je saurais que toute autre chose germât dans ton âme.

RÉCHA. Quoi, mon père?

NATHAN. Me le demandes-tu, avec une telle frayeur? Ce qui se passe en toi est naturel et innocent. N'en prends aucun souci. Cela ne m'en donne pas, à moi. Promets-moi seulement que, si ton cœur en arrive à s'expliquer plus clairement, tu ne me cacheras rien de ses aspirations.

RÉCHA. Rien que la possibilité de penser à vous cacher mon cœur, me ferait trembler.

NATHAN. N'en parlons plus. Que cela soit entendu une fois pour toutes. Voici Daya... Eh bien?

DAYA. Il se promène encore sous les palmiers et sortira bientôt de derrière ce mur... Le voilà, voyez!

RÉCHA. Ah! il semble ne pas savoir où il veut aller, plus loin, en bas, à gauche ou à droite.

DAYA. Non, non; il fera certainement encore plusieurs fois le tour du couvent, puis il lui faudra passer par ici... Gageons?

RÉCHA. Bien, bien!... Lui as-tu déjà parlé? Comment est-il aujourd'hui?

DAYA. Comme toujours.

NATHAN. Faites en sorte seulement qu'il ne vous aperçoive pas ici. Rentrez même tout à fait.

RÉCHA. Plus qu'un coup d'œil... Ah! cette haie qui me le cache.

DAYA. Venez, venez! Le père a entièrement raison. Vous courez risque, s'il vous voit, de le faire partir de là.

RÉCHA. Ah! cette haie!

NATHAN. S'il sort de là tout à coup, il est impossible qu'il ne vous aperçoive pas. Allez donc!

DAYA. Venez, venez. Je sais une fenêtre d'où nous pourrons les examiner. (*Elles rentrent.*)

RÉCHA. Oui!

SCÈNE V

NATHAN, un instant après LE TEMPLIER

NATHAN. J'ai presque peur de cet original. Sa rude vertu m'intimide presque. Est-ce qu'un homme devrait pouvoir embarrasser de cette façon un autre homme?... Ah! le voici... Par le ciel! On dirait un homme fait; le bon et fier regard! La démarche assurée! L'écorce seule doit être amère : l'amande ne l'est certainement pas... Où ai-je déjà vu quelqu'un qui lui ressemble? — Pardon, noble Franc...

LE TEMPLIER. Qu'est-ce?

NATHAN. Permettez-moi...

LE TEMPLIER. Quoi, juif? quoi?

NATHAN. D'oser vous adresser la parole.

LE TEMPLIER. Puis-je l'empêcher? Cependant, soyez bref.

NATHAN. Arrêtez-vous, et ne vous éloignez pas avec tant de hauteur et de mépris pour un homme, que vous avez fait pour l'éternité votre obligé.

LE TEMPLIER. Comment cela?... Ah! je commence à deviner... N'est-ce pas, vous êtes...

NATHAN. Je me nomme Nathan; je suis le père de la jeune fille que votre généreux courage a sauvée des flammes, et je viens...

LE TEMPLIER. Si c'est pour me remercier... dipensez-vous-en! Je n'ai déjà eu que trop de remercîments à endurer pour cette vétille... Vous ne m'êtes redevable de rien. Savais-je en effet que cette jeune fille fût votre fille? C'est le devoir des Templiers de s'élancer au secours du premier venu qu'ils voient en péril. Et puis ma vie dans ce moment-là, n'était fort à charge. C'est avec plaisir, avec grand plaisir que j'ai saisi cette occasion de la risquer pour une autre vie... encore que cette autre vie ne fût que celle d'une juive.

NATHAN. Grandeur!... grandeur et atrocité!... Ce détour cependant s'explique. La grandeur modeste, pour échapper à l'admiration, se cache derrière l'atrocité... Mais, si elle dédaigne ainsi l'hommage de l'admiration, quel autre hommage dédaignera-t-elle moins? Chevalier, si vous n'étiez pas ici, étranger et captif, je ne vous interrogerais pas avec tant de hardiesse. Parlez, ordonnez : en quoi peut-on vous servir?

LE TEMPLIER. Vous? en rien.

NATHAN. Je suis riche.

LE TEMPLIER. Un juif plus riche ne m'en a jamais paru un meilleur juif.

NATHAN. Ne pourriez-vous donc pas néanmoins user de ce qu'il a de meilleur sans contredit, de sa richesse?

LE TEMPLIER. Eh bien, sur ce point, je ne vous refuserai pas tout à fait, et cela, pour l'amour de mon manteau. Aussitôt qu'il sera entièrement déchiré, et que ses lambeaux, en dépit de l'aiguille, ne pourront plus tenir ensemble, je viendrai chez vous, et je vous emprunterai du drap ou de l'argent pour un nouveau... Ne le regardez pas d'un air si sombre ! Rassurez-vous, il n'en est pas encore là. Vous voyez qu'il est encore en assez bon état. Seulement, il y a au bas une vilaine tache ; il est roussi. Et cela lui advint le jour où j'emportai votre fille à travers les flammes.

NATHAN. (*Saisissant le bas du manteau et le considérant.*) Il est cependant singulier qu'une si vilaine tache, que cette brûlure, rende à l'homme un meilleur témoignage que sa propre bouche. Je voudrais la baiser, cette tache !... Ah ! pardon !... je l'ai fait malgré moi.

LE TEMPLIER. Quoi ?

NATHAN. Une larme est tombée dessus.

LE TEMPLIER. Qu'importe ? il en a bu bien d'autres. (Mais ce juif commence à m'émouvoir.)

NATHAN. Voudriez-vous avoir la bonté d'envoyer votre manteau une fois aussi à ma fille ?

LE TEMPLIER. Pour quoi en faire ?

NATHAN. Pour imprimer ses lèvres sur cette tache. Car c'est en vain qu'elle a souhaité d'embrasser vos genoux.

LE TEMPLIER. Mais, juif... Vous vous appelez Nathan ? Mais, Nathan... vous placez vos mots avec... avec beaucoup de bonheur... avec beaucoup d'adresse... je suis embarrassé... complètement embarrassé... j'aurais...

NATHAN. Tournez-vous, et retournez-vous, comme vous voudrez, je vous devine. Vous étiez trop bon, trop honnête, pour être plus courtois... La fillette était tout sentiment ; la messagère féminine, tout obligeance ; le père était éloigné... Vous avez pris soin de l'honneur de son nom ; vous avez fui pour ne pas vaincre. Aussi vous en ai-je de la reconnaissance...

LE TEMPLIER. J'avouerai que vous savez comment les Templiers devraient penser.

NATHAN. Les Templiers seuls? Comment ils *devraient* seulement? Et seulement, parce que les règles de l'Ordre le commandent? Je sais comment pensent les hommes bons; je sais qu'il y a des hommes bons, en tout pays.

LE TEMPLIER. Avec quelques différences, j'espère?

NATHAN. Oh, oui, des différences d'habillement, de couleur, de formes.

LE TEMPLIER. Plus ou moins grandes ici que là.

NATHAN. Ces différences n'ont rien d'important. Le grand homme occupe partout beaucoup de place; plusieurs, grandissant trop près les uns des autres, brisent mutuellement leurs rameaux. Le brave homme, ordinaire, comme nous, se trouve partout en foule : seulement il ne faut pas que l'un décrie l'autre; il faut que le rameau vive en bonne harmonie avec le rameau; il ne faut pas qu'une branche du sommet s'imagine qu'elle seule n'est pas sortie de la terre.

LE TEMPLIER. Très bien dit!... Mais connaissez-vous pourtant le peuple qui a commencé le premier à se nommer le peuple élu? Comment? Quand même je ne haïrais pas en réalité ce peuple, pourrais-je m'empêcher de le mépriser, à cause de son orgueil? de son orgueil, qu'il a légué au chrétien et au musulman, de croire que son Dieu est le seul Dieu!... Vous êtes surpris que moi, chrétien et chevalier du Temple, je parle ainsi? Où et quand la pieuse envie d'avoir le meilleur Dieu, et de contraindre l'univers entier à adorer ce meilleur Dieu, s'est-elle manifestée sous une plus sombre forme qu'ici et en ce moment? A qui, dans ces lieux, à qui les écailles ne tombent-elles pas des yeux?... Cependant, soit aveugle qui voudra!... Oubliez ce que j'ai dit, et laissez-moi. (*Il veut s'en aller.*)

NATHAN. Ah! vous ne savez pas, combien je vais plus fermement m'attacher à vous... Venez, il faut que nous soyons amis, il le faut!... Méprisez mon peuple, tant que vous voudrez. Nous ne nous sommes, ni l'un ni l'autre, choisi notre peuple. Sommes-nous notre peuple? Qu'appelle-t-on d'ailleurs ainsi? Chrétiens et juifs, sont-ils chrétiens et juifs, plutôt qu'hommes ! Ah ! si j'avais trouvé en vous un homme qui se contentât d'être un homme !

LE TEMPLIER. Oui, par le ciel, Nathan, vous l'avez trouvé ! Vous l'avez trouvé !... Votre main !... Je rougis de vous avoir un instant méconnu.

NATHAN. Et moi, j'en suis fier. Il n'y a que ce qui est vulgaire qu'on méconnaisse rarement.

LE TEMPLIER. Et on oublie difficilement ce qui est rare... Oui Nathan, il faut que nous soyons amis, il le faut.

NATHAN. Nous le sommes déjà... Quelle joie pour ma Récha !... Et quel splendide avenir s'ouvre à mes regards !... Connaissez-la d'abord seulement !

LE TEMPLIER. J'en brûle d'impatience... Qui se précipite là, hors de votre maison ? N'est-ce pas sa Daya ?

NATHAN. Oui ; pourquoi dans une telle anxiété ?

LE TEMPLIER. Il n'est pourtant rien arrivé à notre Récha ?

SCÈNE VI

Les précédents, DAYA en grande hâte

DAYA. Nathan ! Nathan !

NATHAN. Eh bien ?

DAYA. Pardonnez-moi, noble chevalier, si je viens vous interrompre.

NATHAN. Eh bien, qu'est-ce ?

LE TEMPLIER. Qu'est-ce ?

DAYA. Le sultan a envoyé. Le sultan veut vous parler. Dieu ! le sultan.

NATHAN. A moi ? le sultan ? Il est sans doute curieux de voir ce que j'ai rapporté de nouveau. Tu n'as qu'à dire qu'il n'y a rien ou presque rien de déballé.

DAYA. Non, non ; il ne veut rien voir, il veut vous parler à vous, en personne, et bientôt, aussitôt que vous pourrez.

NATHAN. J'y irai. Rentre seulement; va!

DAYA. Ne le prenez pas mal, monsieur le chevalier,... Dieu! nous sommes si inquiètes de savoir ce que peut bien vouloir le sultan.

NATHAN. Cela s'éclaircira. Va seulement, va!

SCÈNE VII

NATHAN, LE TEMPLIER

LE TEMPLIER. Vous ne le connaissez pas encore personnellement?

NATHAN. Saladin? Pas encore. Je n'ai évité, ni tenté de le connaître. La voix publique proclamait tant de bien de lui, que j'ai mieux aimé croire que de voir. Cependant à présent, il en est autrement : en épargnant votre vie, il a...

LE TEMPLIER. Oui, il est de toute vérité que la vie dont je jouis est un don de lui.

NATHAN. Par là, il m'a fait don, deux fois, trois fois, de la vie. Cela a tout changé entre nous; cela m'a d'un seul coup attaché, par un lien éternel, à son service. A peine, à peine puis-je maintenant attendre ses premiers ordres. Je suis prêt à tout; je suis prêt à lui avouer que c'est à cause de vous.

LE TEMPLIER. Je n'ai pas encore pu moi-même le remercier, quoique souvent je me sois trouvé sur son passage. L'impression que j'ai faite sur lui, fut aussi prompte à s'évanouir qu'à se produire. Qui sait s'il se souvient de moi le moins du monde? Et cependant il faudra qu'une fois au moins il se souvienne de moi, pour décider tout à fait de mon sort. Il ne suffit pas que j'existe encore par son ordre; il faut maintenant qu'il me prescrive de quelle manière je dois vivre.

NATHAN. Oui, et j'en veux d'autant moins tarder. Il se peut que, sur un mot, l'occasion se présente pour moi de parler de vous... Permettez, j'y cours... Quand vous verrons-nous chez nous ?

LE TEMPLIER. Aussitôt que je l'oserai.

NATHAN. Aussitôt que vous le voudrez.

LE TEMPLIER. Dès aujourd'hui.

NATHAN. Et votre nom? Oserais-je vous le demander?

LE TEMPLIER. Mon nom était... est Curd de Stauffen... Curd.

NATHAN. De Stauffen?... Stauffen?... Stauffen?...

LE TEMPLIER. Pourquoi cela vous surprend-il ?

NATHAN. De Stauffen ?... Plusieurs de cette famille sont déjà...

LE TEMPLIER. Oh, oui! Plusieurs de la famille sont venus ici, et y ont laissé leurs ossements... Mon oncle même... mon père, veux-je dire... mais pourquoi votre regard se fixe-t-il de plus en plus sur moi?

NATHAN. Oh! pour rien, pour rien! Je ne puis me rassasier de vous voir.

LE TEMPLIER. Aussi, je me retire tout de suite. L'œil de l'observateur rencontre quelquefois plus qu'il ne désirerait rencontrer. Je le redoute, Nathan. Laissons le temps et non la curiosité former peu à peu notre connaissance. (*Il s'en va.*)

NATHAN (*le suivant des yeux avec étonnement*). « L'œil de l'observateur rencontre quelquefois plus qu'il ne désirerait rencontrer. » — On dirait qu'il a lu dans mon âme! — Vraiment oui; cela pourrait aussi m'arriver. Non seulement c'est la taille de Wolf, la démarche de Wolf, mais c'est aussi sa voix. C'est comme cela, tout à fait comme cela, que Wolf penchait la tête; comme cela que Wolf portait son épée sous son bras; comme cela que Wolf passait la main sur ses paupières, comme pour éteindre le feu de son regard... Combien peut sommeiller de temps une image profondément gravée en nous, jusqu'à ce qu'un mot, un son la réveille !... De Stauffen!... C'est cela, c'est cela : Filneck et Stauffen... J'en saurai bientôt davantage, bientôt. Mais d'abord, chez Saladin !... Comment? Daya n'est-elle pas là qui me guette?... Eh bien, approche, Daya.

SCÈNE VIII

DAYA, NATHAN

NATHAN. Qu'y a-t-il? Maintenant, voilà que le cœur vous bat à toutes deux du désir d'apprendre toute autre chose que ce que me veut Saladin.

DAYA. L'en blâmez-vous? Vous commenciez précisément à l'entretenir plus intimement, quand le messager du sultan nous a chassées de la fenêtre.

NATHAN. Dis-lui seulement qu'elle peut l'attendre à tout moment.

DAYA. Sûrement? sûrement?

NATHAN. Je puis certes avoir confiance en toi, Daya? Sois sur tes gardes, je t'en prie; tu n'auras pas à t'en repentir. Ta conscience même y trouvera son compte. Seulement, ne dérange rien à mes plans. Seulement, réponds et interroge avec discrétion et réserve...

DAYA. Pourquoi donc me rappeler cela pour la première fois? J'y vais, allez aussi sans inquiétude. Car voyez, je crois vraiment que voici un second courrier du sultan, Al-Hafi, votre derviche.

SCÈNE IX

NATHAN, AL-HAFI

AL-HAFI. Ha! ha! J'allais de nouveau chez vous.

NATHAN. Est-ce donc si pressé? Qu'attend-il donc de moi?

AL-HAFI. Qui?

NATHAN. Saladin... j'y vais, j'y vais.

AL-HAFI. Chez qui? Chez Saladin?

NATHAN. N'est-ce pas Saladin qui t'envoie?

AL-HAFI. Moi? non. A-t-il déjà envoyé?

NATHAN. Oui, sans doute, il a envoyé.

AL-HAFI. Eh bien, c'est cela même.

NATHAN. C'est cela même? Quoi?

AL-HAFI. C'est que... ce n'est point par ma faute : Dieu sait que ce n'est point par ma faute. — Que n'ai-je pas dit de vrai et de faux, sur votre compte, pour empêcher cela !

NATHAN. Empêcher quoi? Qu'est-ce donc?

AL-HAFI. Que vous êtes maintenant devenu son defterdar. Je vous plains. Mais je ne veux pas en être témoin. Je m'en vais sur l'heure, je m'en vais. Vous savez déjà où, et vous connaissez le chemin... Si vous avez quelque chose à mander sur la route, parlez : je suis à votre service. Sans doute il ne faut pas que ce soit plus qu'un homme nu ne peut porter. Je m'en vais, parlez vite.

NATHAN. Réfléchis donc, Al-Hafi. Réfléchis que je ne sais encore rien du tout. Que bavardes-tu là?

AL-HAFI. Vous allez donc les porter tout de suite, les bourses (1)?

NATHAN. Les bourses?

AL-HAFI. Eh bien, oui, l'argent que vous devez avancer à Saladin.

NATHAN. Ce n'est que cela?

AL-HAFI. Il me faudrait vous voir de plein gré, jour par jour, dévorer jusqu'aux os? Il me faudrait voir de plein gré la prodigalité emprunter, emprunter et encore emprunter à la charité prudente, jusqu'à ce que, dans ses greniers vides, périssent de faim les pauvres souris qui y sont nées?... Vous vous imaginez peut-être que celui qui a besoin de votre argent, saura suivre vos bons conseils?... Oui, il suivra vos conseils ! Quand Saladin s'est-il laissé donner un conseil?... Songez seulement, Nathan, à ce qui vient de m'arriver avec lui.

NATHAN. Eh bien?

AL-HAFI. J'arrive chez lui, au moment où il jouait aux échecs avec sa sœur. Sittah ne joue pas mal; et la partie que Saladin croyait avoir perdue, qu'il avait

---

(1) Une bourse est une somme de 500 piastres (150 à 165 francs).

déjà donnée, était encore là. J'y regarde et je m'aperçois que la partie était loin d'être perdue.

NATHAN. Alors, quelle découverte pour toi!

AL-HAFI. Il n'avait qu'à garer le roi de l'échec, en le mettant derrière le pion... Si je pouvais seulement vous montrer tout de suite le coup!

NATHAN. Oh! je te crois sur parole.

AL-HAFI. Car alors la tour avait le champ libre : et la partie était finie... Je veux le lui montrer et je l'appelle... Devinez!

NATHAN. Il n'a pas été de ton avis?

AL-HAFI. Il ne m'écoute pas et bouleverse dédaigneusement le jeu...

NATHAN. Est-il possible?

AL-HAFI. Et ajoute enfin qu'il veut être mat; qu'il le veut! Cela s'appelle-t-il jouer?

NATHAN. Certes non, cela s'appelle se jouer du jeu.

AL-HAFI. Et ce n'était pas des coquilles de noix qu'ils jouaient.

NATHAN. De l'argent par-ci, de l'argent par-là, c'est la moindre des choses. Mais ne pas t'écouter du tout sur un point d'une telle importance! Ne pas admirer ton coup d'œil d'aigle! C'est cela, c'est cela qui crie vengeance, n'est-ce pas?

AL-HAFI. Mais je ne vous dis cela que pour que vous puissiez juger de sa ténacité. Bref, pour moi, je ne puis plus y tenir plus longtemps avec lui. Je viens de courir chez tous ces Maures crasseux, pour leur demander à emprunter. Moi, qui n'ai jamais mendié pour moi, il m'a fallu mendier pour d'autres. Emprunter n'est pas beaucoup mieux que mendier; et prêter, prêter à usure, ne vaut guère mieux que voler. Au milieu de mes bienfaiteurs, aux bords du Gange, je n'aurai besoin de l'un ni de l'autre, et ne serai forcé d'être l'instrument de l'un ni de l'autre. Ce n'est qu'aux bords du Gange, qu'aux bords du Gange, qu'il y a encore des hommes. Vous seriez ici le seul digne de vivre aux bords du Gange... Voudriez-vous y venir avec moi?... Laissez-lui d'un seul coup toute votre dépouille. Ce n'est qu'à cela qu'il a affaire. Du reste, c'est là qu'il vous amènera peu à peu. Vous éviterez ainsi d'un seul coup la vexation. Je vous offre un asile. Venez, venez.

NATHAN. Je pense qu'en fin de compte cet asile nous restera toujours. Cependant Al-Hafi, j'y réfléchirai. Attends...

AL-HAFI. Vous réfléchirez? Mais il n'est pas besoin pour cela de réfléchir.

NATHAN. Seulement jusqu'à mon retour de chez le sultan : jusqu'à ce que j'aie dit adieu...

AL-HAFI. Qui réfléchit, cherche un prétexte pour ne point agir. Qui ne sait point leste et preste se résoudre à vivre pour lui-même, vivra à jamais l'esclave d'autrui. — Comme vous voudrez!... Adieu! — Voilà mon chemin, voici le vôtre.

NATHAN. Al-Hafi, tu commenceras cependant par régler toi-même ta gestion?

AL-HAFI. Plaisanterie! L'état de ma caisse ne mérite pas de comptes de gestion : et vous serez mes cautions, vous, ou Sittah. Adieu. (*Il sort.*)

NATHAN (*le suivant des yeux*). Oui, je te cautionne! Farouche, bon, noble... Comment te nommer? Le vrai gueux est pourtant l'unique et véritable roi! (*Il s'en va d'un autre côté.*)

FIN DU DEUXIÈME ACTE

ACTE III

SCÈNE PREMIÈRE

La maison de Nathan

RÉCHA, DAYA

RÉCHA. Qu'a donc dit mon père, Daya? « Que je dois l'attendre à tout moment? » Cela veut dire, n'est-ce pas?... qu'il va paraître à l'instant... Combien d'instants sont cependant déjà passés!... Mais qui songe aux instants écoulés?... Chaque instant à venir me fera seulement vivre. Il arrivera cependant enfin, le moment qui me l'amènera.

DAYA. Oh! le maudit message du sultan! Car, Nathan l'eût amené ici sur-le-champ.

RÉCHA. Et pourvu qu'il vienne, cet instant, et que le plus ardent, le plus intime de mes vœux soit accompli! alors!... alors?

DAYA. Alors? alors, j'espère que le plus ardent aussi de mes vœux s'accomplira.

RÉCHA. Alors, qui pourra occuper sa place dans mon sein, lequel oubliera bientôt de palpiter, à moins qu'il n'y naisse un désir plus impérieux que tous les autres désirs?... Rien?... Ah! j'en ai peur...

DAYA. Alors, c'est mon désir qui pourrait bien prendre cette place, en y pénétrant de mon propre cœur. Mon désir de te savoir en Europe, en des mains dignes de toi.

RÉCHA. Tu te trompes... Ce qui fait naître en toi ce désir, est précisément ce qui s'oppose à ce que jamais il devienne le mien. Toi, ta patrie t'attire; et moi, la mienne ne me retient-elle pas? L'image des tiens, non encore effacée de ton âme, aurait-elle plus de pouvoir, que l'image des miens, quand elle frappe tous mes sens?

DAYA. Résiste tant que tu voudras! Les voies du ciel sont les voies du ciel. Et si c'était ton Sauveur lui-même qui, par l'ordre de son Dieu, du Dieu pour lequel il combat, qui voulût te conduire dans ce pays, vers ce peuple pour lequel tu serais née?

RÉCHA. Daya! que recommences-tu à me dire? Tes idées sont certes vraiment singulières! « Son Dieu, le Dieu pour lequel il combat! » A qui Dieu appartient-il? Qu'est-ce qu'un Dieu qui appartient à un homme; qu'un Dieu, pour lequel il faut que l'on combatte?... Et comment saurait-on *pour* quel coin de terre on est né, si ce n'est pas pour celui où l'on a reçu le jour? Si mon père t'entendait parler ainsi?... Qu'est-ce qu'il t'a fait, pour que tu me présentes toujours le bonheur comme possible, seulement si loin de lui? Que t'a-t-il donc fait; pour que tu te plaises tant à mêler les herbes stériles ou les fleurs de ton pays, aux semences si pures de la raison qu'il a semées dans mon âme?... Chère, chère Daya, c'est qu'il ne veut pas dans mon âme de tes fleurs bigarrées... et, il faut que je te le dise : je sens moi-même que mon âme, quelque élégamment qu'elle fût parée de tes fleurs, en serait énervée, épuisée; je sens que leur parfum, leur parfum douceâtre, me donnerait enivrement et vertige! Ton cerveau est plus accoutumé à ce parfum. Je ne te blâme pas d'avoir des nerfs plus résistants qui le supportent. Seulement il ne me convient pas à moi; et ton ange déjà, combien s'en est-il peu fallu qu'il me rendît folle? Je rougis devant mon père de cette niaiserie.

DAYA. Niaiserie!... Comme si le bon sens était tout retiré dans cette maison! Niaiserie! niaiserie! Si seulement j'osais parler!

RÉCHA. Tu n'oses pas? Quand n'ai-je pas été tout oreilles, aussi souvent qu'il t'a plu de m'entretenir des héros de ta croyance? N'ai-je pas toujours payé à leurs actes le tribut de l'admiration, à leurs souffrances le tribut des larmes? Sans doute leur croyance n'est pas ce qui me paraissait en eux le plus héroïque. Mais alors, l'enseignement qui m'a appris que notre confiance en Dieu ne dépend nullement de nos opinions sur Dieu, ne m'en a paru que plus consolante... Chère Daya, mon père nous l'a si souvent dit; tu en es si souvent convenue avec lui; pourquoi donc en secret t'efforces-tu de renverser ce qu'avec lui tu édifiais? Chère Daya, ce n'est pas là une conversation propre à nous préparer à recevoir notre ami. C'est important pour moi cependant; oui; car, je tiens infiniment à savoir si, lui aussi... Écoute, Daya!... N'arrive-t-on pas à notre porte? Si c'était lui! Écoute!

SCÈNE II

RÉCHA, DAYA, LE TEMPLIER auquel quelqu'un ouvre la porte de l'extérieur, en disant : Veuillez entrer

RÉCHA (*contenant son émotion, se calmant et voulant se précipiter à ses pieds*). C'est lui!... Mon sauveur, Ah!

LE TEMPLIER. C'est uniquement pour empêcher cela que j'ai tant tardé à venir, et certes...

RÉCHA. Je ne veux que remercier Dieu une fois encore, aux pieds de cet homme orgueilleux, Dieu, et non cet homme qui ne veut point de remercîment; qui n'en veut pas plus que n'en demande la pompe à incendie qui s'est montrée si active pour éteindre le feu. Celle-ci se laisse remplir, elle se laisse vider; elle ne fait rien pour toi, rien pour moi. Cet homme non plus. C'est de la même manière qu'il a été lancé dans le feu; c'est par hasard que je suis tombée dans ses bras, par hasard que j'y suis restée, comme une étincelle sur son manteau, jusqu'à ce que je ne sais quoi nous ait rejetés hors du feu... Y a-t-il lieu dans tout cela à des remercîments?... En Europe, le vin porte encore à des actions bien autres... Les Templiers, c'est leur devoir d'agir ainsi, c'est leur devoir, comme à des êtres un peu mieux dressés que des chiens, de retirer du feu aussi bien que de l'eau.

LE TEMPLIER (*qui pendant ce temps l'a considérée, avec étonnement et avec émotion*). O Daya, Daya! Si, dans un moment de mauvaise humeur et de fiel, je t'ai mal reçue, pourquoi lui avoir rapporté chaque sottise qui m'est sortie de la bouche? C'est se venger, Daya, trop cruellement. Veuille seulement maintenant réparer le tort que tu m'as fait auprès d'elle.

DAYA. Je ne pense pas, chevalier, je ne pense pas que ces petits traits dirigés contre votre cœur vous aient causé grand dommage.

RÉCHA. Comment? Vous aviez de la mauvaise humeur? Et vous avez plus tenu à votre mauvaise humeur qu'à votre vie?

LE TEMPLIER. Bonne et aimable enfant!... Comme mon âme est partagée entre ce que je vois et ce que j'entends!... Ce n'est pas là, non, non, ce n'est pas là, la jeune fille que j'ai retirée du feu... Car, qui l'aurait connue et ne l'aurait pas retirée du feu? Qui ne m'aurait pas devancé?.. Il est vrai que... la frayeur... change les traits... (*Un silence, pendant lequel il est comme perdu dans la contemplation de Récha.*)

RÉCHA. Mais moi, je vous trouve encore le même. (*Nouveau silence : puis elle continue, afin de le tirer de sa distraction.*) Eh bien! chevalier, dites-nous donc où vous avez été pendant si longtemps? Peut-être pourrais-je même vous demander où vous êtes en ce moment.

LE TEMPLIER. Je suis... où peut-être je ne devrais pas être.

RÉCHA. Où avez-vous été?... Peut-être aussi où vous n'auriez pas dû être?... Ce n'est pas bien.

LE TEMPLIER. J'ai été sur, sur... comment se nomme cette montagne?... sur le Sinaï.

RÉCHA. Sur le Sinaï?... Ah! tant mieux : je pourrai donc enfin savoir avec certitude s'il est vrai...

LE TEMPLIER. Quoi donc?... S'il est vrai qu'on y voie

encore le lieu où Moïse fut en présence de Dieu, lorsque...

RÉCHA. Eh bien, ce n'est pas cela : quelque part qu'il fût, il était en présence de Dieu ; et du reste j'en sais assez là-dessus. Je désirerais seulement apprendre de vous, s'il est vrai que... qu'il soit de beaucoup moins fatigant de gravir cette montagne que de la descendre?... Car, voyez-vous, pour toutes les montagnes que j'ai gravies, j'ai juste éprouvé le contraire... Eh bien, chevalier?... Qu'est-ce?... Vous vous détournez de moi! Ne voulez-vous plus me voir?

LE TEMPLIER. C'est que je veux vous entendre.

RÉCHA. Ou que peut-être vous ne voudriez point me laisser remarquer que vous souriez de ma simplicité ; que vous souriez de ce que je ne sache vous demander rien de plus important, touchant cette montagne, la plus sainte de toutes les montagnes, n'est-ce pas?

LE TEMPLIER. Vous me forcez à regarder de nouveau dans vos yeux... Et quoi! Vous les baissez? Vous dissimulez votre sourire? Quand je cherche à lire sur votre physionomie, sur votre physionomie incertaine, ce que vos paroles disent si clairement, si formellement; — Vous vous taisez? — Ah! Récha, Récha! Qu'il avait raison de dire : « Connaissez-la d'abord seulement! »

RÉCHA. Qui vous a dit cela? De qui parlait-on?

LE TEMPLIER. « Connaissez-la d'abord seulement! » C'est votre père qui l'a dit, et il parlait de vous.

RÉCHA. Et moi, ne l'avais-je pas dit à peu près? Ne l'avais-je donc pas dit aussi?

LE TEMPLIER. Mais où est-il donc? Où est donc votre père? Est-il encore chez le sultan?

RÉCHA. Sans doute.

LE TEMPLIER. Encore? Il y est encore? Oublieux que je suis! Non, non, il n'est guère probable qu'il y soit encore... Il est sans doute là-bas près du cloître, à m'attendre, c'est certain. Nous en sommes convenus, je m'en souviens. Permettez que j'y aille, que j'aille l'y chercher.

DAYA. Cela me regarde. Demeurez, chevalier, demeurez. Je l'amène sans retard.

LE TEMPLIER. Non pas, non pas : c'est moi qu'il attend et non pas vous. D'ailleurs, qui sait? il pourrait peut-être... il pourrait peut-être, chez le sultan... Vous ne connaissez pas le sultan!... peut-être, se trouver dans l'embarras. — Croyez-moi.

RÉCHA. Du danger? Quel danger?

LE TEMPLIER. Du danger pour moi, pour vous, pour lui, si je ne pars pas en hâte, en toute hâte. (*Il sort.*)

SCÈNE III

RÉCHA, DAYA

RÉCHA. Qu'est-ce donc, Daya?... Si vite?... Que lui arrive-t-il? Que lui est-il survenu! Qu'est-ce qui le chasse?

DAYA. Laissez, laissez. Je pense que ce n'est pas mauvais signe.

RÉCHA. Signe? Et de quoi?

DAYA. Qu'il se passe quelque chose au dedans de lui. Cela bout, mais ne déborde pas encore. Laissez-le faire. Maintenant c'est à vous...

RÉCHA. Qu'est-ce qui est à moi? Tu es aussi incompréhensible que lui.

DAYA. De lui revaloir toute l'inquiétude qu'il vous a donnée. Ne soyez cependant, ni trop sévère, ni trop vindicative.

RÉCHA. Tu sais peut-être toi-même ce que tu veux dire.

DAYA. Et vous, êtes-vous déjà redevenue si calme?

RÉCHA. Je le suis redevenue, oui...

DAYA. Au moins, avouez que vous vous réjouissez de son trouble, et que c'est à son trouble que vous êtes redevable du calme dont vous jouissez à présent.

RÉCHA. Cela, je l'ignore complétement ; car, ce que je puis au plus t'avouer, c'est que cela me... me surprend moi-même, qu'à une telle tempête ait pu succéder tout d'un coup un tel calme dans mon cœur. Son franc regard, sa voix, son attitude même...

DAYA. Vous ont déjà rassasiée ?

RÉCHA. Rassasiée, je ne veux pas dire cela ; non... loin de là...

DAYA. Ont calmé seulement le premier appétit ?

RÉCHA. Soit, si tu le veux.

DAYA. Ce n'est pas moi qui le veux.

RÉCHA. Il me sera éternellement cher, et éternellement plus cher que ma vie ; quand même mon pouls cesserait de s'accélérer à son seul nom ; quand même mon cœur cesserait de palpiter chaque fois que je pense à lui... Mais je babille ; viens de nouveau, chère Daya, à la fenêtre d'où l'on a vue sur les palmiers.

DAYA. Alors, c'est que le premier appétit n'est pas encore tout à fait apaisé.

RÉCHA. A présent je reverrai les palmiers, et non plus lui seulement sous les palmiers.

DAYA. Ce refroidissement n'annonce peut-être qu'un nouvel accès de fièvre.

RÉCHA. Quel refroidissement ? Je ne suis point refroidie. Ce que je vois avec calme, je ne l'en vois pas avec moins de plaisir.

SCÈNE IV

Un salon de réception dans le palais de Saladin

SALADIN, SITTAH

SALADIN (*en entrant, du côté de la porte*). Qu'on m'amène ici le juif, aussitôt qu'il sera venu. Il ne paraît guère se presser.

SITTAH. Peut-être ne l'a-t-on pu trouver tout de suite.

SALADIN. Ma sœur, ma sœur !

SITTAH. On dirait que tu vas livrer une bataille.

SALADIN. Et avec des armes, que je n'ai point appris

à manier. Il me faut feindre, exciter l'inquiétude, tendre des piéges, suivre des sentiers glissants. D'où connaîtrais-je tout cela? Où l'aurais-je appris? Et pourquoi, hélas! tout cela? Pourquoi?... Pour soutirer de l'argent! De l'argent! Pour emprunter de l'argent à un juif? De l'argent! Être réduit à de si misérables ruses, pour me procurer la plus misérable des misères!

SITTAH. Cette misère se venge, frère, d'avoir été trop dédaignée.

SALADIN. Hélas! c'est vrai... Et si ce juif était en effet l'homme de bien, l'homme de sens, que le derviche avait auparavant dépeint?

SITTAH. Eh bien, alors, quel besoin serait-il de tout cela? Les piéges ne seraient que pour un juif avare, soupçonneux, craintif, et non pas pour l'homme de bien, pour l'homme sage. Celui-ci est certes à nous déjà, sans piéges. Le plaisir d'entendre comment un tel homme s'excusera, comment il aura tôt fini de briser avec force et audace les filets, ou, encore, avec quelle adroite prévoyance, il en déliera les nœuds, ce plaisir, tu l'auras par surcroît.

SALADIN. C'est vrai; je m'en réjouis.

SITTAH. Ainsi, rien ne doit t'arrêter davantage. Car, si ce n'est qu'un homme du commun, si ce n'est qu'un juif, comme un autre, tu n'iras pas rougir de paraître, tel qu'il croit tous les hommes? Bien plus : qui voudrait se montrer à lui meilleur, lui paraîtrait un niais, un fou.

SALADIN. Ainsi, il me faut mal agir, pour que les mauvais n'aient pas piètre opinion de moi?

SITTAH. Assurément, si tu appelles mal agir, traiter chaque chose, comme de juste.

SALADIN. Quelle est la conception d'une tête de femme, que celle-ci ne sache pas embellir?

SITTAH. Embellir?

SALADIN. Ce moyen si fin, si habile, je n'ai souci que d'une seule chose, c'est de l'employer d'une main maladroite... il aurait besoin d'être mis en œuvre par son inventeur, avec toute sa finesse, toute sa ruse...

Cependant, soit, je mènerai la danse, comme je pourrai ; et peut-être préférerais-je la mener plus mal que mieux.

SITTAH. Ne te défie pas trop de toi seulement ! Je suis ta caution, pourvu que tu veuilles... Les hommes de ta race aimeraient à nous persuader que c'est leur épée, leur épée seule qui les a portés si haut... A coup sûr, le lion rougit de chasser avec le renard ; mais c'est du renard qu'il rougit, non de sa finesse.

SALADIN. Et les femmes aimeraient tant à rabaisser l'homme jusqu'à elles !... Tu peux me laisser maintenant : je crois savoir ma leçon.

SITTAH. Comment, que je te laisse ?

SALADIN. Tu ne songes pourtant pas à rester ?

SITTAH. Si je ne restais pas... de manière à être vue de vous... mais dans la chambre voisine ?...

SALADIN. Pour écouter ! Pas cela non plus, ma sœur, puisqu'il faut te l'avouer... Va, va, la portière crie ; c'est lui !... Ne t'arrête pas à la porte ; j'y irai voir. (*Pendant qu'elle s'éloigne par une des portes, Nathan entre par l'autre ; Saladin s'est assis.*)

SCÈNE V

SALADIN, NATHAN

SALADIN. Approche, juif... plus près... tout près de moi... et sois sans crainte.

NATHAN. La crainte est pour tes ennemis.

SALADIN. Tu te nommes Nathan ?

NATHAN. Oui.

SALADIN. Le sage Nathan ?

NATHAN. Non.

SALADIN. Bien ! Ce n'est pas toi, c'est le peuple qui te nomme ainsi.

NATHAN. Cela se peut, le peuple !

SALADIN. Tu ne crois cependant pas que je considère

la voix du peuple comme méprisable? — J'ai depuis longtemps désiré connaître celui que le peuple nomme le Sage.

NATHAN. Et si c'était par raillerie qu'on m'eût nommé ainsi? Si, pour le peuple, sagesse n'était autre chose qu'habileté, et habileté, autre chose qu'entente de ses intérêts?

SALADIN. De ses véritables intérêts, veux-tu dire?

NATHAN. Alors le plus intéressé serait le plus habile; alors habileté et sagesse ne feraient qu'un.

SALADIN. Je t'entends donner la preuve de ce que tu veux nier. Les véritables intérêts de l'homme, que le peuple ignore, tu les connais, toi; ou du moins, tu as cherché à les connaître, tu les as médités; cela seul suffit pour faire de toi un sage.

NATHAN. Comme chacun pense en être un.

SALADIN. Assez de modestie! On se lasse de n'entendre rien d'autre, quand on s'attendait à du simple bon sens. (*Il se lève.*) Venons au fait. Mais de la sincérité, juif, de la sincérité!

NATHAN. Je te servirai certainement, sultan, de manière à mériter la continuation de ta clientèle.

SALADIN. Tu me serviras? Comment?

NATHAN. Tu auras la fleur du panier et au plus juste prix.

SALADIN. De quoi parles-tu? Ne serait-ce pas par hasard de tes marchandises?... Brocanter avec toi, c'est l'affaire de ma sœur. (Ceci pour l'écouteuse!) Moi, je n'ai pas affaire au marchand.

NATHAN. Tu voudrais sans doute savoir ce que, dans mon voyage, j'ai pu observer et remarquer de l'ennemi qui, en effet, commence à s'agiter? — A ne rien cacher...

SALADIN. Ce n'est pas précisément de cela non plus que je veux traiter avec toi; j'en sais déjà là-dessus, autant qu'il m'est nécessaire... Bref...

NATHAN. Ordonne, sultan.

SALADIN. Je veux savoir ta manière de penser sur quelque chose d'autre, de tout autre... Puisque tu es si sage, dis-moi... quelle croyance, quelle religion positive t'a paru la meilleure?

NATHAN. Sultan, je suis juif.

SALADIN. Et moi, musulman. Le chrétien est entre nous... De ces trois religions, il ne peut cependant y en avoir qu'une de véritable... Un homme comme toi ne demeure pas dans celle où le hasard de la naissance l'a jeté : ou, s'il y demeure, c'est par examen, par principes et par choix de celle-là comme de la meilleure. Allons, fais-moi part de ton examen. Révèle-moi les principes que je n'ai pas eu le loisir d'approfondir moi-même. Fais-moi connaître, — entre nous s'entend! — le choix que ces principes ont déterminé chez toi, afin que je puisse aussi en faire le mien... Comment; tu hésites? Tu m'interroges du regard?... Il se peut que je sois le premier sultan qui ait jamais eu une telle fantaisie, mais cette fantaisie ne me semble pas tout à fait indigne d'un sultan... Que t'en semble? Parle donc! Parle!... Voudrais-tu un instant pour réfléchir? Eh bien, je te l'accorde... (Si elle est aux écoutes, je vais la surprendre, et je saurai d'elle si je m'en suis bien tiré...) Réfléchis, réfléchis vite! Je ne tarderai pas à revenir. (*Il passe dans la pièce, vers laquelle Sittah s'est dirigée.*)

SCÈNE VI

NATHAN seul

NATHAN (*seul*). Hem! hem!... C'est surprenant!... Que m'arrive-t-il là?... Que veut le sultan?... Quoi?... Je m'attends à une demande d'argent, et ce qu'il veut... c'est la vérité, la vérité! Et il la veut de la sorte... au comptant, et de bon aloi... comme si la vérité était une monnaie!... Encore s'il la voulait telle que la monnaie antique que l'on pesait... cela irait; mais telle que la monnaie nouvelle qui ne vaut que par l'empreinte et qui se compte sur la table, telle il ne peut la vouloir.

Peut-on faire entrer la vérité dans la tête d'un homme, comme on fait entrer de l'argent dans un sac? Qui donc est ici le juif, de lui ou de moi?... Mais cependant, serait-ce peut-être la vérité même, que véritablement il exige?... De vrai, de vrai, le soupçon qu'il ne voudrait se servir de la vérité que comme d'un piége, serait aussi par trop vil... par trop vil!... Qu'est-ce qu'il y a de trop vil pour un grand?... Certainement, certainement; il commence par enfoncer la porte de la maison! On frappe d'abord, on s'informe d'abord, quand on s'approche en ami... Il faut que je me tienne sur mes gardes... Et comment, comment me tenir sur mes gardes?... Me montrer comme un vrai juif, cela ne va pas... Ne pas me montrer du tout juif, encore moins... Car si je n'étais pas juif, il n'aurait qu'à me demander pourquoi je ne suis pas musulman... Une idée! Elle peut me tirer de là. Il n'y a pas que les enfants que l'on amuse avec des contes... Le voici... Eh bien, qu'il vienne!

SCÈNE VII

SALADIN, NATHAN

SALADIN. (Maintenant nous avons le champ libre.) — Est-ce que je ne reviens cependant pas trop vite? Tu es au bout de tes réflexions?... Eh bien, alors, parle : pas une âme ne nous entend.

NATHAN. Le monde entier pourrait nous entendre.

SALADIN. Nathan est-il donc si sûr de son fait? Ah! voilà ce qui s'appelle sagesse : ne jamais cacher la vérité, tout risquer pour elle, corps et biens, vie ou mort!

NATHAN. Oui, quand cela est utile et nécessaire.

SALADIN. Dès ce moment, je puis espérer avoir le droit de porter un de mes titres, celui de Réformateur du monde et de la loi.

NATHAN. C'est là certes un beau titre! Cependant, sultan, avant de me confier à toi, veuille me permettre de te conter une petite histoire.

SALADIN. Pourquoi pas? J'ai toujours été amateur de petites histoires bien contées.

NATHAN. Bien conter n'est pas ce que je prétends faire.

SALADIN. Encore cette fière modestie?... Allons, conte, conte.

NATHAN. Il y a longues années, vivait en Orient un homme qui avait reçu d'une main chère une bague précieuse. La pierre en était une opale aux cent reflets, elle avait la vertu secrète de rendre agréable devant Dieu et devant les hommes celui qui la portait avec cette conviction. Rien d'étonnant donc que cet homme de l'Orient ne l'ôtât jamais de son doigt, et qu'il prît toutes ses mesures pour qu'elle demeurât toujours dans sa maison : voici comment il agit. Il laissa la bague à celui de ses fils qu'il aimait le mieux, ordonna formellement que celui-ci la laisserait de même à celui de ses fils qu'il aimerait le mieux ; et que toujours, sans acception du droit d'aînesse, le fils le plus aimé deviendrait, par la seule possession de la bague, le chef de la maison. — Comprends-moi, sultan.

SALADIN. Je te comprends. Continue.

NATHAN. Ainsi, de fils en fils, cette bague arriva enfin au père de trois garçons, tous trois également soumis, qu'il ne pouvait s'empêcher d'aimer tous trois également. Seulement, de temps en temps, selon que chacun d'eux se trouvait seul avec lui, et que les deux autres n'étaient point là pour partager les effusions de son cœur, c'était tantôt celui-ci, tantôt celui-là, tantôt le troisième qui lui paraissait le plus digne de la bague; si bien qu'il eut la paternelle faiblesse de la promettre à chacun des trois... Cela alla ainsi tant que cela put aller... Mais il approchait de sa fin, et l'excellent père se trouvait dans l'embarras. Il s'affligeait de tromper deux de ses fils et de leur fausser parole... Que faire?... Il appela en secret un orfévre, et lui commanda deux bagues sur le modèle de la sienne, en lui recommandant de n'épargner ni frais, ni soins, pour arriver à les rendre d'une imitation parfaite. L'ouvrier y parvint. Quand il rapporta les bagues, le père ne sut même plus distinguer la sienne. Heureux et content, il appelle ses fils, chacun en particulier, et à chacun d'eux donne sa bénédiction et sa bague... puis il meurt. — Tu écoutes, sultan?

SALADIN (*embarrassé et s'éloignant de Nathan*). J'écoute, j'écoute!... Finis vite ton conte... Après?

NATHAN. Il est fini; ce qui suit va de soi... À peine le père est-il mort que chacun d'eux se présente avec sa bague et prétend être le chef de la maison. On examine, on querelle, on plaide. Mais en vain, la véritable bague ne pouvait se reconnaître... (*Après un silence, pendant lequel il attend la réponse du sultan.*), pouvait aussi peu se reconnaître, qu'en ce moment la vraie croyance.

SALADIN. Comment? Serait-ce la réponse à ma demande?...

NATHAN. Tu m'excuseras de ne pas me prononcer sur la véritable bague, puisque le père les a fait faire de telle façon qu'on ne pût pas les distinguer.

SALADIN. Les bagues?... Ne te joue pas de moi!... Je crois que les religions que je t'ai nommées sont faciles à distinguer, jusque dans les vêtements, jusque dans le manger et dans le boire.

NATHAN. Mais non, au point de vue de leurs fondements... Ne se fondent-elles pas toutes sur l'histoire, écrite ou orale?... Or, cette histoire n'est admissible que par la foi et la croyance... n'est-ce pas?... Et de qui la foi et la croyance sont-elles le moins mises en doute par nous? N'est-ce pas des nôtres? De ceux de qui nous sommes le sang? De ceux qui, depuis notre enfance, nous ont prodigué des preuves de leur amour? De ceux qui ne nous ont jamais trompés, que lorsqu'il pouvait nous être salutaire de nous tromper?... Comment croirais-je moins à mes parents que toi aux tiens? Et, *vice versâ*, comment exigerais-je de toi que tu accuses les tiens de mensonge, pour ne pas contredire les miens?... Et enfin, en changeant d'hypothèse, il en est de même des chrétiens. N'est-il pas vrai?...

SALADIN. Par le Dieu vivant, cet homme a raison! Je demeure muet.

NATHAN. Revenons à nos bagues; comme je le disais, les fils plaidèrent, et chacun d'eux prêta serment devant le juge qu'il avait directement reçu la bague de la main de son père; — ce qui était vrai — après avoir depuis longtemps reçu la promesse de jouir de tous les priviléges de la bague; ce qui n'était pas moins vrai. — Le père, affirmait chacun d'eux, ne pouvait pas avoir eu l'idée de le tromper; et plutôt que de concevoir un soupçon contre un si bon père, il devait, malgré son estime pour ses frères, les accuser de supercherie; chacun d'eux ajoutait que, s'il pouvait découvrir les traîtres, il s'en vengerait aussitôt.

SALADIN. Et le juge?... Je suis impatient d'entendre ce que tu feras dire au juge. Parle.

NATHAN. Le juge dit : « Si vous ne me faites pas comparaître sur le champ votre père, je vous renvoie de mon tribunal. Pensez-vous que je sois ici pour deviner des énigmes? Ou vous attendriez-vous à entendre la vraie bague prendre la parole? Attendez cependant. Vous avez dit que la véritable bague avait la vertu surprenante de rendre son possesseur agréable à Dieu et aux hommes. Cela tranche la question. Car les fausses bagues ne sauraient avoir la même propriété... Eh bien, lequel de vous est le plus aimé des deux autres? Allons, parlez... Vous vous taisez?... Alors vos bagues n'ont qu'une vertu intérieure, mais point de vertu extérieure? C'est soi-même que chacun de vous aime le plus?... Ou n'êtes-vous tous trois que des trompeurs trompés? Vos bagues ne sont vraies, ni l'une, ni l'autre. La vraie a probablement été perdue, et, pour en dissimuler la perte, votre père en aura fait faire trois au lieu d'une.

SALADIN. Excellent! excellent!

NATHAN. « Ainsi donc, continua le juge, si vous ne voulez pas d'un conseil, au lieu d'une sentence, retirez-vous... Mais voici mon conseil : prenez les choses comme elles sont. Chacun de vous tient de son père son anneau; que chacun donc croie son anneau véritable!... Il est possible que le père n'ait pas voulu prolonger plus longtemps la tyrannie d'une bague dans sa maison!... Il est certain qu'il vous a aimés tous les trois également, puisqu'il n'a pas voulu en opprimer deux pour en favoriser un seul... Allons, que chacun de ses enfants, exempt de préjugés, imite son amour! Que chacun d'eux fasse tous ses efforts pour mettre en lumière la puissance qui réside dans le chaton de sa bague! Qu'il vienne en aide à cette puissance par la douceur, par l'égalité du caractère, par la bienfaisance, par la plus absolue confiance en Dieu! Et quand ensuite la puissance de sa bague se sera manifestée dans vos arrière-petits enfants, alors je vous cite à comparaître de nouveau, dans des milliards d'années, devant ce tribunal, où siégera un homme plus sage que moi, qui prononcera. Allez!... » Ainsi parla le juge modeste.

SALADIN. Dieu! Dieu!

NATHAN. Saladin, si tu te croyais cet homme plus sage, promis par le juge...

SALADIN (*s'élançant vers Nathan, et saisissant sa main qu'il ne quitte plus*). Moi, poussière? Moi, néant? O Dieu!

NATHAN. Qu'as-tu, Saladin?

SALADIN. Nathan, cher Nathan, les milliards d'années de ton juge ne sont pas encore accomplis; je ne suis pas assis sur son siége... Va, va, mais sois mon ami.

NATHAN. Et Saladin n'avait rien de plus à me dire?

SALADIN. Rien.

NATHAN. Rien?

SALADIN. Absolument rien... et pourquoi?

NATHAN. J'aurais souhaité d'avoir une occasion de t'adresser une prière.

SALADIN. As-tu besoin d'une occasion pour une prière?

NATHAN. J'arrive d'un lointain voyage, où j'ai fait

rentrer des créances... J'ai presque trop d'argent comptant. — Les circonstances commencent à redevenir graves, et je ne sais pas bien où je pourrais le mettre en sûreté. — Je pensais que, l'approche d'une guerre exigeant toujours plus d'argent, tu aurais pu en employer une partie.

SALADIN (*le regardant fixement*). Nathan!... Je ne te demanderai pas si Al-Hafi est allé déjà chez toi; — je ne rechercherai pas si quelque soupçon ne te porterait pas à me faire cette offre volontaire...

NATHAN. Un soupçon?

SALADIN. Je le mérite... pardonne-moi!... Car à quoi cela sert-il, de ne pas avouer que j'étais dans l'intention?...

NATHAN. Ne serait-ce pas de me demander la même chose?

SALADIN. Oui.

NATHAN. Ainsi nous voilà tous les deux soulagés!... La cause pour laquelle je ne puis t'envoyer tous mes fonds, c'est le jeune Templier. Tu le connais : j'ai d'abord à lui payer une grosse dette.

SALADIN. Le Templier? Tu ne voudrais donc pas non plus assister de ton argent mes plus dangereux ennemis?

NATHAN. Je ne parle que d'un seul, de celui dont tu as épargné la vie.

SALADIN. Ah! pourquoi me rappelles-tu ce souvenir?... J'avais cependant tout à fait oublié ce jeune homme. Le connais-tu?... Où est-il?

NATHAN. Comment? Ne sais-tu pas combien la grâce que tu lui as faite s'est par lui répandue sur moi? C'est lui, lui qui, au péril de la vie qu'il venait de recevoir de toi, lui, qui a sauvé ma fille des flammes.

SALADIN. Lui? Il a fait cela?... Ah! Il ne paraissait pas capable de moins que cela. Mon frère, auquel il ressemble tant, en eût certes fait autant!... Il est donc encore ici? Amène-le moi... J'ai si souvent causé avec ma sœur de ce frère qu'elle n'a pas connu, que je veux lui en faire voir le portrait. Va le chercher!... Combien, d'une bonne action, même inspirée par la passion seule, peuvent découler d'autres bonnes actions !

NATHAN (*laissant aller la main de Saladin*). A l'instant ! Et, quant au reste, c'est entendu. (*Il sort.*)

SALADIN. Ah ! que n'ai-je laissé ma sœur écouter !... Je cours la trouver... Mais comment pourrai-je maintenant lui raconter tout cela ? (*Il sort par l'autre côté.*)

SCÈNE VIII

Les palmiers, près du monastère, où le Templier attend l'arrivée de Nathan

LE TEMPLIER. (*Il se promène luttant avec lui-même, enfin il s'écrie*) Ici s'arrête la victime fatiguée... Eh bien, soit ; je ne puis, je ne puis savoir plus distinctement ce qui se passe en moi ; je ne puis prévoir ce qui s'y passera... C'en est assez d'avoir fui en vain, tout à fait en vain... Pouvais-je rien de plus que de fuir ?... Maintenant, advienne que pourra !... Pour que je pusse l'éviter, le trait est tombé trop soudainement ; le trait au devant duquel j'ai tant et si longtemps refusé de venir... La voir, elle que j'avais si longtemps évité de voir... la voir et me résoudre à ne jamais cesser de la voir. Que dis-je ? Résoudre ?... Résoudre, c'est projeter, c'est agir : et moi, je n'ai été que passif, rien que passif. — La voir, et me sentir enchaîné à elle, confondu avec elle, ce fut tout un... C'est tout un. Vivre séparé d'elle, je ne puis l'admettre : ce serait ma mort... et l'idée d'être pour toujours séparé d'elle après la mort, c'est encore ma mort... Voilà l'amour ; oui... Certainement, le chevalier du Temple aime... le chrétien aime la fille juive... Hé ! Qu'importe ?... Sur cette terre tant louée, et qui, pour moi, sera toujours pour cela si digne d'être louée, l'on se délivre des préjugés... Que me fait aussi mon Ordre ? Le Templier est mort ; il est mort dès l'instant qui m'a fait le prisonnier de Saladin. La vie que Saladin m'a donnée, serait-elle mon ancienne vie ?...

C'en est une nouvelle qui ne sait rien de ce qu'on avait fait accroire à l'ancienne, de ce qui liait l'autre... et c'en est une meilleure, plus faite pour le Dieu de mes pères. Oui, je le sens. Je commence à penser, comme mon père doit avoir pensé ici : si les contes qu'on m'a fait de lui sont véridiques... Des contes?... Mais cependant très admissibles, et qui ne m'ont jamais paru plus admissibles qu'en ce moment, où je cours le danger de trébucher, où il est tombé... Où il est tombé!... Il vaut mieux tomber en homme que de rester debout en enfant. Ce qu'elle a fait me garantit de son aveu à lui... Et quel aveu m'importe d'ailleurs?... Celui de Nathan?... Oh! son encouragement doit me faire moins douter de son aveu qu'un aveu même... Quel juif!... Et il ne veut paraître que complétement juif. Le voici; le voici en hâte, tout rayonnant de joie. Qui revient jamais autrement de chez Saladin? Hé! hé! Nathan!

SCÈNE IX

NATHAN, LE TEMPLIER

NATHAN. Comment? C'est vous?

LE TEMPLIER. Vous avez été très longtemps retenu chez le Sultan.

NATHAN. Pas déjà si longtemps. J'avais été longtemps retenu en route... Ah! vraiment, Curd, cet homme vaut sa renommée. Sa renommée n'est qu'une ombre à côté de lui. Mais laissez-moi avant tout vous dire...

LE TEMPLIER. Quoi?

NATHAN. Qu'il veut vous parler, qu'il veut que, sans délai, vous alliez le trouver. Accompagnez-moi seulement à la maison, où j'ai à m'occuper de quelque chose pour lui, puis nous y irons ensemble.

LE TEMPLIER. Nathan, je n'entrerai plus chez vous, avant que...

NATHAN. Ainsi vous y êtes allé déjà? Vous lui avez parlé?... Eh bien, comment vous plaît-elle!

LE TEMPLIER. Au delà de toute expression! Mais... la revoir... Cela, jamais, jamais, jamais... à moins que vous ne me promettiez sur-le-champ que je pourrai la voir toujours... toujours.

NATHAN. Comment voulez-vous que j'entende cela?

LE TEMPLIER. (*Après un court silence, il se jette à son cou.*) Mon père!

NATHAN. Jeune homme!

LE TEMPLIER (*se retirant tout à coup*). Pas : mon fils?... Je vous en supplie, Nathan.

NATHAN. Cher jeune homme!

LE TEMPLIER. Pas : mon fils?... Je vous en supplie, Nathan!... Je vous en conjure par les premiers liens de la nature!... Ne leur préférez pas des liens plus récents!... Contentez-vous d'être homme... ne me repoussez pas de vous!

NATHAN. Cher, cher ami!...

LE TEMPLIER. Pas : mon fils? Pas : mon fils?... Pas même, si la reconnaissance avait déjà, dans le cœur de votre fille, frayé la route à l'amour? Pas même, si nous n'attendions qu'un signe de vous, pour nous fondre en une seule âme?... Vous vous taisez?

NATHAN. Vous me surprenez, jeune chevalier.

LE TEMPLIER. Je vous surprends?... Je vous surprends, Nathan, avec vos propres idées?... Vous ne les reconnaissez donc pas dans ma bouche?... Je vous surprends?

NATHAN. Avant même que je sache lequel des Stauffen a été votre père!

LE TEMPLIER. Que dites-vous, Nathan? Que dites-vous? Dans ce moment vous n'éprouvez que de la curiosité?

NATHAN. Car, voyez-vous! J'ai moi-même autrefois bien connu un Stauffen qui se nommait Conrad.

LE TEMPLIER. Eh bien? Si mon père avait porté ce nom?

NATHAN. Vraiment?

LE TEMPLIER. Je me nomme moi-même comme mon père : Curd, c'est Conrad.

NATHAN. Eh bien, mon Conrad n'était cependant pas votre père. Car mon Conrad était ce que vous êtes; il était Templier, et jamais il ne fut marié.

LE TEMPLIER. Oh! cependant.

NATHAN. Comment?

LE TEMPLIER. Oh! cependant, ce pourrait n'en être pas moins mon père.

NATHAN. Vous plaisantez?

LE TEMPLIER. Et vous, vous y regardez de trop près... Et qu'importe donc? Pour être enfant naturel ou bâtard, l'étoffe en est-elle plus méprisable?... Faites-moi grâce de mes preuves généalogiques, et je ne vous demanderai pas non plus les vôtres. Non pas que j'élève le moindre doute sur votre arbre généalogique. Dieu m'en garde! Vous pourriez de branche en branche le faire remonter, jusqu'à Abraham; à partir de là, je le connais, je puis en jurer.

NATHAN. Vous devenez amer... Pourtant est-ce que je le mérite?... Vous ai-je rien refusé?... Je n'ai pas voulu vous prendre au mot... Rien de plus.

LE TEMPLIER. Serait-ce certain?... Rien de plus? Oh! alors pardonnez!...

NATHAN. Eh bien, venez, venez seulement.

LE TEMPLIER. Où? Non!... Avec vous, chez vous?... il y brûle!... Je vous attendrai ici. Allez; si je dois la revoir, je la reverrai encore assez souvent. Si je ne la dois pas revoir, je ne l'ai déjà que trop vue.

NATHAN. Je me hâterai le plus possible.

SCÈNE X

Le Templier, un moment après, DAYA

LE TEMPLIER. C'en est déjà trop!... Le cerveau de l'homme peut contenir l'infini, et quelquefois cependant il est si plein... si plein, pour une misère!... Cela ne vaut rien, rien, quoi que ce soit qui le remplisse... Mais patience! L'âme agit bientôt sur cette matière en fusion, elle y fait renaître ordre et clarté... Est-ce donc pour la première fois que j'aime?... Ou, ce que j'avais pris pour l'amour, n'était-il pas l'amour?... L'amour, est-ce donc seulement ce que je ressens à présent?

DAYA (*qui s'est glissée doucement d'un des côtés de la scène*). Chevalier! chevalier!

LE TEMPLIER. Qui m'appelle!... Ah! Daya, c'est vous?

DAYA. Je l'ai esquivé. Mais il pourrait encore nous voir au lieu où vous vous tenez... Approchez, derrière cet arbre.

LE TEMPLIER. Qu'y a-t-il donc?... Pourquoi tant de mystère... Qu'est-ce?

DAYA. Oui, vous l'avez deviné, c'est un mystère qui m'amène à vous, et un double mystère. Je n'en sais qu'un, moi; et l'autre, il n'y a que vous qui le sachiez... Ne pourrions-nous pas faire un échange? Confiez-moi le vôtre, je vous confierai le mien.

LE TEMPLIER. Avec plaisir... pourvu que je sache ce que vous considérez comme mon secret. C'est ce que le vôtre éclaircira : commencez toujours.

DAYA. Eh mais, voyez donc!... Non, monsieur le chevalier, vous d'abord, moi ensuite... Car soyez assuré que mon secret ne vous servirait de rien, si je n'avais pas d'abord appris le vôtre... Faites vite!... Si je vous le soutire par mes questions, vous ne m'aurez alors fait aucune confidence. Mon secret demeurera mon secret, et le vôtre sera dévoilé... Pauvre chevalier, de croire que vous autres hommes puissiez cacher un tel secret à nous autres femmes!

LE TEMPLIER. Un secret, que souvent nous ne savons pas nous-mêmes discerner en nous.

DAYA. Cela se peut bien. Aussi faut-il que je vous fasse l'amitié de commencer par vous le faire connaître... Dites : que signifie donc que vous nous ayez tiré vos grègues si vite? Que vous nous ayez ainsi abandonnées?... Que vous ne soyez pas revenu avec Nathan?... Récha a-t-elle donc si peu fait d'impression sur vous? Ou plutôt, tant fait impression sur vous, tant, tant!... Voulez-vous donc m'enseigner les efforts du pauvre oiseau qui se débat dans la glu?... Allons, avouez-moi seulement tout de suite que vous l'aimez, que vous l'aimez jusqu'à la déraison, et je vous dirai ce que...

LE TEMPLIER. Jusqu'à la déraison?... Vraiment vous vous y connaissez à ravir.

DAYA. Convenez seulement de l'amour : je vous fais grâce de la déraison.

LE TEMPLIER. Parce que cela va de soi?... Un Templier aimer une fille juive!...

DAYA. Cela paraît en effet peu raisonnable... Mais il y a souvent dans une chose, plus de raison que nous ne le supposons; et il ne serait pas si inouï que le Sauveur nous conduisît à lui, par des voies que le sage n'aurait pas prises volontiers de lui-même.

LE TEMPLIER. Ceci est bien solennel?... (En mettant à la place du Sauveur, la Providence, n'a-t-elle donc pas raison?) — Vous me rendez plus curieux que je n'ai coutume de l'être.

DAYA. Oh! c'est ici le pays des merveilles.

LE TEMPLIER. (Oui!... et des merveilles les plus étonnantes. Peut-il en être autrement? L'univers s'y vient presser en foule.) Chère Daya, tenez pour avoué ce que vous désirez savoir : que je l'aime, que je ne saurais vivre sans elle, que...

DAYA. Sûrement? sûrement?... Jurez-moi alors, chevalier, de la prendre pour femme, de la sauver, de la sauver dans ce monde et dans l'autre, pour l'éternité.

LE TEMPLIER. Et comment?... Comment le puis-je?... Puis-je jurer de faire ce qui n'est pas en mon pouvoir?

DAYA. C'est en votre pouvoir. D'un seul mot, je vais le mettre en votre pouvoir.

LE TEMPLIER. Pourvu que son père ne s'y oppose point.

DAYA. Eh! qu'importe son père? Son père! On l'y contraindra.

LE TEMPLIER. On l'y contraindra, Daya?... Il n'est

pas tombé aux mains des bandits... On ne doit pas le contraindre.

DAYA. Alors, on le contraindra à le vouloir, à le vouloir de bonne volonté.

LE TEMPLIER. Contrainte et bonne volonté! Si je vous disais, Daya, que j'ai déjà tenté de toucher cette corde?

DAYA. Quoi? Et il ne vous a pas accueilli?

LE TEMPLIER. Il m'a accueilli avec des hésitations qui m'ont offensé.

DAYA. Que dites-vous?... Vous lui auriez laissé apercevoir l'ombre d'un désir envers Récha, et il n'aurait pas tressailli de joie? Il se serait froidement retiré? Il aurait fait des difficultés?

LE TEMPLIER. Oui, à peu près.

DAYA. Alors je ne veux pas hésiter un instant de plus. (*Pause.*)

LE TEMPLIER. Et pourtant, vous hésitez?

DAYA. Cet homme est du reste si bon!... Je lui dois tant moi-même!... Pourquoi ne veut-il rien entendre!... Dieu sait si le cœur me saigne de l'y contraindre de cette façon!

LE TEMPLIER. Je vous en prie, Daya, tirez-moi vite de cette incertitude. Mais si vous ne savez pas encore vous-même, si ce que vous projetez est bon ou mauvais, louable ou blâmable... alors, taisez-vous! J'oublierai que vous avez quelque chose à taire.

DAYA. Cela éperonne, au lieu d'arrêter. Eh bien, sachez donc ceci : Récha n'est pas juive ; elle est... elle est chrétienne.

LE TEMPLIER (*froidement*). Ah! je vous souhaite bonne chance! Cela était lourd à porter. Ne craignez pas de vous donner de la peine! Continuez avec zèle à peupler le ciel, puisque vous ne pouvez plus peupler la terre.

DAYA. Comment, chevalier! Ce que je vous ai appris méritait-il cette raillerie? Que Récha soit chrétienne, cela ne vous réjouit pas davantage, vous chrétien, vous Templier, vous qui l'aimez?

LE TEMPLIER. Surtout, quand elle est chrétienne de votre fabrique.

DAYA. Ah! c'est ainsi que vous l'entendez? Mais qu'importe?... Je ne veux voir que celui qui doit la convertir; son bonheur est d'être depuis longtemps ce qu'on l'empêchait d'être.

LE TEMPLIER. Expliquez-vous, ou... laissez-moi.

DAYA. C'est une enfant chrétienne, née de parents chrétiens, baptisée...

LE TEMPLIER (*vivement*). Et Nathan?

DAYA. N'est pas son père.

LE TEMPLIER. Nathan n'est pas son père? Savez-vous ce que vous dites?

DAYA. La vérité, et j'en ai souvent pleuré des larmes de sang... Non, il n'est pas son père.

LE TEMPLIER. Et il l'aurait seulement élevée comme sa fille? Il aurait élevé en juive un enfant chrétien?

DAYA. Certainement.

LE TEMPLIER. Elle ne saurait pas quelle est son origine?... Elle n'aurait jamais appris de lui qu'elle est chrétienne et non pas juive?

DAYA. Jamais.

LE TEMPLIER. Et ce n'est pas seulement son enfance qu'il aurait élevée dans cette erreur, mais encore son adolescence?

DAYA. Hélas!

LE TEMPLIER. Nathan... comment?... Le sage et bon Nathan se serait permis de fausser ainsi la voix de la nature?... de détourner ainsi l'effusion d'une âme qui, livrée à elle-même, aurait pris une tout autre voie?... Daya, vous m'avez certainement confié là quelque chose d'important... qui pourrait avoir des suites... qui me trouble... Je ne sais que résoudre en ce moment... Donnez-moi du temps... Allez! Il va revenir ici. Il pourrait nous surprendre. Allez!

DAYA. Ce serait ma mort.

LE TEMPLIER. Je ne me sens point du tout, en ce moment, en état de lui parler. Si vous le rencontrez, veuillez lui dire que nous nous retrouverons ensemble chez le sultan.

DAYA. Mais ne lui laissez rien voir... Que ceci seulement donne le dernier coup à cette affaire; que ceci serve à vous enlever tous vos scrupules, à l'endroit de Récha... Mais si vous l'emmenez ensuite en Europe, vous ne me laisserez pas ici?

LE TEMPLIER. Nous verrons en temps et lieu. Allez seulement. Allez!

FIN DU TROISIÈME ACTE

ACTE IV

SCÈNE PREMIÈRE

Le cloître du couvent

Le Religieux, et bientôt après, Le Templier

LE RELIGIEUX. Oui, oui, il a raison, le patriarche. Elles n'ont certainement pas jusqu'ici réussi, toutes les missions qu'il m'a confiées... Pourquoi aussi me confie-t-il de telles négociations? Ce n'est mon affaire, ni d'être habile, ni de convaincre, ni de fourrer mon nez partout, ni de mettre la main à tout... N'aurais-je donc renoncé au monde, afin de vivre seul, que pour avoir encore à démêler avec le monde pour les autres?

LE TEMPLIER (*venant à lui, avec précipitation*). Bon frère, vous voilà enfin. Je suis depuis longtemps à votre recherche.

LE RELIGIEUX. A ma recherche, monsieur?

LE TEMPLIER. Ne me connaissez-vous déjà plus?

LE RELIGIEUX. Si! si! Mais je croyais ne plus revoir monsieur, de ma vie. Je l'espérais, avec l'aide du bon Dieu; lui qui sait combien m'était amère la mission que j'ai été obligé de remplir auprès de monsieur, sait aussi, si j'avais souhaité de trouver accueil favorable auprès de vous, et combien je me suis réjoui, au plus profond de mon cœur réjoui, que vous ayez rondement et sans réfléchir, rejeté loin de vous ce qui ne convenaît pas à un chevalier... Mais vous venez ici ! Est-ce donc que vous auriez changé d'avis?

LE TEMPLIER. Sauriez-vous déjà pourquoi je reviens... quand moi-même, je le sais à peine?

LE RELIGIEUX. Vous aurez réfléchi, et vous en serez arrivé à trouver que le patriarche n'a pas déjà tellement tort; qu'il y a honneur et argent à gagner dans sa proposition; qu'un ennemi n'est qu'un ennemi, quand bien même il nous aurait sept fois sauvé la vie. Tout cela, vous en serez venu à le peser dans les balances de ce monde, et vous revenez pour vous offrir... Hélas! mon Dieu!

LE TEMPLIER. Homme bon et pieux, tranquillisez-vous : ce n'est pas pour cela que je viens, ce n'est pas pour cela que je veux parler au patriarche... Maintenant; maintenant encore, je n'ai pas cessé de penser sur ce point, comme je pensais ; et, pour rien au monde, je ne voudrais perdre la bonne opinion dont un homme si droit, si pieux, si bon m'a une fois honoré... Je ne viens que pour demander conseil au patriarche sur une chose...

LE RELIGIEUX. Vous, au patriarche! Vous, chevalier, à un moine? (*Il regarde autour de lui avec inquiétude*).

LE TEMPLIER. Oui... l'affaire est assez monacale.

LE RELIGIEUX. Cependant le moine ne consulte jamais le chevalier, même quand l'affaire est chevaleresque.

LE TEMPLIER. Parce que le moine a le privilége de commettre des fautes : ce qu'aucun de nous ne lui envie beaucoup... Sans doute, si je n'avais à agir que pour moi seul; sans doute, si la responsabilité n'incombait qu'à moi seul, qu'aurais-je besoin du patriarche? Mais il est de certaines choses que j'aime mieux faire mal, par la volonté d'autrui, que bien, par la mienne... D'ailleurs je m'aperçois bien maintenant que la religion est une question de parti, et que celui-là même qui se croit le plus impartial, défend cependant son drapeau, même sans s'en rendre compte. Les choses étant ainsi, doivent être bien.

LE RELIGIEUX. J'aime mieux me taire. Car je ne comprends pas bien, monsieur le chevalier.

LE TEMPLIER. Et cependant!... (Voyons précisément ce que je veux. Est-ce décision ou conseil?... Conseil d'un supérieur ou d'un homme éclairé?) Je vous remercie, mon frère, je vous remercie de votre bon avis... Qu'ai-je besoin du patriarche?... Remplacez-le près de moi... D'ailleurs, c'est le chrétien dans le patriarche, plutôt que le patriarche dans le chrétien, que je voulais consulter... Voici la chose...

LE RELIGIEUX. Arrêtez, monsieur, arrêtez! A quoi bon?... monsieur le chevalier se trompe sur mon compte... Qui sait beaucoup, a beaucoup de soucis, et il est un souci qui me pèse suffisamment... Oh! bien! écoutez, voyez là-bas pour mon bonheur, le voilà qui vient lui-même. Vous n'avez qu'à rester ici, il vous a déjà aperçu.

SCÈNE II

LE PATRIARCHE, *suivant le cloître, dans toute la pompe sacerdotale,*
LES PRÉCÉDENTS

LE TEMPLIER. J'aime mieux l'éviter... Ce ne peut être là mon homme. Un prélat, si gras, si vermeil, si réjoui, et dans cette pompe!

LE RELIGIEUX. Il vous faudrait le voir, se rendant à la cour. Dans ce moment, il revient de chez un malade.

LE TEMPLIER. Combien alors Saladin doit se sentir humilié!

LE PATRIARCHE (*s'approchant et faisant signe au frère*). Venez... C'est là sans doute le Templier? Que veut-il?

LE RELIGIEUX. Je n'en sais rien.

LE PATRIARCHE (*allant au Templier, tandis que le religieux et la suite restent en arrière*). Eh bien, sire chevalier!... C'est pour moi une grande joie de voir un si brave jeune homme... Eh! si jeune encore!... Allons, avec l'aide de Dieu, vous pourrez devenir quelque chose.

LE TEMPLIER. Plus, monseigneur, plus que je ne suis déjà, ce sera difficile. Moins, à la bonne heure.

LE PATRIARCHE. Au moins désiré-je qu'un si pieux chevalier puisse longtemps encore croître et fleurir, pour l'amour de la chrétienté, et pour l'honneur de la cause de Dieu! Cela ne manquera pas non plus d'arriver, si ce jeune courage veut suivre les prudents conseils de la vieillesse... En quoi, puis-je être utile à monsieur le chevalier?

LE TEMPLIER. Précisément, en me donnant ce qui manque à ma jeunesse, un conseil.

LE PATRIARCHE. De grand cœur!... A la condition que ce conseil sera suivi.

LE TEMPLIER. Pas aveuglément, cependant?

LE PATRIARCHE. Qui parle de cela?... Ah! sans doute, personne ne doit omettre de se servir de la raison que Dieu lui a départie... quand il y a lieu. Mais en tout, oh! non. — Par exemple : quand Dieu, par un de ses messagers... c'est à dire par un des ministres de sa parole... daigne faire connaître un moyen de procurer, d'assurer pour toujours et d'une manière toute spéciale le bien de la chrétienté, le salut de l'Église; qui oserait alors se permettre d'examiner avec sa raison les volontés de celui qui a créé la raison, et de subordonner aux règles mesquines d'un vain honneur la loi éternelle de la volonté céleste?... Mais c'en est assez sur ce sujet. Sur quoi, dans ce moment, monsieur le chevalier, désire-t-il un conseil de nous?

LE TEMPLIER. Supposons, mon révérend père, qu'un juif eût un unique enfant... que cet enfant fût une fille, qu'il l'eût avec les plus grands soins formée à toutes les vertus, qu'il l'aimât plus que son âme, qu'en retour elle l'aimât du plus pieux amour, et qu'ensuite il vînt à la connaissance de l'un de nous, que cette jeune fille n'est pas la fille du juif, que celui-ci l'a, dans son enfance, recueillie, achetée, volée... si vous voulez; qu'on sût que la jeune fille est chrétienne et qu'elle est baptisée, que le juif l'a élevée comme une juive, qu'il l'a fait traiter comme une juive et comme sa fille... dites, révérend père, qu'y aurait-il à faire?

LE PATRIARCHE. Cela me fait frémir... Cependant, avant tout, que monsieur le chevalier explique si c'est un fait réel, ou une hypothèse; c'est à dire, s'il n'a fait qu'imaginer ces circonstances, ou si elles se sont présentées, si elles continuent à se présenter.

LE TEMPLIER. J'aurais cru que, pour avoir le sentiment de Votre Grandeur, c'était tout un.

LE PATRIARCHE. Tout un?... Que monsieur le chevalier remarque par là combien l'orgueilleuse raison humaine peut se tromper dans les choses spirituelles. Ce n'est en rien la même chose. — Car, si le cas proposé n'est qu'un jeu de l'esprit, il ne vaut pas la peine qu'on y pense sérieusement. Je renverrais monsieur le chevalier au théâtre où il pourra indifféremment présenter le pour et le contre. Mais si monsieur le chevalier ne s'est pas simplement voulu jouer de moi avec une invention dramatique; si le cas est réel; s'il s'était présenté dans notre diocèse, dans notre bonne ville de Jérusalem... alors...

LE TEMPLIER. Eh bien, alors?

LE PATRIARCHE. Alors, il faudrait commencer par appliquer au juif, et dans toute leur rigueur, les peines édictées par les lois du pape et de l'empereur contre un tel crime, contre un tel forfait.

LE TEMPLIER. Ah!

LE PATRIARCHE. Le bûcher contre le juif qui fait apostasier un chrétien!

LE TEMPLIER. Ah!

LE PATRIARCHE. Et avec combien plus de raison contre le juif qui aurait avec violence séparé une pauvre enfant chrétienne du lien de son baptême. Or, tout ce qu'on fait aux enfants, n'est-il pas violence?... à l'exception de ce que l'Église fait aux enfants.

LE TEMPLIER. Mais si l'enfant, sans l'assistance du juif, avait peut-être dû périr de misère?

LE PATRIARCHE. Qu'importe? Au feu le juif!... Car il eût mieux valu que l'enfant pérît de misère, que de ce qu'elle fût ainsi sauvée, au prix de son salut éternel. D'ailleurs, quel besoin avait le juif de prévenir le secours de Dieu? Dieu, s'il voulait sauver l'enfant, n'avait pas besoin de son entremise.

LE TEMPLIER. Pas plus que si, en dépit de lui, à ce que je pense... il en voulait faire une bienheureuse.

LE PATRIARCHE. Qu'importe! Au feu le juif!

LE TEMPLIER. Cela me touche : d'autant plus qu'on dit qu'il n'aurait pas plus élevé la jeune fille dans sa croyance que dans une autre, et que celle-ci n'a appris de Dieu, ni plus, ni moins, que n'exige la raison.

LE PATRIARCHE. Qu'importe? Au feu le juif! Oui, pour cela seul, au feu plutôt trois fois qu'une! Quoi? Laisser grandir un enfant sans croyance? Comment! Ne pas enseigner à un enfant le grand devoir de croire?... C'est par trop pervers! Je m'étonne fort, sire chevalier, que vous-même...

LE TEMPLIER. Monseigneur, je vous dirai le reste, s'il plaît à Dieu, en confession. (*Il veut s'éloigner.*)

LE PATRIARCHE. Comment! Vous vous en tenez là?... Vous ne me nommez pas ce scélérat de juif?... Vous ne me l'amenez pas sur-le-champ?... Oh! je sais ce qu'il me reste à faire. Je vais chez le sultan. Il faut que Saladin, en vertu de la capitulation qu'il a jurée, nous assiste; il le faut, et dans tous les droits, dans toutes les règles qui sont toujours pour nous la base de notre très sainte religion. Grâce à Dieu! Nous avons l'original de cette capitulation. Nous avons son seing, son sceau. Nous!... je saurai bien aussi lui faire comprendre combien la non-croyance est dangereuse pour son gouvernement! Tous les liens sociaux sont dénoués, rompus, quand l'homme en arrive à ne rien croire. Loin de nous, loin de nous un tel crime!

LE TEMPLIER. C'est dommage que je ne puisse pas jouir plus à loisir de cet excellent sermon... Je suis mandé chez Saladin.

LE PATRIARCHE. Eh bien... alors sans doute... et...

LE TEMPLIER. Je préviendrai le sultan, si cela peut-être agréable à Votre Grandeur.

LE PATRIARCHE. Oh! oh! Je sais que vous avez trouvé grâce devant le sultan. Je vous prie seulement de garder le meilleur souvenir de moi. Ce n'est que le zèle de la maison de Dieu qui me pousse. Si j'en fais trop, c'est pour lui. — C'est ce que vous voudrez bien peser en vous-même. — Et n'est-ce pas, sire chevalier, que ce dont nous venons de parler touchant le juif n'était qu'un problème?... c'est à dire...

LE TEMPLIER. Un problème.

LE PRTRIARCHE. (Que j'arriverai à pénétrer plus à fond. C'est là encore une mission pour le frère Bonne-foi.) Venez, mon fils. (*Il s'entretient, en s'en allant, avec le religieux.*)

SCÈNE III

Un appartement, dans le palais de Saladin. Des esclaves apportent un grand nombre de sacs d'argent, qu'ils déposent à terre, les uns sur les autres.

SALADIN, un moment après, SITTAH

SALADIN (*entrant*). Eh bien, vraiment, cela ne finira pas... Y en a-t-il encore beaucoup?

UN ESCLAVE. Encore bien autant.

SALADIN. Alors, qu'on porte le reste chez Sittah... Et où s'arrête donc Al-Hafi? Il faut qu'il vienne sur-le-champ prendre ceci... Ou ne vaudrait-il pas mieux l'envoyer à mon père? Ici, cela ne fera que me passer à travers les doigts... On finit en vérité par s'endurcir; et certainement il faudra désormais être habile pour tirer de moi beaucoup d'argent. Au moins, jusqu'à ce que l'argent d'Égypte arrive ici, les pauvres pourront s'arranger comme ils voudront. Il suffira de continuer les distributions sur le tombeau; les pèlerins chrétiens ne peuvent pas non plus se retirer les mains vides, ni...

SITTAH. Qu'est-ce donc? Qu'est-ce que cet argent chez moi?

SALADIN. Paie-toi et mets le reste en réserve.

SITTAH. Nathan n'est pas encore venu avec le Templier?

SALADIN. Il le cherche partout.

SITTAH. Mais vois donc ce que j'ai trouvé, en mettant en ordre mes vieux bijoux. (*Elle lui montre un petit portrait.*)

SALADIN. Ah! mon frère! C'est lui, c'est lui!.. C'est... c'est lui! Hélas! hélas! hélas! brave et aimable jeune homme, pourquoi t'ai-je sitôt perdu? Que n'aurais-je point entrepris à tes côtés!... Sittah, laisse-moi ce portrait. Je le connaissais d'ailleurs déjà. Il l'a donné à ta sœur aînée, à sa Lilla, qui un matin le retenait dans ses bras. Ce fut à son dernier départ... Hélas! je le laissai monter à cheval, et seul. Lilla en est morte de chagrin, et ne m'a jamais pardonné de l'avoir ainsi laissé partir seul... Il ne revint pas.

SITTAH. Le pauvre frère!

SALADIN. Enfin! Nous aussi, un jour, nous partirons pour ne plus revenir!... D'ailleurs... qui sait? La mort n'est pas le seul obstacle qui brise la carrière d'un jeune homme tel que lui... Il a des ennemis et souvent le plus fort succombe aussi bien que le plus faible... Eh bien, quoi qu'il en soit!... Je comparerai le portrait avec ce jeune homme, je verrai jusqu'à quel point mon imagination m'a fait prendre le change.

SITTAH. Ce n'est que pour cela que je l'ai apporté. Mais donne-le moi, donne. Je saurai bien te dire ce qu'il en est : l'œil d'une femme ne s'y trompe pas.

SALADIN (*à l'eunuque qui entre*). Qui est là?.. Le Templier?... Qu'il entre.

SITTAH. Pour ne point vous troubler, pour ne point le troubler par ma curiosité... (*Elle s'assied à l'écart, et laisse tomber son voile.*)

SALADIN. Bien, c'est cela!... (Et le son de sa voix, quel sera-t-il? Le son de la voix d'Assad est encore prêt à se réveiller dans mon âme).

SCÈNE IV

Le Templier, SALADIN

LE TEMPLIER. C'est ton prisonnier, sultan.

SALADIN. Mon prisonnier? Celui à qui j'ai donné la vie, ne lui donnerais-je pas aussi la liberté?

LE TEMPLIER. Ce qu'il te plaira de faire, il est convenable que je l'accepte, non, que je le prévoie. Mais, sultan... des remercîments, des remercîments particuliers pour la conservation de ma vie ne seraient d'accord, ni avec ma position, ni avec mon caractère... Ma vie est à ton service en toute occasion.

SALADIN. Il me suffit que tu n'en uses point contre moi... Je n'envie pas à mes ennemis deux bras de plus, mais il me serait pénible de ne pas leur envier un cœur comme le tien... Je ne me suis en rien trompé, brave jeune homme; d'âme et de corps, tu es tout mon Assad. Écoute, je pourrais te demander où tu t'es caché pendant tout ce temps, dans quelle caverne tu as dormi, dans quelle grotte enchantée, et par la grâce de quelles fées tu as conservé toujours plus fraîche cette fleur de jeunesse. Écoute, je pourrais te rappeler ce que nous avons fait ensemble ici et là. Je pourrais te quereller d'avoir eu un secret pour moi, de m'avoir caché une de tes aventures... Oui, je le pourrais, si je ne voyais que toi et non pas moi... Mais, allons, de cette douce rêverie, il y a toujours ceci de vrai que, dans mon automne, je verrai refleurir un Assad... Cela te convient-il, chevalier?

LE TEMPLIER. Tout ce qui me vient de toi, quoi que ce soit, était déjà dans mon cœur à l'état de désir.

SALADIN. Éprouvons-le tout de suite... Veux-tu demeurer auprès de moi, veux-tu être à moi?... Comme chrétien ou comme musulman, qu'importe! En manteau blanc ou en dolman, en turban ou en chaperon, comme tu voudras, qu'importe! Je n'ai jamais souhaité de voir à tous les arbres la même écorce.

LE TEMPLIER. Autrement tu serais difficilement devenu ce que tu es : le héros ne serait que le jardinier du bon Dieu.

SALADIN. Eh bien donc, puisque tu n'as pas mauvaise opinion de moi, nous voilà déjà à moitié d'accord.

LE TEMPLIER. Tout à fait.

SALADIN (*lui tendant la main*). Ta parole!

LE TEMPLIER (*lui serrant la main*). Parole d'honneur!... Reçois ici plus que tu ne pouvais me prendre. Je suis tout entier le tien.

SALADIN. C'est trop gagner en un jour! Trop!... Il n'est pas venu avec toi?

LE TEMPLIER. Qui?

SALADIN. Nathan.

LE TEMPLIER (*sèchement*). Non. Je suis venu seul.

SALADIN. Quelle belle action de ta part! Et quel sage hasard qu'une telle action ait été accomplie au profit d'un tel homme!

LE TEMPLIER. Oui, oui!

SALADIN. Quelle froideur!... Non, jeune homme, quand Dieu accomplit par notre entremise quelque chose de bien, il ne faut pas garder une telle froideur!... ni même, par modestie, affecter une telle froideur!

LE TEMPLIER. Mais pourquoi, dans le monde, chaque chose peut-elle se présenter sous tant de faces!... dont il est souvent inimaginable qu'elles puissent se réunir dans le même objet?

SALADIN. Tiens-t'en toujours à la meilleure, et loue Dieu! Il sait comment elles se réunissent... Mais, si tu veux être si difficile, jeune homme, faudra-t-il aussi qu'avec toi je me tienne sur mes gardes? Malheureusement, je suis moi-même une chose à plusieurs faces, qui peuvent souvent paraître ne pas être ensemble bien d'accord.

LE TEMPLIER. Tu me fais de la peine!... C'est si peu mon défaut d'être soupçonneux...

SALADIN. Eh bien, dis-moi donc alors à qui tu en as...

Il semblerait que ce fût à Nathan. Comment, des soupçons sur Nathan?... Explique-toi, parle, donne-moi une première preuve de ta confiance.

LE TEMPLIER. Je n'ai rien contre Nathan : ce n'est que contre moi que je suis irrité...

SALADIN. Et à propos de quoi?

LE TEMPLIER. Pour avoir rêvé qu'un juif pourrait désapprendre d'être un juif, pour avoir fait un tel rêve tout éveillé.

SALADIN. Voyons ce rêve tout éveillé.

LE TEMPLIER. Tu sais que Nathan a une fille, sultan. Ce que j'ai fait pour elle, je l'ai fait parce que... parce que je l'ai fait. Trop fier pour moissonner des actions de grâce, que je n'avais point cherchées, je remettais de jour en jour d'aller voir la jeune fille. Le père était loin ; il revient, il l'apprend, il me cherche, il me remercie, et exprime le désir que sa fille puisse me plaire ; il parle de projets, d'avenir heureux... Je me laisse séduire, je viens, je vois, je la trouve, en effet... Hélas! il m'en faut rougir, sultan!...

SALADIN. Rougir?... de ce qu'une jeune fille juive ait fait impression sur toi : est-ce là tout?

LE TEMPLIER. Rougir de ce que mon cœur ardent, se fiant au séduisant bavardage du père, ait si peu résisté à cette impression!... Étourdi que je suis, j'ai sauté une seconde fois dans le feu... Car, lorsque je l'ai demandée en mariage, j'ai été refusé.

SALADIN. Refusé?

LE TEMPLIER. Ce sage père ne m'a pas carrément refusé. Ce sage père veut d'abord s'informer, réfléchir. C'est juste! N'ai-je pas fait de même? Ne me suis-je pas informé, n'ai-je pas réfléchi d'abord, quand, du milieu des flammes, elle criait à l'aide?... Sur ma foi! Par Dieu! C'est certes une bien belle chose que d'être si sage, si avisé!

SALADIN. Allons, allons, un peu d'indulgence pour un vieillard! Ses refus se prolongeront-ils? Exigera-t-il que tu commences par te faire juif?

LE TEMPLIER. Qui sait?

SALADIN. Qui sait?... Celui qui connaît mieux Nathan...

LE TEMPLIER. La superstition dans laquelle nous avons été élevés, ne perd pas son influence sur nous, quand même nous ne l'avouons pas... Ceux qui se raillent de ses chaînes ne les portent pas moins.

SALADIN. C'est bien observé! Mais Nathan, vraiment, Nathan...

LE TEMPLIER. C'est la pire des superstitions que celle qui se considère comme la plus tolérante...

SALADIN. Cela se peut! Mais Nathan...

LE TEMPLIER. Qui croit qu'à elle seule doit se confier la faible humanité, jusqu'au jour où brillera la lumière de la vérité : qu'à elle seule...

SALADIN. Bien, mais Nathan!... Cette faiblesse n'est point le lot de Nathan...

LE TEMPLIER. Je le croyais aussi!... Si cependant cette merveille entre tous les hommes était un juif assez vulgaire, pour accaparer des enfants chrétiens et les élever en juifs... alors?

SALADIN. Qui dit cela de lui?

LE TEMPLIER. La jeune fille elle-même, dont il se servait pour me gagner, qu'il me faisait espérer comme la récompense de ce que je ne devais pas avoir fait pour elle en vain... Cette jeune fille elle-même, sa fille... non pas : c'est une chrétienne abandonnée.

SALADIN. Malgré cela, il n'a pas consenti à te la donner?

LE TEMPLIER (*vivement*). Qu'il y consente, ou non; il est découvert. Son hypocrisie de tolérance est déjouée. Et je saurai bien lancer sur la piste de ce loup judaïque, couvert de sa peau de philosophe, des chiens qui le déchireront.

SALADIN (*sérieusement*). Calme-toi, chrétien.

LE TEMPLIER. ? Calme-toi, chrétien?... Quand juif et musulman agissent en juif et en musulman, le chrétien seul n'osera-t-il pas agir en chrétien?

SALADIN (*plus sérieusement*). Calme-toi, chrétien.

LE TEMPLIER (*tranquillement*). Je sens tout le poids du reproche que Saladin met dans ces seuls mots!...

Ah! si je savais comment Assad... comment Assad, à ma place, se serait conduit!

SALADIN. Pas beaucoup mieux?... Probablement avec autant d'emportement!... Mais qui t'a donc déjà appris à me séduire, comme lui, d'un seul mot? Sans doute, si tout est ainsi que tu le dis, c'est à peine si j'entends quelque chose à Nathan... Cependant il est mon ami, et mes amis ne doivent point avoir querelle ensemble. Sois patient, sois prudent, ne le livre pas en proie aux fanatiques de ton peuple... Cache ce que tes ministres voudraient me contraindre à venger sur lui! Et pour braver musulman ou juif, ne fais pas le chrétien!

LE TEMPLIER. Il a failli être trop tard : mais grâces soient rendues à l'ardeur sanguinaire du patriarche, qui m'a inspiré l'horreur de devenir son instrument!

SALADIN. Comment, tu es allé au patriarche, avant de venir à moi?

LE TEMPLIER. Dans la violence de la passion, dans le vertige de l'irrésolution... Pardonne-moi... Tu ne voudras plus, je le crains bien, reconnaître en moi ton Assad.

SALADIN. Cette inquiétude même est de lui; il me semble savoir de quels défauts s'engendrent nos vertus. Conserve-les seulement, ces vertus, et ces défauts te feront peu de tort auprès de moi... Mais, va! Cherche Nathan, comme il t'a cherché, et amène-le moi. Vous vous expliquerez ensemble... Si c'est sérieusement que tu songes à la jeune fille, sois tranquille; elle est à toi. Et Nathan, je me charge de lui, pour avoir eu l'audace de faire élever une fille chrétienne, sans lui laisser manger de la viande de porc! Va! (*Le Templier se retire et Sittah quitte le sopha.*)

SCÈNE V

SALADIN, SITTAH

SITTAH. C'est surprenant!
SALADIN. Eh bien, Sittah, mon Assad ne doit-il pas avoir été un beau et brave jeune homme?
SITTAH. A moins que ce ne soit pas lui, mais plutôt le Templier qui ait posé pour ce portrait... Mais comment as-tu donc pu oublier de t'informer de ses parents?
SALADIN. Et particulièrement de sa mère, et si elle ne serait jamais venue dans ce pays... n'est-ce pas?
SITTAH. Tu t'amuses!
SALADIN. Oh! rien ne serait plus possible : car Assad était si bien venu des jolies dames chrétiennes, si favorisé des jolies dames chrétiennes, qu'une fois on raconta. — Allons, allons, on n'aime pas à parler de cela... — Il suffit que je l'aie retrouvé... Je veux le retrouver avec tous ses défauts, avec tous les caprices de son tendre cœur!... Oh! il faut que Nathan lui donne cette jeune fille. Ne le penses-tu pas?
SITTAH. La lui donne? non, la lui abandonne!
SALADIN. Eh oui! Quels droits Nathan aurait-il sur elle, s'il n'est pas son père? Celui qui lui a sauvé la vie, a seul sur elle les droits de celui qui la lui a donnée.
SITTAH. Mais alors, Saladin, tu pourrais prendre sur-le-champ cette jeune fille auprès de toi ; ce ne serait que l'enlever à son injuste posséssour.
SALADIN. Est-il bien nécessaire de le faire?
SITTAH. Peut-être pas tout à fait nécessaire... Une affectueuse curiosité me poussait seule à te donner ce conseil. Car de certains hommes font désirer de connaître aussitôt la femme qu'ils ont pu aimer.
SALADIN. Eh bien, alors, envoie-la chercher.
SITTAH. Le puis-je, frère?

SALADIN. Seulement, ménage Nathan! Il ne faut pas que cela puisse faire croire à Nathan qu'on veuille la lui arracher de force.

SITTAH. Sois sans inquiétude.

SALADIN. Et, moi, il faut que je voie par moi-même, où est Al-Hafi.

SCÈNE VI

Le vestibule ouvert de la maison de Nathan, comme à l'acte premier, scène première. Une partie des marchandises et des bijoux dont il a été question, y est étalée.

NATHAN, DAYA

DAYA. Oh! tout est princier! tout est de choix! Oh! tout est... comme seul vous pouvez le donner... Où a été fabriquée cette étoffe d'argent, à ramages d'or? Qu'est-ce qu'elle coûte?... C'est là une robe nuptiale! Une reine n'en souhaiterait pas une plus belle.

NATHAN. Une robe nuptiale? Pourquoi précisément une robe nuptiale?

DAYA. Ah, oui! Vous n'y pensiez sans doute pas, quand vous l'avez achetée... Mais vraiment, Nathan, ce sera celle-là et non une autre. On la dirait commandée tout exprès. Le fond blanc, symbole de l'innocence, et les ramages d'or qui partout se détachent sur le fond, symbole de la richesse. Voyez-vous? C'est adorable!

NATHAN. Que tu me donnes d'esprit! Pour qui cette robe nuptiale, que tu me montres si symbolique?... Serais-tu donc fiancée?

DAYA. Moi?

NATHAN. Eh bien, qui donc?

DAYA. Moi?... Dieu bon!

NATHAN. Qui donc? Quelle robe nuptiale veux-tu dire?... Tout cela est à toi, rien qu'à toi.

DAYA. A moi? Ce serait à moi?... Ce n'est point pour Récha?

NATHAN. Ce que j'ai rapporté pour Récha, est dans

un autre ballot. Allons, emporte d'ici tes soieries, emporte !

DAYA. Tentateur ! Non, quand il y aurait là toutes les magnificences du monde entier, cela ne saurait m'émouvoir ! à moins que vous ne me juriez d'abord de profiter de cette occasion que le Ciel ne vous enverra pas une seconde fois.

NATHAN. Profiter ?... de quoi ?... Une occasion ? laquelle ?

DAYA. Oh ! vous comprenez bien !... En deux mots : le Templier aime Récha, donnez-la lui ! Et mettez fin par là à votre faute, que je ne puis plus longtemps taire. La jeune fille retournera ainsi au milieu des chrétiens ; elle redeviendra ce qu'elle est, et elle redeviendra ce qu'elle était, et vous, vous n'amasserez plus sur votre tête des charbons ardents, par tous les bienfaits dont nous ne pouvons vous être assez reconnaissantes.

NATHAN. Toujours ta vieille chanson !... Tu n'as fait qu'ajouter à ta guitare une nouvelle corde, qui, je le crains bien, ne sonne ni ne tient mieux que les autres.

DAYA. Comment cela ?

NATHAN. Le Templier me conviendrait très bien. Je lui accorderais Récha, plutôt qu'à aucun homme du monde, mais... mais, un peu de patience !

DAYA. Patience ? patience ? n'est-ce pas votre vieille chanson à vous ?

NATHAN. Plus que quelques jours de patience !... Mais... qui vient là ? Un religieux ? Va lui demander ce qu'il veut.

DAYA. Que pourrait-il vouloir ? (*Elle va à lui et le questionne.*)

NATHAN. Donne-lui donc, et avant qu'il demande... (Si, seulement, je trouvais le moyen d'interroger le Templier, sans lui dire le motif de ma curiosité ! Car, si je le lui dis et que mes soupçons soient sans fondement, j'aurai inutilement mis au jeu le nom de son père...) Qu'est-ce donc ?

DAYA. Il veut vous parler.

NATHAN. Eh bien, qu'il vienne, et, toi, laisse nous.

SCÈNE VII

NATHAN, LE RELIGIEUX

NATHAN. (J'aimerais tant à demeurer le père de Récha!... Ne puis-je donc pas rester son père, en cessant d'en porter le nom?... Son père, oui, je resterai son père et j'en porterai toujours le nom, quand elle verra combien ce nom m'est cher.) Qu'y a-t-il pour votre service, pieux frère?

LE RELIGIEUX. Pas grand'chose... Je me réjouis, monsieur Nathan, de vous revoir en bonne santé.

NATHAN. Vous me connaissez donc?

LE RELIGIEUX. Certes, qui ne vous connaît pas? Vous avez gravé votre nom dans la main de tant de gens. Il est resté dans la mienne aussi, depuis nombre d'années.

NATHAN (*tirant sa bourse.*) Tenez, frère, tenez, que je l'y rafraîchisse.

LE RELIGIEUX. Merci, ce serait voler les pauvres, je ne prends rien... Permettez-moi seulement de vous faire ressouvenir un peu de mon nom : car je puis me vanter d'avoir, moi aussi, placé dans vos mains quelque chose de précieux.

NATHAN. Pardon!... j'en suis tout confus... Quoi? dites... et acceptez-en, de moi, en compensation, sept fois la valeur.

LE RELIGIEUX. Écoutez donc, avant tout, comment il se fait que je ne me sois souvenu qu'aujourd'hui du dépôt que je vous ai confié.

NATHAN. Un dépôt, à moi?

LE RELIGIEUX. Il y peu de temps que j'étais encore ermite à Quarantana, près de Jéricho ; une troupe de bandits arabes vint, renversa ma petite chapelle et ma cellule, et m'emmena. Par bonheur, je leur échappai, et je me réfugiai ici, auprès du patriarche, sollicitant un autre petit asile, où je pusse encore servir mon Dieu, dans la solitude, jusqu'à ma fin bienheureuse.

NATHAN. Je suis sur des charbons, bon frère. Abrégez. Ce dépôt! ce dépôt que vous m'avez confié!

LE RELIGIEUX. J'y arrive, monsieur Nathan... Or le patriarche me promit un ermitage sur le Thabor, aussitôt qu'il y en aurait un de libre, et m'ordonna en attendant de demeurer au monastère, comme frère lai. C'est ce que je suis maintenant, monsieur Nathan; et je souhaite, cent fois le jour, d'être sur le Thabor. Car le patriarche m'emploie à toutes sortes de missions, pour lesquelles j'éprouve un grand dégoût. Par exemple...

NATHAN. Au fait, je vous en prie.

LE RELIGIEUX. M'y voici... Quelqu'un lui a aujourd'hui soufflé à l'oreille, qu'aux environs vit un juif qui a élevé comme sa fille, une fille chrétienne.

NATHAN (*surpris*.) Comment?

LE RELIGIEUX. Laissez-moi parler... Pendant qu'il me donnait mission de découvrir aussi vite que possible la piste de ce juif, et qu'il s'élevait puissamment contre un tel crime, qui lui semble le véritable péché contre le Saint-Esprit... c'est à dire, le péché qui est pour nous le plus grand des péchés, sans que nous sachions bien, grâce à Dieu, en quoi il consiste... alors, ma conscience a tout à coup pris l'éveil, et je me suis souvenu que je pourrais bien avoir, il y a bien longtemps, donné lieu moi-même à ce grand et irrémissible péché... Dites : Un écuyer ne vous a-t-il pas, il y a dix-huit ans, remis une petite fille, âgée de quelques semaines?

NATHAN. Comment cela?... Sans doute... certainement...

LE RELIGIEUX. Alors, regardez-moi bien... L'écuyer, c'est moi.

NATHAN. Ce serait vous?

LE RELIGIEUX. Le seigneur, de la part duquel je vous l'apportai, était — il m'en souvient bien — un seigneur de Filneck... Wolf de Filneck.

NATHAN. C'est vrai.

LE RELIGIEUX. C'est parce que la mère venait quel-

que temps auparavant de mourir, et que le père, — à ce
que je crois — étant obligé de se jeter soudain dans
Gaza, la petite créature ne pouvait l'y suivre : c'est
pour cela qu'il vous l'envoya. Et n'est-ce pas à Darun
que je l'apportai?

NATHAN. C'est exact!

LE RELIGIEUX. Il n'y aurait rien d'étonnant que ma
mémoire me trompât. J'ai eu tant de braves maîtres; et
j'ai servi celui-là si peu de temps! Il périt bientôt après
à Ascalon; c'était du reste un bien bon maître.

NATHAN. Oui, oui, à qui, moi, je devais tant, tant de
reconnaissance, car il m'avait deux fois sauvé du glaive.

LE RELIGIEUX. Oh! c'est heureux! Vous en aurez
d'autant mieux accueilli sa petite fille.

NATHAN. Vous pouvez le penser.

LE RELIGIEUX. Eh bien, où est-elle donc? Elle n'est
sans doute pas morte?... Mieux vaut qu'elle ne soit pas
morte!... Pourvu d'ailleurs que personne ne sache la
chose, tout ira bien.

NATHAN. Le pensez-vous?

LE RELIGIEUX. Fiez-vous à moi, Nathan. Car, écoutez,
voici ma façon de penser. Si le bien que je me propose
de faire, touche de trop près au mal, j'aime mieux ne
pas faire le bien; parce que nous pouvons assez immédiatement apprécier le mal, mais que nous ne pouvons
prévoir le bien que de loin... Il est très naturel que,
pour élever de votre mieux la petite fille chrétienne,
vous l'ayez élevée comme votre propre fille... Ce que
vous auriez fait avec tant de fidélité et d'amour, vous en
recevriez une telle récompense! Je n'y puis souscrire.
Eh! sûrement, vous auriez agi plus sagement, en faisant élever la chrétienne en chrétienne par des mains
étrangères; mais alors vous n'auriez pas autant chéri
l'enfant de votre ami. Et les enfants, à un tel âge, ont
plus besoin d'amour, ne fût-ce que de l'amour d'une
bête sauvage, que de religion chrétienne. Pour la religion chrétienne, il est toujours temps. Pourvu toutefois
que la jeune fille ait grandi sous vos yeux, le corps sain
et l'âme pieuse, elle est demeurée, aux yeux de Dieu,

ce qu'elle était. D'ailleurs tout le christianisme n'a-t-il pas été édifié sur le judaïsme? Je me suis souvent affligé et j'ai souvent versé beaucoup de larmes, en voyant que les chrétiens pussent tant oublier que Notre-Seigneur était juif.

NATHAN. C'est à vous, bon frère, d'être mon défenseur, au cas où la haine et l'hypocrisie s'élèveraient contre moi... pour une action... ah! pour une action!... C'est vous, vous seul qui devez la connaître! Emportez-en le secret dans la tombe! Jamais la vanité ne m'a encore inspiré la tentation de la révéler à personne; c'est à vous seul que je l'aurai racontée. Je ne l'aurai dite qu'à la pieuse simplicité, parce que seule elle peut sentir ce que les hommes dévoués à Dieu peuvent gagner à de telles actions.

LE RELIGIEUX. Vous êtes ému et vos yeux sont remplis de larmes.

NATHAN. Vous m'avez apporté l'enfant à Darun. Mais vous ne saviez pas que, quelques jours auparavant, à Gath, les chrétiens avaient massacré tous les juifs, même les femmes et les enfants; vous ne saviez pas que parmi les victimes se trouvaient ma femme et mes sept fils pleins d'espérance, qui avaient été brûlés ensemble dans la maison de mon frère où je les avais cachés.

LE RELIGIEUX. Céleste justice!

NATHAN. Quand vous vîntes, j'avais passé trois jours dans la cendre et la poussière, adorant Dieu, et versant des larmes... Des larmes! Je me révoltais aussi contre Dieu, je me livrais à la colère, à la fureur, je maudissais l'univers et moi-même; je jurai haine éternelle aux chrétiens...

LE RELIGIEUX. Hélas! Je le crois bien.

NATHAN. Cependant la raison revint peu à peu. Elle me dit de sa douce voix : « Et cependant Dieu existe! Cela était dans les desseins de Dieu! Courage! allons, pratique ce que tu sais depuis longtemps; ce qui n'est pas à coup sûr plus difficile à exécuter qu'à concevoir, pourvu que tu veuilles. Lève-toi! » — Je me levai, et, je criai vers Dieu : « Je le veux! donne-moi la force de vouloir! »... Au même moment vous descendîtes de cheval, vous me tendîtes l'enfant enveloppé dans votre manteau... Ce que vous me dites alors, ce que je vous répondis, je l'ai oublié. Ce que je me rappelle, c'est que je pris l'enfant, le posai sur mon lit, l'embrassai, me jetai à genoux et m'écriai : Mon Dieu! sur sept, en voilà déjà un que tu me rends !

LE RELIGIEUX. Nathan, Nathan, vous êtes chrétien!... Par le Seigneur! vous êtes chrétien, meilleur chrétien qu'il n'en fut jamais.

NATHAN. Nous sommes d'accord : car ce qui, pour vous, me fait chrétien, pour moi, cela même vous fait juif... Mais ne nous affaiblissons pas plus longtemps l'un l'autre. Il faut agir. Et, bien qu'un septuple amour m'unisse à l'enfant étrangère, que la perdre, ce serait perdre de nouveau en elle mes sept fils... si la Providence veut la retirer de mes mains... j'obéirai.

LE RELIGIEUX. Vous êtes un chrétien complet... Si je ne me défiais pas autant de moi, c'est là ce que je vous aurais conseillé, et c'est votre bon génie qui vous l'a inspiré.

NATHAN. Mais il ne faut pas que ce soit le premier venu qui me l'arrache.

LE RELIGIEUX. Non, à coup sûr, non.

NATHAN. Celui qui n'a pas sur elle plus de droits que moi, doit au moins en avoir de plus anciens...

LE RELIGIEUX. Sans doute !

NATHAN. Qu'il tienne de la nature et du sang.

LE RELIGIEUX. C'est ma pensée aussi.

NATHAN. Nommez-moi donc vite l'homme qui tient à elle, comme frère, comme oncle, comme cousin, ou simplement comme parent, je ne la lui refuserai pas... elle, qui a été créée et élevée pour être l'ornement de toute famille, de toute croyance... J'espère que vous en savez plus que moi, de votre maître et de sa race.

LE RELIGIEUX. Cela m'est peut-être difficile, cher Nathan... car je vous ai déjà dit que je ne suis resté que très peu de temps à son service.

NATHAN. Savez-vous au moins de quelle famille était sa mère?... N'était-ce pas une Stauffen?

LE RELIGIEUX. C'est bien possible!... Oui, ce me semble.

NATHAN. Son frère ne se nommait-il pas Conrad de Stauffen?... Et n'était-il pas Templier?

LE RELIGIEUX. Si je ne me trompe. Mais attendez! je me souviens que j'ai encore, de mon maître regretté, un petit livre. Je le tirai de son sein, lorsque nous l'enterrâmes à Ascalon.

NATHAN. Eh bien!

LE RELIGIEUX. Ce sont des prières qu'il y a dedans. Nous appelons ce livre, un bréviaire... Cela, pensais-je, pourra encore servir à quelque chrétien... Pas à moi, sans doute... je ne sais pas lire...

NATHAN. Qu'importe! Au fait...

LE RELIGIEUX. Dans ce petit livre, il y a au commencement et à la fin, à ce que je me suis laissé dire, de la propre main de mon maître, sa généalogie et celle de sa femme.

NATHAN. Oh! plût au ciel! Allez, courez, apportez-moi ce petit livre. Vite, je suis prêt à le payer au poids de l'or et de mille remercîments encore. Hâtez-vous, courez.

LE RELIGIEUX. De tout cœur! Mais c'est en arabe, ce que mon maître y a écrit. (*Il sort.*)

NATHAN. Qu'importe! Apportez-le seulement!... Dieu! si je pouvais conserver cette enfant et, en même temps, acquérir un tel gendre!... Ce sera difficile peut-être!... Enfin, advienne que pourra!... Mais qui ce peut-il être, qui en ait parlé au patriarche? N'oublions pas de le demander... Si c'était Daya?

SCÈNE VIII

DAYA, NATHAN

DAYA (*avec trouble et précipitation*). Imaginez-vous, Nathan...

NATHAN. Eh! quoi?

DAYA. La pauvre enfant en est tout effrayée! On envoie...

NATHAN. Le patriarche?

DAYA. La sœur de Sultan, la princesse Sittah...

NATHAN. Ce n'est pas le patriarche?

DAYA. Non, c'est Sittah... N'entendez-vous pas?... La princesse Sittah vient d'envoyer ici et la fait mander.

NATHAN. Qui a-t-elle envoyé? C'est Récha qu'elle fait mander?... C'est Sittah qui la fait mander?... Eh bien, si c'est Sittah et non le patriarche...

DAYA. Comment en revenez-vous toujours au patriarche?

NATHAN. Ainsi, tu n'as pas récemment entendu parler de lui? Non? Tu ne lui as rien découvert?

DAYA. Moi? A lui?

NATHAN. Où sont les messagers?

DAYA. Là devant.

NATHAN. Par précaution, je vais leur parler moi-même. Viens!... Pourvu qu'il n'y ait rien du patriarche là-dessous. (*Il sort.*)

DAYA. Et moi... moi, je crains tout autre chose. Je gage que la prétendue fille unique d'un juif si riche ne paraît pas un mauvais parti à un musulman... Ah! c'en est fait du Templier. C'est fait de lui, si je ne tente pas une seconde démarche, si je ne lui découvre pas à elle-même qui elle est... Courage! saisissons le premier moment que je serai seule avec elle... Et ce sera tout à l'heure précisément, si je l'accompagne... Un premier avertissement ne peut point, dans tous les cas, lui faire de mal. Oui, oui, allons! A présent, ou jamais! Allons!
(*Elle suit Nathan.*)

FIN DU QUATRIÈME ACTE

ACTE V

SCÈNE PREMIÈRE

La salle du palais de Saladin, où l'on a apporté les sacs d'argent qu'on y voit encore

SALADIN, puis un instant après PLUSIEURS MAMELOUCKS

SALADIN (*en entrant*). Encore cet argent ! Personne ne sait où trouver Al-Hafi, qui, probablement, est engagé dans quelque partie d'échecs où il s'oublie lui-même... et moi en même temps. Mais patience ! Qu'est-ce ?

UN MAMELOUCK. Bonne nouvelle, Sultan. Réjouis-toi, Sultan ! La caravane du Caire arrive.

SALADIN. Bravo, Ibrahim. Bienvenue au messager !... Ah ! enfin, enfin !... Merci pour ta bonne nouvelle.

LE MAMELOUCK (*attendant*). (Rien qu'un merci !)

SALADIN. Qu'attends-tu ? va...

LE MAMELOUCK. Rien de plus pour ma bienvenue ?

SALADIN. Quoi de plus ?

LE MAMELOUCK. Pas de pourboire au bon messager ?... Je serais le premier que Saladin aurait enfin appris à renvoyer sans autre récompense que des paroles !... C'est encore une gloire d'être le premier avec qui il ait lésiné.

SALADIN. Eh bien, prends une de ces bourses.

LE MAMELOUCK. Non, maintenant pas ! Tu pourrais bien me les offrir toutes.

SALADIN. De la fierté !... Allons, tu en auras deux... Sérieusement, il s'en va ? Il me surpasse en générosité ?

Car, sûrement, il doit lui coûter encore plus, à lui, de refuser, qu'à moi de donner... Ibrahim!... Quelle idée m'est donc venue, vers la fin de ma carrière, de vouloir tout d'un coup changer?... Saladin ne veut-il pas mourir en Saladin?... il ne fallait donc pas non plus qu'il vécût en Saladin.

DEUXIÈME MAMELOUCK. Eh bien, Sultan!...

SALADIN. Tu viens m'annoncer...

DEUXIÈME MAMELOUCK. Que le convoi d'Égypte est arrivé.

SALADIN. Je le sais déjà.

DEUXIÈME MAMELOUCK. J'arrive donc trop tard!

SALADIN. Pourquoi trop tard?... Prends pour ta bonne volonté, une ou deux de ces bourses.

DEUXIÈME MAMELOUCK. Cela fait trois.

SALADIN. Oui, si tu sais compter!... Prends-les.

DEUXIÈME MAMELOUCK. Il en viendra peut-être encore un troisième... si d'ailleurs il peut arriver.

SALADIN. Comment cela?

DEUXIÈME MAMELOUCK. Certes, il a bien pu se casser le cou! Car aussitôt que tous trois nous fûmes sûrs de l'arrivée du convoi, nous sautâmes en selle à l'instant. Le premier est tombé; de cette façon je suis resté le premier, et cela, jusqu'à l'entrée de la ville; mais Ibrahim, le drôle, connaît les rues mieux que moi.

SALADIN. Et celui qui est tombé, mon ami, celui qui est tombé?... Galope au devant de lui.

DEUXIÈME MAMELOUCK. C'est ce que je vais faire aussi... et, s'il vit, la moitié de ces bourses est à lui. (*Il sort.*)

SALADIN. Voilà un bon et généreux camarade!... Qui peut se vanter d'avoir de tels mameloucks? Et ne me serait-il donc pas permis de penser que mon exemple ait contribué à les former?... Loin de moi la pensée de leur en donner un autre, sous prétexte qu'il serait meilleur!...

TROISIÈME MAMELOUCK. Sultan...

SALADIN. Es-tu celui qui est tombé?

TROISIÈME MAMELOUCK. Non, je viens seulement t'annoncer que l'émir Mansor, qui conduit la caravane, descend de cheval...

SALADIN. Amène-le, vite!... Le voilà lui-même.

SCÈNE II

L'ÉMIR MANSOR, SALADIN

SALADIN. Sois le bienvenu, émir... Eh bien, qu'est-il donc arrivé?... Mansor, Mansor, tu t'es fait longtemps attendre!

MANSOR. Cette lettre t'apprendra quels troubles, dans la Thébaïde, ton Aboul-Kassem a d'abord été obligé d'étouffer, avant que nous pussions nous hasarder à partir. Après cela, j'ai pressé la marche autant qu'il a été possible.

SALADIN. Je te crois, brave Mansor; prends seulement et sur-le-champ, Mansor — pourvu que cela t'agrée — prends seulement au plus vite une nouvelle escorte; tu continueras aussitôt ta route, et tu conduiras à mon père, sur le Liban, la plus forte partie de l'argent.

MANSOR. De grand cœur! De très grand cœur!

SALADIN. Mais ne prends pas une escorte trop faible. Tout n'est plus bien sûr autour du Liban. N'en as-tu rien appris? Les Templiers sont de nouveau en mouvement. Sois bien sur tes gardes!... Viens; où s'est arrêtée la caravane, que je la voie et que j'ordonne tout moi-même?.. Vous autres, je me rendrai de là chez Sittah.

SCÈNE III

Les palmiers devant la maison de Nathan.

LE TEMPLIER (*allant et venant*). Je ne veux plus rentrer chez lui... Il finira bien par se faire voir... On me remarquait autrefois sitôt et si volontiers!... Nous en arriverons bientôt à ce qu'il ne lui plaise pas que je sois si assidu près de sa maison... Hem!... je suis fort en colère... Qu'est-ce qui m'a donc bien pu tant aigrir contre lui? Il a dit qu'il ne me refusait pas. Et Saladin a pris sur lui de le décider... Comment? Le chrétien serait-il en réalité plus enraciné en moi, qu'en lui le juif?... Qui se connaît bien soi-même? Comment se pourrait-il autrement faire que je lui enviasse tant le petit larcin qu'il a saisi l'occasion de faire aux chrétiens?... Sans doute, ce n'est pas un petit larcin que celui d'un tel chef-d'œuvre!... D'un tel chef-d'œuvre? Et de qui?.. Ce n'est pas pourtant de l'esclave qui a coulé cette forme dans le sable aride de la vie, et qui y a donné sa peine? Mais c'est bien plus le chef-d'œuvre de l'artiste qui a médité les formes divines de cette matière fondue et qui les a mises en lumière... Ah! le vrai père de Récha, en dépit du chrétien qui l'a engendrée, c'est... et ce sera éternellement le juif... Si je me la figurais comme une fille chrétienne, si je la voyais tout autrement qu'elle n'est et qu'un tel juif seul pouvait la faire... parle, mon cœur... qu'y aurait-il en elle qui te plût? Rien! Peu de chose! Son sourire, ce ne serait plus que le doux et joli mouvement de ses muscles; oui, ce qui la fait sourire n'aurait plus le charme qui revêt ses lèvres; et ce ne serait plus son sourire. J'en ai vu de plus beaux encore se prostituer à la frivolité, à l'étourderie, à la raillerie, à la fausseté ou à la coquetterie... Et me séduisaient-ils aussi, ceux-là? Excitaient-ils en moi l'envie d'aller consumer ma vie dans leur rayonnement?... Je ne sache pas... Et cependant c'est contre celui qui seul lui a donné ces hautes qualités, que je m'irrite. Comment cela? Pourquoi cela? Ai-je donc mérité les railleries de Saladin au moment de le quitter? Il est assez triste déjà que Saladin ait pu le croire! Combien j'ai dû lui paraître petit! Combien, méprisable!... Et tout cela pour une jeune fille?... Curd, Curd, tu es dans la mauvaise voie, change de route... Et si Daya ne m'avait rapporté que des bavardages impossibles à prouver?... Mais le voilà enfin qui sort de chez lui, absorbé dans une conversation... Ah! avec qui?... Avec lui! Avec mon religieux?... Ah! alors il sait tout déjà! il est peut-être déjà dénoncé au patriarche!... Ah! quel embarras ai-je causé!... Se peut-il qu'une étincelle de cette passion-là embrase tant notre cerveau! Vite, résolvons ce qu'il reste à faire... l'attendre ici à l'écart... peut-être le religieux va-t-il le quitter.

SCÈNE IV

NATHAN, LE RELIGIEUX

NATHAN (*s'approchant de lui*). Encore une fois, bon frère, mille remercîments.

LE RELIGIEUX. Et à vous, tout autant.

NATHAN. De vous à moi? Pourquoi?... Pour mon obstination à vous faire accepter ce dont vous n'avez pas besoin?... Encore si la vôtre avait cédé, si vous ne vouliez pas obstinément être plus riche que moi.

LE RELIGIEUX. Du reste le livre ne m'appartient pas, il appartient à la jeune fille : c'est là tout son patrimoine... Il est vrai qu'elle vous a... Dieu veuille seulement que vous n'ayez jamais à vous repentir de ce que vous avez fait pour elle!

NATHAN. Puis-je m'en repentir? Jamais. Soyez sans inquiétude.

LE RELIGIEUX. Mais, mais, les patriarches et les Templiers!...

NATHAN. Ne pourront jamais me faire assez de mal pour m'en faire repentir; n'en parlons plus... Et êtes-vous donc tout à fait certain que ce soit un Templier qui pousse ainsi votre patriarche?

LE RELIGIEUX. Ce ne peut être un autre. Un Templier lui a parlé quelque temps avant, et ce que j'ai entendu avait rapport à cela.

NATHAN. Mais, pourtant, il n'y en a en ce moment qu'un seul à Jérusalem. Et, celui-là, je le connais ; celui-là est mon ami. Celui-là est un jeune homme, noble et loyal.

LE RELIGIEUX. D'accord, c'est celui-là même... Mais ce qu'on est, et ce qu'on devrait être dans ce monde, cela ne s'accorde pas toujours bien ensemble.

NATHAN. Hélas, non... Enfin qu'il en soit ce qu'il voudra, mieux ou pis de sa part, avec votre livre, frère, je braverai tout, et je vais directement avec ce livre chez le sultan.

LE RELIGIEUX. Beaucoup de bonheur. Je vous quitte donc ici.

NATHAN. Ne l'avez-vous pas même vue ?... Revenez bientôt, revenez souvent nous voir... Pourvu que le patriarche n'apprenne encore rien aujourd'hui !... Mais pourquoi ? Dites-lui aujourd'hui même ce que vous voudrez.

LE RELIGIEUX. Mais ? non... Adieu ! (*Il sort.*) Ne nous oubliez pas, mon frère... Dieu ! que ne puis-je en ce moment tomber ici à genoux, sous l'air libre des cieux !... Comme ce nœud qui m'a si souvent tourmenté, se dénoue facilement de lui-même !... Dieu ! combien me voilà soulagé de n'avoir plus rien à cacher au monde, de pouvoir me conduire aussi librement en face des hommes qu'en face de toi, qui, seul, ne juges point les hommes d'après leurs actions, parce que, rarement, elles sont leurs actions libres, ô Dieu !...

SCÈNE V

NATHAN, LE TEMPLIER qui vient à lui

LE TEMPLIER. Attendez-moi, Nathan, emmenez-moi avec vous.

NATHAN. Qui m'appelle ?... Serait-ce vous, chevalier ? Où étiez-vous donc, que je n'ai pu vous conduire chez le sultan ?

LE TEMPLIER. Nous nous sommes mutuellement fourvoyés. Ne m'en veuillez pas.

NATHAN. Non; mais Saladin...

LE TEMPLIER. Je sors de chez lui à l'instant...

NATHAN. Vous lui avez parlé? Alors, c'est bon.

LE TEMPLIER. Il veut nous parler à tous deux ensemble...

NATHAN. Encore mieux. Accompagnez-moi. J'allais d'ailleurs chez lui...

LE TEMPLIER. Oserais-je vous demander qui est-ce qui vient de vous quitter?

NATHAN. Ne le connaissez-vous pas?

LE TEMPLIER. N'était-ce pas cette bonne bête de frère lai, qui sert si complaisamment de limier au patriarche?

NATHAN. Cela se peut! Il est au patriarche.

LE TEMPLIER. Le trait n'est pas maladroit : la fourbe envoie devant elle la simplicité.

NATHAN. Oui, si c'est la simplicité stupide... non, si c'est la simplicité pieuse.

LE TEMPLIER. Le patriarche ne croit pas à la simplicité pieuse.

NATHAN. De celui-là, j'en réponds. Il n'aidera jamais son patriarche dans l'accomplissement de rien de déloyal.

LE TEMPLIER. Il y figure du moins... Et ne vous a-t-il rien dit de moi?

NATHAN. De vous? Rien de vous nommément... Il serait peut-être même difficile qu'il sût votre nom.

LE TEMPLIER. En effet.

NATHAN. Il m'a sans doute dit d'un Templier, que...

LE TEMPLIER. Et quoi?

NATHAN. Quelque chose qui ne peut en aucun cas se rapporter à vous !

LE TEMPLIER. Qui sait? Dites...

NATHAN. Que ce Templier m'aurait dénoncé à son patriarche...

LE TEMPLIER. Dénoncé?... Avec sa permission, il en a menti... Écoutez-moi, Nathan... je ne suis pas homme à déguiser la moindre des choses. Ce que j'ai fait, je l'ai fait. Mais je ne suis pas non plus de ces gens qui soutiennent que tout ce qu'ils ont fait est bien fait. Pourquoi rougirais-je d'une faute? N'ai-je pas la plus ferme intention de la réparer? Et ne sais-je pas, par hasard, jusqu'où un homme doit aller dans une telle circonstance?... Écoutez-moi, Nathan... Je suis le Templier du frère lai, celui qui, selon lui, vous aurait dénoncé... Vous savez ce qui me tourmentait, ce qui faisait bouillir mon sang; pauvre fou que je suis!... Je vins me jeter corps et âme dans vos bras. Comment vous me reçûtes... avec quel froideur... avec quelle tiédeur... — car la tiédeur est pire encore que la froideur — avec quelle mesure vous prîtes soin de vous dérober à ma demande... avec quelles paroles en l'air vous voulûtes paraître y répondre... tout cela, j'ose encore à peine y penser à présent, afin de rester calme... Écoutez-moi, Nathan... Dans cette agitation, Daya se glissa vers moi, elle me jeta son secret à la tête, et ce secret me parut contenir l'explication de votre conduite énigmatique.

NATHAN. Comment cela?

LE TEMPLIER. Écoutez-moi seulement jusqu'au bout... Je m'imaginais que ce que vous aviez ravi un jour aux chrétiens, vous ne vouliez pas le reperdre par un chrétien. Et il me vint alors à la pensée que le plus court et le meilleur, c'était de vous mettre le couteau sur la gorge.

NATHAN. Le plus court et le meilleur?... Le meilleur? En quoi le meilleur?

LE TEMPLIER. Écoutez-moi, Nathan... Je n'ai nullement bien agi... Vous n'êtes pas du tout coupable... Cette folle de Daya ne sait ce qu'elle dit... elle vous hait... elle ne cherchait ainsi qu'à vous faire arriver une mauvaise affaire... Cela se peut... cela se peut!... Je suis un jeune homme sans cervelle qui ne sait que passer avec ardeur d'un extrémité à l'autre; tantôt faire beaucoup trop, tantôt beaucoup trop peu... cela se peut aussi! Pardonnez-moi, Nathan!

NATHAN. Quand vous vous ouvrez à moi avec tant d'abandon...

LE TEMPLIER. Donc, j'allai trouver le patriarche... Mais je ne vous ai point nommé. C'est un mensonge, comme je l'ai dit. Je n'ai fait que lui raconter la chose d'une manière tout à fait générale, et lui demander son avis... Cela même, je n'aurais pas dû le faire : non, certes... Ne connaissais-je pas déjà le patriarche pour un misérable? Ne pouvais-je pas d'abord simplement m'adresser à vous?... Fallait-il exposer la pauvre enfant à perdre un père tel que vous?... A présent, qu'est-ce que cela fait? La scélératesse du patriarche, toujours si visible, m'a remis au plutôt dans le bon chemin... Mais écoutez-moi, Nathan; écoutez-moi jusqu'au bout... En supposant qu'il doive savoir votre nom, qu'est-ce que cela fait? Qu'importe?... Il peut vous prendre la jeune fille, mais seulement si elle n'est à personne autre qu'à vous. Il peut alors l'arracher de votre maison, mais seulement pour la jeter dans un cloître... Or... donnez-la moi, donnez-la moi seulement, et laissez-le venir. Ha! il sera bien venu de me prendre ma femme... Donnez-la moi, vite!... Qu'elle soit ou non votre fille. Qu'elle soit chrétienne, juive, ou d'aucune religion! C'est égal! c'est égal! Je ne vous ferai de toute ma vie aucune question là-dessus. Qu'il en soit ce qu'il voudra!

NATHAN. Vous imagineriez-vous qu'il me fût indispensable de cacher la vérité?

LE TEMPLIER. Qu'il en soit ce qu'il voudra!

NATHAN. Je n'ai nié à vous... ni, à qui il appartenait de le savoir... qu'elle fût chrétienne et qu'elle ne fût que ma fille d'adoption... Et de ne le lui avoir pas révélé à elle-même, c'est auprès d'elle seule que j'ai à m'en justifier.

LE TEMPLIER. Cela n'est même pas nécessaire auprès d'elle... Jouissez du bonheur de n'être jamais considéré par elle sous un autre aspect! Épargnez-lui donc cette découverte!... C'est encore à vous, à vous seul, qu'il appartient de disposer d'elle. Donnez-la moi! Je vous en supplie, Nathan; donnez-la moi! Je suis le seul qui puisse la sauver une seconde fois; je le puis... je le veux.

NATHAN. Oui... vous le pouviez, vous le pouviez. Mais, plus maintenant. Il est trop tard.

LE TEMPLIER. Comment cela? Trop tard?

NATHAN. Grâce au patriarche.

LE TEMPLIER. Grâce au patriarche? Grâce à lui? Comment? Aurait-il mérité votre reconnaissance? Comment? comment?

NATHAN. En ce que nous savons maintenant la parenté de Récha, et que nous savons en quelles mains la remettre en sûreté.

LE TEMPLIER. Reconnaissance à lui alors... de ceux qui pourraient lui devoir plus de reconnaissance!

NATHAN. C'est de ces mains-là, qu'il vous faut maintenant l'obtenir et non des miennes.

LE TEMPLIER. Pauvre Récha! Tout t'accable, pauvre Récha! Ce qui serait un bonheur pour d'autres orphelins sera ton malheur!... Nathan!... Et où sont-ils ces parents?

NATHAN. Où ils sont?

LE TEMPLIER. Et que sont-ils?

NATHAN. Elle a surtout retrouvé un frère, à qui il vous la faudra demander.

LE TEMPLIER. Un frère? Qu'est-il ce frère? soldat? ecclésiastique?... Parlez, que je sache ce que je puis espérer.

NATHAN. Ni l'un, ni l'autre, je crois... ou bien tous les deux. Je ne le connais pas encore très bien.

LE TEMPLIER. Et du reste?...

NATHAN. C'est un brave homme, auprès duquel Récha ne se trouvera point mal du tout.

LE TEMPLIER. Un chrétien, chrétien pourtant!... Je ne sais parfois que penser de vous... Ne m'en veuillez pas, Nathan!... Devra-t-elle jouer à la chrétienne parmi les chrétiens? Et ne finira-t-elle pas par devenir ce qu'il lui aura fallu longtemps feindre d'être? Et ces nobles semences que vous avez jetées en elle, la mauvaise herbe ne finira-t-elle point par les étouffer? Et cela vous inquiète si peu? Et, malgré tout, vous pouvez dire... vous,... qu'elle ne se trouvera point mal auprès de son frère?

NATHAN. Je le pense, je l'espère!.,. S'il lui manquait quelque chose de ce côté, ne nous aurait-elle pas toujours, vous et moi?

LE TEMPLIER. Oh! qu'est-ce qui pourra lui manquer auprès de lui? Ce cher frère ne s'empressera-t-il pas de donner à sa chère sœur, nourriture et vêtements, friandises et parures; et que faut-il de plus à une chère sœur? Eh! sans doute, il lui faut aussi un mari; eh bien, eh bien, le cher frère lui en procurera aussi un, quand il en sera temps, — comme lui seul pourrait lui en trouver un, de bien chrétien et des meilleurs. Nathan! Nathan! Quel ange vous aviez formé, et comme d'autres vont vous le défigurer!

NATHAN. Il n'y a rien à craindre! Il se conservera toujours digne de notre amour.

LE TEMPLIER. Ne dites pas cela! Ne dites pas cela de mon amour, à moi! Car il n'aura encore rien à perdre, rien. Il est encore si peu de chose! Il n'a pas encore de nom. Mais arrêtez!... Soupçonne-t-elle déjà ce qui va lui arriver?

NATHAN. Peut-être, quoique je ne sache pas encore comment.

LE TEMPLIER. C'est encore la même chose! Il faut... il faut, dans tous les cas, que ce soit de moi qu'elle apprenne tout d'abord, ce dont le sort la menace. L'idée où j'étais de ne pas la revoir, de ne pas lui parler, avant que je pusse la nommer mienne, est loin de moi. Je cours...

NATHAN. Où? Restez...

LE TEMPLIER. Vers elle! Pour voir, si cette âme de femme serait assez virile pour prendre l'unique résolution qui soit digne d'elle.

NATHAN. Laquelle?

LE TEMPLIER. Celle de ne pas s'inquiéter plus longtemps de vous, ni de son frère.

NATHAN. Puis?

LE TEMPLIER. Puis de me suivre, quand il lui faudrait pour cela devenir la femme d'un musulman.

NATHAN. Restez, vous ne la trouverez pas; elle est chez Sittah, la sœur du sultan.

LE TEMPLIER. Depuis quand? Pourquoi?

NATHAN. Et voulez-vous y trouver en même temps le frère, vous n'avez qu'à m'y accompagner.

LE TEMPLIER. Le frère?... Lequel?... Celui de Sittah ou de Récha?

NATHAN. Tous les deux peut-être. Venez seulement avec moi. Je vous en prie, venez.

SCÈNE VI

Le harem de Sittah

SITTAH, RÉCHA (continuant une conversation)

SITTAH. Combien j'ai de joie de ta présence, douce jeune fille!... Mais seulement ne sois pas si oppressée, si timide, si anxieuse... Sois plus gaie, plus parleuse, plus confiante.

RÉCHA. Princesse...

SITTAH. Non pas, pas, princesse!... Appelle-moi Sittah... ton amie... ta sœur. Appelle-moi ta tendre mère!... Je pourrais presque l'être... Si jeune, si sage, si pieuse, que de choses tu sais? Que n'as-tu pas lu?

RÉCHA. Lu?... Sittah, tu te railles de ta petite et naïve sœur. A peine sais-je lire.

SITTAH. A peine lire, menteuse!

RÉCHA. Un peu l'écriture de mon père!... Je croyais que tu parlais des livres.

SITTAH. Sérieusement?

RÉCHA. Très sérieusement. Mon père n'aime guère la froide science contenue dans les livres, qui n'imprime dans le cerveau que des lettres mortes.

SITTAH. Eh! que dis-tu là?... Il n'a peut-être cependant pas tort... Ainsi tout ce que tu sais?..

RÉCHA. C'est de sa bouche que je l'ai appris. Et pour presque tout, je pourrais même te dire comment, quand et pourquoi il me l'a appris.

SITTAH. Tout se retient certainement mieux de cette façon. C'est toute l'âme qui s'instruit.

RÉCHA. Sittah aussi a, sans doute, lu rien ou peu?

SITTAH. Comment cela?... Je ne suis pas orgueilleuse de cet avantage. Mais comment cela? Ta raison de parler ainsi, dis-la hardiment, ta raison.

RÉCHA. Vous êtes si simple, si franche, si naturelle, si semblable à vous-même et à vous seule...

SITTAH. Eh bien?

RÉCHA. Et les livres nous laissent rarement ainsi, à ce que dit mon père.

SITTAH. Oh! quel homme que ton père!

RÉCHA. N'est-ce pas?

SITTAH. Comme il touche toujours droit au but!

RÉCHA. N'est-ce pas?... Et ce père...

SITTAH. Qu'as-tu, mon amour?

RÉCHA. Ce père...

SITTAH. Dieu! tu pleures?

RÉCHA. Et ce père... Ah! il faut que je le dise! Mon cœur a besoin d'air, il en a besoin... (*Elle se jette à ses pieds, en fondant en larmes.*)

SITTAH. Enfant, que t'est-il arrivé? Récha?

RÉCHA. Ce père, il faut... il faut que je le perde!

SITTAH. Toi? Le perdre? Lui?... Comment cela?... Calme-toi... Jamais!... Lève-toi!

RÉCHA. Ce n'est pas en vain que tu m'auras offert d'être mon amie, ma sœur!

SITTAH. Oui, je la suis, je la suis... Lève-toi, autrement j'appellerais du secours.

RÉCHA (*Elle se lève et se remet.*) Ah! pardonne, pardonne!... Ma douleur m'a fait oublier qui tu es : devant Sittah, il n'est permis ni de gémir, ni de se livrer au désespoir. La calme et froide raison doit seule tout dompter. De quoi ne triomphe-t-elle pas en elle?

sittah. Eh bien?

récha. Non, mon amie, ma sœur ne consentira pas, elle ne consentira jamais à ce que je sois contrainte à avoir un autre père.

sittah. Un autre père? par contrainte? Toi? Qui le pourrait, qui oserait même le vouloir?...

récha. Ah! tu ne connais pas cette bonne et mauvaise Daya? Eh bien, que Dieu la récompense... qu'il lui pardonne... elle m'a tant fait de bien... elle veut tant me faire de mal!

sittah. Du mal, à toi?... Il faut alors qu'elle ait bien peu de bonté!

récha. Beaucoup, beaucoup pourtant!

sittah. Qui est-elle?

récha. Une chrétienne qui a pris soin de mon enfance, et avec tant de sollicitude! — Tu ne le crois pas? — qui m'a laissée m'apercevoir si peu que je n'avais pas de mère!... Que Dieu le lui rende!... mais qui m'a jetée dans de telles angoisses, dans de tels tourments!

sittah. Et à propos de quoi? Pourquoi? Comment?

récha. Ah! la pauvre femme!... je te l'ai dit... elle est chrétienne... c'est par affection qu'elle me tourmente... c'est un de ces fanatiques qui s'imaginent connaître la seule vraie et universelle route qui mène à Dieu!

sittah. Ah! je comprends.

récha. Et qui se sentent obligés de ramener dans cette voie ceux qui s'en écartent... A peine peuvent-ils en agir autrement. Car, s'il est vrai que cette voie seule soit, en effet, la véritable, comment peuvent-ils consentir à voir leurs amis en prendre une autre... qui mène à la perte, à la perte éternelle? Il faudrait donc qu'il leur fût possible d'aimer et de haïr en même temps... Aussi, n'est-ce pas cela qui me force à me plaindre enfin d'elle hautement. Ses soupirs, ses avis, ses supplications, ses menaces, je les aurais volontiers supportés plus longtemps, oui, volontiers; cela me donnait même toujours de bonnes et utiles idées. Et qui n'est pas flatté intérieurement de se sentir de qui que ce soit, si aimé et si chéri, que l'on ne puisse supporter l'idée d'être un jour séparé de lui pour l'éternité!

SITTAH. C'est très vrai.

RÉCHA. Mais... mais... cela va trop loin! Je ne puis plus rien opposer, ni patience, ni réflexion, rien.

SITTAH. Comment? A quoi?

RÉCHA. A ce qu'elle vient à l'instant de me révéler malgré moi. A l'instant seulement. Nous passions, en venant ici, près d'une église chrétienne. Tout à coup elle s'arrête; elle semblait combattre avec elle-même; les yeux mouillés de larmes, elle regardait tantôt le ciel, tantôt moi. « Tiens, me dit-elle enfin, abrégeons le chemin, en traversant cette église. » Elle marche, je la suis et mes yeux erraient avec effroi sur ces ruines chancelantes. Elle s'arrête de nouveau, et je me vois au milieu des débris d'un autel écroulé. Qu'ai-je éprouvé, quand, pleurant à chaudes larmes, les mains jointes, elle se jeta à mes pieds?...

SITTAH. Chère enfant!

RÉCHA. Et au nom du Dieu qui, en ce lieu même, avait exaucé tant de prières, et fait tant de miracles, elle me conjura... elle me conjura avec l'expression de la vraie compassion, d'avoir pitié de moi-même!... au moins, de lui pardonner, si elle me révélait les droits que son Église a sur moi...

SITTAH. (Malheureuse!... C'est ce que je soupçonnais!)

RÉCHA. Que je suis d'un sang chrétien, que je suis baptisée, que je ne suis point la fille de Nathan, qu'il n'est pas mon père!... Sittah, Sittah, me voilà de nouveau à tes pieds...

SITTAH. Récha! Non pas, lève-toi!... Voici mon frère, lève-toi.

SCÈNE VII

Les précédents, SALADIN

SALADIN. Qu'y a-t-il, ma sœur?
SITTAH. Elle est au désespoir, Dieu !
SALADIN. Qui donc?
SITTAH. Tu sais bien...
SALADIN. La fille de notre Nathan? Qu'a-t-elle?
SITTAH. Reviens à toi, mon enfant !... Le sultan...
RÉCHA (*se traînant sur les genoux, jusqu'aux pieds de Saladin, la tête baissée jusqu'à terre*). Je ne me relèverai point... je ne lèverai pas mes regards sur le sultan... je n'admirerai dans ses yeux, ni sur son front le reflet de la justice et de la bonté éternelles, avant que...
SITTAH. Lève-toi... lève-toi...
RÉCHA. Avant qu'il m'ait promis...
SALADIN. Allons, je te le promets... que ce soit ce que ça voudra.
RÉCHA. Rien de plus, rien de moins que de me laisser mon père, et de me laisser à lui... Je ne sais pas encore quel autre demande à être mon père... quel autre ose le demander. Je ne veux même pas le savoir. Mais n'y a-t-il que le sang qui fasse les pères, rien que le sang?
SALADIN. Je devine... Qui donc a été assez cruel pour te mettre, à toi, de pareilles choses en tête? Est-ce donc déjà une chose accomplie, démontrée?
RÉCHA. Il le faut bien ! Daya le tient de ma nourrice.
SALADIN. De ta nourrice?
RÉCHA. Qui, en mourant, s'est crue obligée de le lui confier.
SALADIN. En mourant !... Ne délirait-elle point déjà ?... Et cela fût-il vrai ! Eh bien, ce n'est pas le sang, tant s'en faut, pas le sang seulement qui fait les pères ! A peine fait-il les pères chez les animaux ! Au plus donne-t-il le droit de transmettre son nom !... Ne te laisse

donc pas aller au chagrin.... Écoute : aussitôt que les deux pères viendront se disputer ta possession... laisse-les tous deux. Prends-en un troisième... prends-moi pour ton père !

SITTAH. Oh ! fais cela, fais cela.

SALADIN. Je serai un bon père, un excellent père !... Mais attends, il me vient encore à l'esprit quelque chose de meilleur... Quel besoin as-tu d'un père ? Si la mort te l'enlevait ? Le temps est venu de chercher celui qui doit vivre avec nous du même pas... N'en connais-tu aucun ?...

SITTAH. Ne la fais pas rougir.

SALADIN. Au contraire, c'est ce que je me proposais. Si la rougeur embellit tant les laides, ne fait-elle pas plus belles encore les belles ?... J'ai mandé ici ton père Nathan et quelqu'un d'autre aussi... Devines-tu ?... Ici, tu me le permettras, Sittah ?

SITTAH. Frère !...

SALADIN. Et c'est devant lui que tu vas avoir beaucoup à rougir, chère enfant.

RÉCHA. A rougir, devant qui ?

SALADIN. Petite hypocrite ! Aimerais-tu mieux pâlir ?... Ce sera comme tu voudras, ou comme tu pourras ! (*Une esclave entre et s'approche de Sittah.*) Ne sont-ils pas déjà là peut-être ?

SITTAH. C'est bien, fais-les entrer. — Ce sont eux, frère.

SCÈNE DERNIÈRE

NATHAN, le Templier, les précédents

SALADIN. Ah ! mes chers et bons amis !... Toi, Nathan, il faut que je te dise avant tout qu'à présent tu peux, aussitôt que tu le voudras, envoyer reprendre ton argent...

NATHAN. Sultan !...

SALADIN. J'en ai même à ton service...

NATHAN. Sultan!...

SALADIN. La caravane est là. Me voilà redevenu plus riche que je ne l'ai été depuis longtemps... Allons, dis-moi ce dont tu aurais besoin, pour entreprendre quelque affaire considérable. Car vous aussi, vous aussi négociants, vous ne pouvez jamais avoir assez d'argent comptant.

NATHAN. Et pourquoi d'abord parler de ces misères?... Je vois là des yeux pleins de larmes, qu'il m'est plus important de sécher. (*Il s'approche de Récha.*) Tu as pleuré? Qu'as-tu?... Tu es pourtant encore ma fille?

RÉCHA. Mon père!...

NATHAN. Nous nous entendons. Cela suffit... rassure-toi, calme-toi! Pourvu que ton cœur soit encore à toi, pourvu que ton cœur ne redoute aucune autre perte... ton père n'est pas perdu pour toi.

RÉCHA. Aucune autre, aucune autre...

LE TEMPLIER. Aucune autre?... Alors, je me suis trompé. Ce que l'on ne craint pas de perdre, on n'a jamais cru, ni désiré le posséder... Très bien! Très bien!... Cela change tout, Nathan, cela change tout... Saladin, nous sommes venus sur ton ordre. Mais je t'avais trompé; maintenant ne te mets plus en peine de rien.

SALADIN. Encore cette vivacité, jeune homme!... Faut-il donc que tout aille au devant de tes désirs et les prévienne?

LE TEMPLIER. Mais tu entends, tu vois, sultan!

SALADIN. Oui, vraiment... Il est assez fâcheux que tu n'aies pas été plus sûr de ton fait.

LE TEMPLIER. A présent, j'en suis sûr.

SALADIN. Qui se targue ainsi d'un bienfait, l'annule. Celle que tu as sauvée, n'est pas devenue pour cela ta propriété. Autrement, il serait un héros tout aussi grand que toi, le bandit que sa rapacité jette dans le feu. (*Il s'approche de Récha et l'amène au Templier.*) Viens, chère enfant, viens; n'y regarde pas de si près avec lui : car, s'il était autrement, s'il était moins fier et moins impétueux, il ne t'aurait pas sauvée. Compense l'un par l'autre... Viens, fais-le rougir, fais ce qu'il lui appartenait de faire! Déclare-lui ton amour! Donne-toi à lui. Et s'il te repousse, s'il oublie jamais combien tu auras plus fait pour lui par cette démarche, qu'il n'a fait pour toi; — qu'a-t-il donc fait pour toi? Il a avalé un peu de fumée? C'est bien vrai! — c'est qu'il n'a rien de mon frère, de mon Assad! C'est qu'il porte son masque, mais n'a point son cœur. Viens, chère...

SITTAH. Va, va, mon amour, va! Pour ta reconnaissance, ce sera encore peu, ou même rien.

NATHAN. Arrête, Saladin! arrête, Sittah!

SALADIN. Toi aussi?

NATHAN. Il y a encore à consulter...

SALADIN. Qui le nie? Sans contredit, Nathan, un tel père adoptif doit être entendu; avant tout autre, si tu veux... Tu vois que je connais où en sont les choses.

NATHAN. Pas encore tout à fait!... Ce n'est pas de moi que je parle; c'est une autre personne, une tout autre personne que moi, que je demande à faire consulter, Saladin.

SALADIN. Qui?

NATHAN. Son frère.

SALADIN. Le frère de Récha?

NATHAN. Oui.

RÉCHA. Mon frère? J'ai donc un frère?

LE TEMPLIER (*sortant tout à coup de sa distraction silencieuse et farouche.*) Où est-il, ce frère? Pas encore ici? C'est ici cependant que je devais le trouver.

NATHAN. Patience!

LE TEMPLIER (*avec une extrême amertume*). Il lui a trouvé un père... ne va-t-il pas lui inventer un frère?

SALADIN. Il ne manquait que cela! chrétien! Un soupçon si bas ne serait point sorti des lèvres d'Assad. Allons, continue.

NATHAN. Pardonne-lui!... Je lui pardonne volontiers... Qui sait ce qu'à sa place, à son âge, nous aurions pensé?... (*S'approchant de lui avec amitié.*) C'est naturel, chevalier... le soupçon suit la méfiance... mais si vous aviez daigné sur-le-champ me dire votre vrai nom...

LE TEMPLIER. Comment?

NATHAN. Vous n'êtes pas un Stauffen.

LE TEMPLIER. Que suis-je donc?

NATHAN. Vous ne vous appelez pas Curd de Stauffen.

LE TEMPLIER. Comment est-ce que je m'appelle donc?

NATHAN. Vous vous appelez Leu de Filneck.

LE TEMPLIER. Comment?

NATHAN. Vous êtes interdit?

LE TEMPLIER. A bon droit! Qui dit cela?

NATHAN. Moi, qui puis encore vous en dire davantage, bien davantage. Je ne vous accuse cependant pas de mensonge.

LE TEMPLIER. Ah!

NATHAN. Il se peut que l'autre nom vous appartienne aussi.

LE TEMPLIER. Je dois le croire! — (Dieu le fait-il parler?)

NATHAN. Car votre mère... était une Stauffen. Son père, votre oncle, vous a élevé, et vos parents vous ont confié à lui en Allemagne, quand, éprouvés là-bas par le rude climat, ils revinrent dans ce pays... Votre oncle s'appelait Curd de Stauffen, il vous a peut-être adopté pour fils... Y a-t-il longtemps que vous vîntes ici avec lui? Vit-il encore?

LE TEMPLIER. Que dire?... Nathan!... Tout cela est exact. Il est mort : je vins ici avec le dernier renfort de notre Ordre... Mais, mais... quel rapport tout cela a-t-il avec le frère de Récha?

NATHAN. Votre père...

LE TEMPLIER. Comment? Vous l'avez aussi connu, lui?

NATHAN. Il était mon ami.

LE TEMPLIER. Il était votre ami! Est-ce possible, Nathan?

NATHAN. Il se nommait Wolf de Filneck, mais il n'était pas Allemand...

LE TEMPLIER. Vous savez cela aussi?

NATHAN. Il avait épousé une Allemande, et n'avait accompagné votre mère que peu de temps en Allemagne...

LE TEMPLIER. Assez, je vous en supplie !... Le frère de Récha ? Le frère de Récha ?

NATHAN. C'est vous.

LE TEMPLIER. Moi ? Moi, son frère ?

RÉCHA. Lui, mon frère ?

SITTAH. Frère et sœur !

SALADIN. Eux ?

RÉCHA (*allant au Templier*). Ah ! mon frère !

LE TEMPLIER (*reculant*). Votre frère !

RÉCHA (*s'arrêtant et se tournant vers Nathan*). Cela ne se peut, cela ne se peut, son cœur n'en sait rien !... Nous sommes des trompeurs, Dieu !

SALADIN (*au Templier*). Des trompeurs ? Comment ? Le penses-tu ? Le peux-tu penser ? Trompeur toi-même ! Car tout en toi n'est que mensonge : visage, voix, démarche, rien n'est à toi. Ne pas vouloir reconnaître une telle sœur ! va !

LE TEMPLIER (*s'approchant de lui humblement*). N'interprète point en mal ma surprise, sultan ! Dans une situation où jamais ton Assad n'a pu se trouver, ne méconnais ni lui, ni moi. (*Courant à Nathan.*) Vous me prenez et me donnez à pleines mains, Nathan... Non, vous me donnez plus que vous ne me prenez, infiniment plus. (*Se jetant au cou de Récha.*) Oh ! ma sœur ! ma sœur !

NATHAN. Blanda de Filneck.

LE TEMPLIER. Blanda ! Blanda ?... Non plus, non plus votre Récha ?... Dieu ! Vous la repoussez ! Nathan ! Nathan ! Pourquoi l'en faire souffrir, elle !

NATHAN. Et comment ?... Oh ! mes enfants, mes enfants !... Le frère de ma fille n'est-il pas aussi mon enfant... s'il le veut ? (*Pendant qu'il s'abandonne à leurs embrassements, Saladin surpris et agité s'approche de sa sœur.*)

SALADIN. Que dis-tu, sœur ?

SITTAH. Je suis émue..

SALADIN. Et moi... je frémis d'avance d'une émotion plus grande encore. Prépares-y toi de ton mieux.

SITTAH. A quoi ?

SALADIN. Nathan, un mot, un seul!... (*Pendant que Nathan s'approche de lui, Sittah va au frère et à la sœur, pour leur témoigner son intérêt. Nathan et Saladin parlent à voix basse.*) Écoute, écoute donc, Nathan! Ne disais-tu pas tout à l'heure?

NATHAN. Quoi?

SALADIN. Que leur père n'était pas de l'Allemagne, qu'il n'était pas Allemand. Qu'était-il donc? D'où était-il?

NATHAN. Il n'a jamais voulu me le confier. Je ne sais rien là-dessus de sa bouche.

SALADIN. Et ce n'était pas non plus un Franc; il n'était pas de l'Occident?

NATHAN. Oh! il est certain que non... Il parlait au mieux le persan...

SALADIN. Le persan? Le persan? Que me faut-il de plus?... C'est lui! C'était lui!

NATHAN. Qui?

SALADIN. Mon frère! c'est certain! Mon Assad! C'est tout à fait certain.

NATHAN. Eh bien, puisque tu l'as deviné de toi-même, prends-en l'assurance dans ce livre. (*Il lui tend le bréviaire.*)

SALADIN (*le parcourant avidement*). Ah! c'est son écriture; je la reconnais.

NATHAN. Ils ne savent encore rien... C'est à toi qu'il appartient de leur en apprendre ce que tu voudras.

SALADIN (*après avoir feuilleté le livre*). Ne pas reconnaître les enfants de mon frère!... mes neveux!... mes enfants!... Moi! ne pas les reconnaître? Moi! Te les laisser à toi? (*Haut.*) Ce sont eux! ce sont eux, Sittah! Ce sont eux! Tous deux sont les enfants de mon frère, du tien... (*Il court les embrasser.*)

SITTAH (*le suivant*). Qu'est-ce que j'entends!.. Pouvait-il en être autrement?

SALADIN (*au Templier*). Maintenant, mauvaise tête, te voilà forcé, oui, forcé de m'aimer (*A Récha*). Et maintenant, me voilà ce que je t'offrais d'être, et que tu le veuilles ou non.

sittah. Moi aussi, moi aussi !

saladin (*au Templier*). Mon fils ! mon Assad, fils de mon Assad !

le templier. Moi, de ton sang ! Ainsi donc ces rêves dont on a bercé mon enfance, c'étaient... plus que des rêves ! (*Il se jette à ses pieds.*)

saladin (*le relevant*). Voyez le mauvais ! Il en savait quelque chose, et il a voulu faire de moi son assassin. Attends ! (*Ils s'embrassent de nouveau. — Le rideau baisse.*)

FIN DE NATHAN

MISS SARA SAMPSON

PERSONNAGES

Sir William SAMPSON.
Miss SARA, sa fille.
MELLEFONT.
MARWOOD, ancienne maîtresse de Mellefont.
ARABELLA, jeune enfant, fille de Marwood.
WAITWELL, vieux serviteur de sir W. Sampson.
NORTON, domestique de Mellefont.
BETTY, femme de chambre de miss Sara.
HANNA, femme de chambre de Marwood.
Un Aubergiste et quelques personnages secondaires.

MISS SARA SAMPSON

TRAGÉDIE EN CINQ ACTES

1755

ACTE PREMIER

SCÈNE PREMIÈRE

La salle d'une auberge

Sir WILLIAM SAMPSON, WAITWELL,
entrant en habits de voyage.

SIR WILLIAM. C'est ici qu'est ma fille? Ici, dans cette misérable auberge?

WAITWELL. C'est que sans doute il a eu soin de choisir la plus misérable de toutes celles de cette petite ville, pour son repaire. La canaille cherche toujours l'ombre, parce que c'est la canaille. Mais à quoi cela lui servirait-il, quand même elle pourrait se cacher du monde entier? Le remords est plus fort que le blâme de l'univers. Ah! voilà que vous pleurez, que vous pleurez de nouveau, sir!... sir!

SIR WILLIAM. Laisse-moi pleurer, mon vieux et brave serviteur. Ou ne serait-elle plus digne de mes larmes?

WAITWELL. Si! Elle est digne de vos larmes, fussent-elles des larmes de sang.

SIR WILLIAM. Alors, laisse-moi pleurer.

WAITWELL. Faut-il que l'enfant la meilleure, la plus belle, la plus innocente, qui fut sous le soleil, se soit laissé entraîner! Ah! ma petite Sara, ma petite Sara! Je t'ai vu grandir : cent fois, je t'ai portée enfant sur ces bras ; sur ces bras où ton sourire, ton bégaiement me charmaient. Chacune de tes mines enfantines me révélait l'aurore d'une intelligence, d'une affabilité, d'une...

SIR WILLIAM. Oh! tais-toi. Les faits ne déchirent-ils pas assez déjà mon cœur? Veux-tu par le souvenir du bonheur enfui, rendre encore plus infernal mon tourment? Rends-moi le service de changer de langage. Blâme-moi, fais-moi un crime de ma tendresse, grossis la faute de ma fille, pousse-moi autant que possible à l'aversion pour elle, enflamme encore davantage ma fureur contre son maudit ravisseur; dis-moi que Sara n'a jamais été vertueuse, sans quoi elle n'aurait pas si facilement cessé de l'être ; dis-moi qu'elle ne m'a jamais aimé, sans quoi elle ne m'aurait pas clandestinement abandonné.

WAITWELL. Dire cela, ce serait mentir; mentir effrontément et odieusement. Le remords de ce mensonge me torturerait à mon lit de mort, et je mourrais désespéré comme un vieux scélérat. Non; la petite Sara a aimé son père, et certes, certes, elle l'aime encore. Si vous vouliez en être convaincu, sir, je la reverrais aujourd'hui même dans vos bras.

SIR WILLIAM. Oui, Waitwell, je ne demande qu'à en être convaincu. Je ne puis pas me passer d'elle plus longtemps : elle est le soutien de ma vieillesse, et si elle n'aide à adoucir le triste reste de mes jours, qui donc le fera? Si elle m'aime encore, sa faute est oubliée. Ç'a été la faute d'une jeune fille sensible, et sa fuite, c'est la preuve de son repentir. De telles fautes valent mieux que des vertus forcées... Mais, je le sens, Waitwell, je le sens : quand même ces fautes seraient de vrais crimes, quand elles seraient l'effet prémédité du vice; ah! je lui pardonnerais encore. J'aimerais mieux être aimé par une fille vicieuse, que de ne l'être par aucune.

WAITWELL. Séchez vos larmes, cher sir! J'entends quelqu'un. C'est sans doute l'aubergiste qui vient nous recevoir.

SCÈNE II

L'AUBERGISTE, SIR W. SAMPSON, WAITWELL.

L'AUBERGISTE. De si grand matin, messieurs, de si grand matin? Soyez les bienvenus! Sois le bienvenu, Waitwell. Vous avez sans doute voyagé la nuit? Est-ce là ce monsieur, dont tu m'as parlé hier?

WAITWELL. Oui, c'est lui et j'espère que, pour nos conventions, tu...

L'AUBERGISTE. Monseigneur, je suis tout à votre service. Peu m'importe de savoir ou non quelles causes vous amènent ici, et pourquoi vous voulez vous cacher chez moi. Un hôtelier prend son argent et laisse ses hôtes agir à leur guise. Waitwell m'a cependant dit que vous voulez un peu surveiller l'étranger qui s'est installé chez moi avec sa petite, depuis quelques semaines. Mais j'espère que vous ne lui causerez aucun désagrément. Vous donneriez mauvais renom à ma maison, et de certaines gens en prendraient texte pour la quitter. Il faut que nous autres, nous recevions toute espèce de personnes, pour gagner notre vie...

SIR WILLIAM. N'ayez aucun souci : conduisez-moi seulement dans la chambre que Waitwell a retenue pour moi. Je viens ici dans les intentions les plus honnêtes.

L'AUBERGISTE. Je ne veux point connaître vos secrets, monseigneur. La curiosité n'est pas du tout mon faible. J'aurais pu, par exemple, savoir depuis longtemps, quel est cet étranger que vous voulez surveiller, mais je ne l'ai point voulu. Tout ce que j'ai appris, c'est qu'il a dû s'enfuir avec cette personne. Cette bonne petite, quelle qu'elle soit, reste tout le jour enfermée dans sa chambre et pleure.

SIR WILLIAM. Et pleure?

L'AUBERGISTE. Et pleure, oui... Mais, monseigneur, pourquoi pleurez-vous? La jeune fille doit vous toucher de près. Vous n'êtes pourtant pas...

WAITWELL. Ne l'arrête pas plus longtemps.

L'AUBERGISTE. Venez. Une simple cloison vous séparera de la jeune fille, qui vous touche de si près, et qui peut-être...

WAITWELL. Tu veux donc à toute force savoir...

L'AUBERGISTE. Non, Waitwell, je ne veux rien savoir.

WAITWELL. Alors, fais vite et conduis-nous où tu dois, avant que toute la maison soit éveillée.

L'AUBERGISTE. Veuillez donc avoir l'obligeance de me suivre, monseigneur. (*Ils sortent.*)

SCÈNE III

Le rideau du milieu de la scène se lève : — La chambre de Mellefont

MELLEFONT, puis SON DOMESTIQUE

MELLEFONT (*non vêtu, dans un fauteuil*). Encore une nuit que je n'aurais pu passer plus cruellement à la question... Norton!... J'ai besoin de voir figure humaine. Si je restais seul avec mes pensées, elles pourraient me mener trop loin... Hé! Norton! Il dort encore. Mais n'est-ce pas de la cruauté de ne pas laisser dormir le pauvre diable? Qu'il est heureux! Pourtant, je ne veux pas d'homme heureux autour de moi... Norton!

NORTON (*venant*). Monsieur!

MELLEFONT. Habille-moi!... Oh! ne me fais pas cette figure rechignée. Quand je pourrai dormir plus longtemps, je te permettrai aussi de plus longtemps dormir. Si tu ne veux pas que je te fasse souvenir de ta faute, aie au moins de la compassion pour moi.

NORTON. De la compassion, monsieur? De la compassion pour vous? Je sais où mieux adresser ma compassion.

MELLEFONT. Et où donc?

NORTON. Ah! laissez-moi vous habiller, et ne m'interrogez pas.

MELLEFONT. Bourreau! faut-il que tes reproches aussi réveillent ma conscience? Je te comprends : je sais qui excite ta compassion : mais, à chacun son lot. C'est juste : n'aie pas de compassion pour moi, maudis-moi dans ton cœur, mais... maudis-toi aussi.

NORTON. Moi aussi?

MELLEFONT. Oui, parce que tu sers un misérable, que la terre ne devrait point porter, et parce que tu t'es rendu complice de son forfait.

NORTON. Moi, complice de votre forfait? Comment cela?

MELLEFONT. Comment cela? Par ton silence.

NORTON. A ravir! Dans l'emportement de votre passion, un mot m'aurait coûté la vie... Et tel que je vous connaissais, vous avais-je trouvé jusque-là assez mauvais, pour que tout espoir d'un retour sur vous-même fût perdu? Quelle vie ne vous avais-je pas vu jusque-là mener! C'est dans la société de joueurs et de vagabonds — vous savez qui je veux dire, malgré tous leurs titres d'esquires et autres semblables — que vous avez dissipé une fortune qui aurait pu vous ouvrir la carrière des plus honorables charges. Et votre commerce coupable avec toute espèce de femmes, particulièrement avec la Marwood...

MELLEFONT. Eh bien, cette manière de vivre, c'était la vertu en comparaison de ma vie actuelle. J'y ai mangé ma fortune, soit. La punition arrivera, et je sentirai assez tôt tout ce que le dénûment a de dur et d'humiliant. J'étais en commerce avec des femmes vicieuses, soit. J'étais plus souvent entraîné que séducteur; et celles mêmes que je séduisais, voulaient être séduites... Mais je n'avais encore sur la conscience la séduction d'aucune femme vertueuse. Je n'avais encore jeté aucune femme innocente dans le malheur. Je n'avais encore arraché aucune Sara de la maison d'un père chéri, et n'en avais séduit aucune à suivre un misérable, qui d'aucune manière ne pût plus devenir son époux. Je n'avais... Qui entre déjà de si bonne heure chez moi ?

SCÈNE IV

BETTY, MELLEFONT, NORTON

NORTON. C'est Betty.

MELLEFONT. Déjà levée, Betty ? Comment va ta maîtresse ?

BETTY. Comment elle va ? (*Sanglotant.*) Ce ne fut que bien après minuit que je finis par obtenir d'elle qu'elle allât se reposer. Elle dormit quelques instants ; mais, Dieu ! Dieu ! quel sommeil ! Tout à coup elle se leva toute droite, s'élança du lit et vint tomber dans mes bras, la malheureuse ! comme si elle était poursuivie par un assassin. Elle tremblait et une sueur froide mouillait son pâle visage. Je mis tout en œuvre pour la calmer ; mais jusqu'au matin elle ne m'a répondu que par ses larmes silencieuses. Enfin elle m'a envoyé coup sur coup à votre porte, écouter si vous étiez éveillé ! Elle veut vous parler. Vous seul pouvez la consoler. Faites-le donc, monsieur et cher seigneur, faites-le donc. Mon cœur éclatera si elle persiste dans un tel état d'angoisse.

MELLEFONT. Va lui dire, Betty, que je serai dans un instant auprès d'elle.

BETTY. Non, elle veut venir elle-même chez vous.

MELLEFONT. Eh bien, dis-lui donc, que je l'attends... Hélas ! (*Betty sort.*)

SCÈNE V.

MELLEFONT, NORTON

NORTON. Dieu, la pauvre miss!
MELLEFONT. Quelles sensations veux-tu, par cette exclamation, éveiller en moi? Regarde, voilà la première larme qui ait coulé sur ma joue depuis mon enfance... C'est une mauvaise préparation à recevoir une affligée qui cherche à être consolée. Pourquoi aussi est-ce auprès de moi qu'elle cherche des consolations? Mais où en chercherait-elle ailleurs?... Il faut me calmer... (*Il s'essuie les yeux.*) Où est cette fermeté, avec laquelle je pouvais voir pleurer? Où s'en est allé ce don de dissimulation, qui me faisait dire et paraître ce que je voulais? Eh bien, elle va venir et je ne saurai point arrêter ses larmes; et tout troublé, je rougirai devant elle; et je resterai en sa présence comme un coupable condamné. Conseille-moi donc ce qu'il faut faire, ce qu'il faut dire.
NORTON. Il faut acquiescer à ses désirs.
MELLEFONT. Ce serait une nouvelle cruauté à son endroit. C'est à tort qu'elle se flatte de la célébration d'une cérémonie qui, à cette heure, ne se peut célébrer dans le royaume, sans entraîner notre ruine complète.
NORTON. Alors, faites en sorte de le quitter. Pourquoi tardons-nous? Pourquoi les jours, pourquoi les semaines se succèdent-elles? Croyez-moi. Dès demain embarquez-vous. Peut-être votre chagrin ne vous suivra-t-il pas tout entier au delà de la mer; peut-être le sien diminuera-t-il; peut-être dans un autre pays...
MELLEFONT. Tout cela, je l'espère moi-même... Silence, la voici. Comme le cœur me bat!...

SCÈNE VI

SARA, MELLEFONT, NORTON

MELLEFONT (*allant à la rencontre de Sara*). Vous avez passé une nuit agitée, ma très chère miss?

SARA. Ah! Mellefont, si encore ce n'avait été qu'une nuit agitée...

MELLEFONT (*au domestique*). Laisse-nous.

NORTON (*s'éloignant*). Je ne voudrais pas non plus rester là, quand chaque minute devrait m'être comptée à prix d'or.

SCÈNE VII

SARA, MELLEFONT

MELLEFONT. Vous êtes faible, ma chère miss. Veuillez vous asseoir.

SARA. (*Elle s'assied.*) Je vous dérange de bien bonne heure; et vous me pardonnerez de recommencer mes plaintes dès le matin.

MELLEFONT. Très chère miss, vous voulez dire que vous ne pouvez me pardonner d'avoir laissé passer encore un lever du soleil, sans avoir mis fin à vos plaintes.

SARA. Qu'est-ce que je ne vous pardonnerais pas? Vous savez ce que je vous ai déjà pardonné. Mais voici la neuvième semaine, Mellefont, la neuvième semaine qui commence aujourd'hui, et que cette misérable maison me voit toujours sur le même pied qu'au premier jour.

MELLEFONT. Ainsi, vous doutez de mon amour?

SARA. Moi, douter de votre amour? Non, je sens trop mon malheur, je le sens trop, pour m'enlever moi-même cette seule et dernière espérance de le voir s'adoucir.

MELLEFONT. Comment donc ma très chère miss

peut-elle concevoir de l'inquiétude, à l'occasion de la remise d'une cérémonie?

SARA. Ah! Mellefont, pourquoi faut-il que j'aie une autre idée de cette cérémonie! Mais vous suspectez toujours la manière de penser des femmes. Je m'imagine que c'est là une obéissance plus intime au ciel. En vain ai-je longuement hier soir essayé de me conformer à vos idées, et de chasser de ma poitrine le doute que vous avez déjà pris plus d'une fois pour de la défiance. J'ai combattu avec moi-même, et j'ai réussi à étourdir mon intelligence; mais mon cœur et mes sensations intimes ont tout d'un coup réduit en monceaux l'édifice à grand'peine élevé de mes résolutions. Au milieu de mon sommeil, des voix vengeresses me réveillèrent, auxquelles mon imagination s'unissait pour me torturer. Quelles images; quelles images horribles bondissaient autour de moi! Je voudrais bien croire que ce fut un rêve...

MELLEFONT. Comment? Ma sage Sara pourrait-elle croire que ce fût autre chose? Rêve, chère miss, rêve... Combien l'homme est malheureux! Son créateur n'a-t-il point, dans l'empire de la réalité, trouvé assez de tourments pour lui? Faut-il que pour les augmenter, il ait créé encore en lui le royaume plus vaste des songes.

SARA. N'accusez pas le Ciel! Il a laissé les songes en notre pouvoir. Les songes se règlent sur nos actes, et quand ces actes sont conformes au devoir et à la vertu, alors les songes qui les accompagnent servent à augmenter notre repos et notre joie. Rien qu'une seule chose, rien qu'une bénédiction qui descende sur nous d'un messager de paix, au nom de l'éternelle Bonté, et mon imagination dérangée se guérira. Hésitez-vous encore à faire quelques jours plus tôt, par amour pour moi, ce que vous avez l'intention de faire? Ayez pitié de moi, et réfléchissez que, lors même que vous ne m'affranchiriez par là que des tourments de l'imagination, ces tourments imaginaires n'en sont pas moins des tourments, et pour ceux qui les ressentent de véritables tortures... Ah! que ne puis-je vous rendre, en les racontant, les frayeurs de la nuit précédente, d'une manière de moitié aussi vive que je les ai ressenties!... Lassée par mes pleurs et mes plaintes, accablée par mes préoccupations, je m'étendis, les paupières à demi closes, sur mon lit. La nature avait besoin de se refaire un peu pour préparer de nouvelles larmes. Mais je ne dormais pas encore tout à fait, quand je me vis tout à coup sur le pic du plus horrible rocher. Vous passâtes là devant moi, et je vous suivis avec angoisse en chancelant, relevée de temps en temps par un regard que vous jetiez en arrière. Bientôt j'entendis derrière moi un appel amical, qui me commanda de rester immobile. C'était la voix de mon père... Pauvre malheureuse que je suis! Puis-je donc rien oublier de lui? Hélas! quand sa mémoire lui rend de si cruels services, quand lui non plus ne peut m'oublier!... Mais il m'a oubliée. Consolation! Cruelle consolation pour sa Sara!... Écoutez, Mellefont; au moment que je voulais me retourner du côté de cette voix connue, mon pied glissa; je chancelai et j'allais tomber dans l'abîme, quand, à temps encore, je me sentis retenir par une personne qui me ressemblait. Et déjà je voulais lui exprimer ma plus ardente reconnaissance, lorsqu'elle tira de son sein un poignard. Elle leva sa main armée de ce poignard... et, hélas! je me suis éveillée sur le coup. En me réveillant, je sentais encore tout ce que peut avoir de douloureux un coup mortel; sans éprouver ce qu'il doit avoir d'agréable : l'espoir de voir finir nos tourments avec notre vie.

MELLEFONT. Ah! très chère Sara, je vous promets la fin de vos tourments, sans la fin de votre vie, qui serait aussi la fin de la mienne. Oubliez l'horrible tissu d'un rêve insensé.

SARA. La force d'oublier, c'est de vous que je l'attends. Que ce soit l'amour ou la séduction, que ce soit le bonheur ou le malheur qui m'ait jetée dans vos bras; je suis à vous dans mon cœur et pour toujours. Mais je ne suis pas encore à vous aux yeux de ce juge-là, qui a menacé de punir les moindres manquements à sa loi...

MELLEFONT. Que le châtiment retombe donc tout entier sur moi !

SARA. Qu'est-ce qui pourrait tomber sur vous sans m'atteindre?... Mais n'interprétez pas à faux ma pressante supplication. Une autre femme, qui, par un semblable faux pas, aurait sacrifié son honneur, ne tenterait peut-être que d'en récupérer une partie par un lien inviolable. Moi, Mellefont, ce n'est point à cela que je songe, parce que je n'ai besoin d'aucun autre honneur au monde que de l'honneur de vous aimer. C'est pour moi-même et non pour le monde, pour moi seule que je veux être liée à vous. Et quand je le serai, j'aimerai à prendre sur moi la honte de faire comme si je ne l'étais pas. Vous ne me reconnaîtrez pas hautement pour votre épouse, si vous ne le voulez pas; vous me donnerez la position que vous voudrez ; et ce mariage, j'en veux être éternellement indigne, s'il pouvait me venir à la pensée d'en tirer un autre profit que le repos de ma conscience.

MELLEFONT. Arrêtez, miss, ou vous me ferez mourir sous vos yeux. Misérable que je suis, de n'avoir pas le cœur de vous rendre encore plus malheureuse!... Songez que c'est mon affaire de voir plus loin pour nous, et qu'il me faut, en ce moment, rester sourd à vos plaintes, parce que je ne veux pas, pendant toute la suite de votre vie, vous donner lieu de vous plaindre d'une manière plus douloureuse encore. Avez-vous donc oublié ce que je vous ai souvent exposé déjà pour ma justification ?

SARA. Je n'ai rien oublié, Mellefont. Vous voulez auparavant sauver certain héritage. — Vous voulez avant tout sauver des biens temporels, et de cette façon peut-être me faire délaisser pour toujours les biens éternels.

MELLEFONT. Ah! Sara, si vous pouviez autant compter sur les biens temporels, que sur les biens éternels dus à vos vertus !

SARA. A mes vertus? N'employez pas ce mot... Il était doux jadis pour moi, mais maintenant il résonne à mon oreille comme un éclat terrible du tonnerre.

MELLEFONT. Comment? Pour être vertueux, faut-il

n'avoir commis aucune faute? Si une seule faute a des conséquences assez malheureuses pour annihiler une longue suite d'années d'innocence, alors il n'y a pas d'hommes vertueux, alors la vertu est un fantôme qui se dissipe dans l'air au moment où on croit le mieux le serrer dans ses bras ; alors il n'y a pas de sage proportion entre nos devoirs et nos forces ; alors le désir de nous pouvoir punir a été le premier but de notre existence ; alors... Je m'effraie de toutes les horribles conclusions où doit vous entraîner votre faiblesse d'esprit. Non, miss, vous êtes encore la vertueuse Sara, que vous étiez, avant d'avoir eu le malheur de me connaître. Si vous êtes si cruelle pour vous, avec quels yeux ne devez-vous pas me considérer, moi !

SARA. Avec les yeux de l'amour, Mellefont.

MELLEFONT. Alors, par cet amour, par ce généreux amour, qui passe par dessus toute mon indignité, je vous en conjure, je vous en conjure à genoux : tranquillisez-vous. Quelques jours seulement encore de patience.

SARA. Quelques jours ! quand un jour me paraît déjà si long.

MELLEFONT. Maudit héritage ! maudite déraison d'un cousin moribond, qui n'a voulu me laisser sa fortune qu'à la condition de donner ma main à une parente qui me hait tout autant que je la hais moi-même. Que tout le malheur, que toute la faute où nous entraîne votre contrainte retombent sur vous, tyran inhumain de nos libres inclinations !... Et si encore je pouvais me passer de ce mariage injurieux ! Tout le temps que mon patrimoine a suffi à mon entretien, j'en ai constamment fait mépris, et je n'ai pas jugé que ce mariage méritât un seul mot d'explication. Mais à présent, à présent que je voudrais posséder tous les trésors de l'univers pour les déposer aux pieds de ma Sara ; à présent que je dois au moins songer à la faire briller dans le monde, à sa place ; à présent, il me faut avoir recours à cet héritage.

SARA. Qui finalement vous fera peut-être encore défaut.

MELLEFONT. Vous mettez toujours les choses au pis... Non, la femme en question n'est pas éloignée d'une certaine sorte d'arrangement. Il faut partager la fortune, et pour ne pas jouir de cette fortune tout entière avec moi, elle se contentera de me vendre pour la moitié de cette fortune ma liberté. J'attends à toute heure les dernières nouvelles de cette affaire, dont le retardement a seul tant prolongé notre séjour ici. Aussitôt que nous les aurons reçues, nous ne nous arrêterons pas un moment de plus dans ces lieux. A l'instant, très chère miss, nous partirons pour la France, où vous trouverez de nouveaux amis qui, dès maintenant, se font une joie de vous voir et de vous aimer. Et ces nouveaux amis seront les témoins de notre mariage...

SARA. Ils seront les témoins de notre mariage?... Cruel! Ce mariage n'aura donc pas lieu dans ma patrie? Il me faudra donc abandonner ma patrie en criminelle? Et vous croyez que j'aurai le courage de me confier à la mer, en criminelle? Celui de qui le cœur est plus calme ou plus endurci que le mien, celui-là seul, peut voir avec indifférence entre lui et sa perte une simple planche mouvante. Chaque lame qui battrait notre vaisseau me semblerait le glas de la mort; chaque coup de vent qui m'éloignerait en mugissant des baisers de mon père me semblerait une malédiction, et la plus petite tempête me semblerait la mort expiatrice préparée pour ma tête... Non, Mellefont, vous ne pousserez pas à ce point contre moi la barbarie. Si je vis encore lorsque votre accommodement sera terminé, cela ne vous coûtera qu'un jour de plus de séjour ici. Et ce jour sera pour moi le jour d'oubli de toutes les heures d'angoisses passées ici dans les larmes. Ce sera le jour heureux... Ah! quand donc arrivera-t-il?

MELLEFONT. Mais vous ne réfléchissez pas, miss, qu'ici notre mariage manquera de cette solennité que nous nous devons de lui donner?

SARA. Un lien sacré n'en devient pas plus fort par la solennité.

MELLEFONT. Mais...

SARA. Vous me surprenez. Vous ne voulez cependant pas persister dans un prétexte aussi frivole? O Mellefont! Mellefont! Si je ne m'étais pas fait une loi des plus inébranlables, de ne jamais douter de la sincérité de votre amour, cette circonstance... Mais c'en est déjà trop; il pourrait sembler qu'en ce moment même j'en doute...

MELLEFONT. Le premier instant de doute de votre part, miss, serait le dernier de ma vie. Ah! en quoi ai-je mérité que vous me laissiez entrevoir, même la possibilité d'un doute? Il est vrai que je n'ai pu encore supporter l'idée de vous avouer de mes précédentes extravagances, qui ne me font pas beaucoup d'honneur; mais cet aveu réveillera votre confiance. Une drôlesse, nommée Marwood, m'avait pris dans ses filets, et j'avais cru ressentir pour elle, ce que l'on considère si souvent comme de l'amour et ce qui en est si rarement. Je porterais encore ses horribles chaînes, si le Ciel n'avait eu pitié de moi, le Ciel qui ne trouva peut-être pas mon cœur trop indigne de brûler de flammes plus pures. Vous voir, très chère Sara, vous voir et oublier toutes les Marwood du monde, ce fut tout un. Mais combien j'eus de peine à me tirer de telles mains! J'avais fait commerce avec le vice, et vous connaissez trop peu le vice pour...

SARA. Ne songeons plus à cela...

SCÈNE VIII

NORTON, MELLEFONT, SARA

MELLEFONT. Que veux-tu?

NORTON. J'étais sur le seuil de la maison quand un domestique m'a remis cette lettre. Elle est à votre adresse, monsieur.

MELLEFONT. À mon adresse! Qui sait ici mon nom?... (*Il examine la lettre.*) Ciel!

SARA. Vous êtes effrayé?

MELLEFONT. Mais sans cause, miss, à ce que je vois maintenant. L'écriture m'avait trompé.

SARA. Puisse le contenu vous en être aussi agréable que vous le pouvez désirer!

MELLEFONT. Je suppose que le contenu en est sans importance.

SARA. On a moins besoin de se contraindre quand on est seul. Permettez-moi donc de me retirer dans ma chambre.

MELLEFONT. Quelles idées vous forgez-vous?

SARA. Aucune, Mellefont.

MELLEFONT. (*Il la reconduit jusqu'à l'extrémité de la scène.*) Je serai chez vous dans l'instant, très chère miss.

SCÈNE IX

MELLEFONT, NORTON

MELLEFONT (*examinant encore la lettre*). Juste ciel!

NORTON. Malheur à vous, si pour vous il n'est que juste!

MELLEFONT. Est-ce possible? Je revois cette écriture infâme et je ne suffoque pas d'effroi? Est-ce d'elle? N'est-ce pas d'elle? Comment en douter encore? C'est d'elle! Ah! ami, une lettre de la Marwood! Quelle furie, quel démon lui a révélé ma retraite? Que veut-elle encore de moi?... Va, prépare tout pour notre départ d'ici... mais attends; ce n'est peut-être pas nécessaire : peut-être ne sont-ce que mes lettres méprisantes de congé qui ont porté la Marwood à me payer de la même monnaie. Tiens, ouvre la lettre, lis-la. Je tremble de le faire moi-même.

NORTON. (*Il lit.*) « Il vaut autant qu'au lieu de vous écrire, Mellefont, la plus longue lettre, je me contente de vous prier d'honorer d'un peu d'attention le nom que vous trouverez à la fin de l'autre page... »

MELLEFONT. Qu'il soit maudit, son nom! Que ne l'ai-je jamais entendu! Que n'est-il retranché du livre des vivants!

NORTON (*continuant*). « La peine de vous chercher, l'amour qui m'y a aidée, me l'a adoucie... »

MELLEFONT. L'amour? Insolente! Tu t'appropries le nom qui n'appartient qu'à la vertu.

NORTON (*continuant encore*). « Il a fait plus encore... »

MELLEFONT. Je tremble...

NORTON. « Il m'a fait vous suivre... »

MELLEFONT. Traître, que lis-tu? (*Il lui arrache la lettre des mains et lit lui-même.*) « Il m'a fait... vous suivre... Je suis ici, et cela vous regarde d'attendre ma visite... ou de me prévenir par la vôtre... Marwood. » Quel coup de foudre! Elle est ici?... Où est-elle? Je lui ferai payer de la vie cette audace.

NORTON. De la vie? D'un coup d'œil, elle vous aura couché à ses pieds. Songez à ce que vous voulez faire. Ne lui parlez pas, ou c'en est fait du bonheur de votre pauvre miss.

MELLEFONT. Malheur à moi!... Non, il faut que je lui parle. Elle viendrait me chercher jusque dans la chambre de Sara, et laisserait échapper toute sa rage contre cette innocente.

NORTON. Mais, monsieur...

MELLEFONT. Silence!... Voyons (*Il parcourt la lettre.*) si elle a indiqué sa demeure. La voilà. Viens, conduis-moi. (*Ils sortent.*)

FIN DU PREMIER ACTE

ACTE II

SCÈNE PREMIÈRE

La scène représente la chambre de Marwood, dans une autre auberge

MARWOOD, en négligé, HANNAH

MARWOOD. Belfort a-t-il bien remis la lettre, Hannah?
HANNAH. Oui, madame.
MARWOOD. A lui-même?
HANNAH. A son domestique.
MARWOOD. A peine puis-je attendre quel parti il prendra. Est-ce que je parais un peu agitée, Hannah? Je le suis du reste... Le traître! Mais doucement! Pas de colère à mettre en œuvre! Indulgence, amour, prières, voilà mes seules armes : je connais son côté faible.
HANNAH. Mais s'il résistait à ces armes?...
MARWOOD. S'il y résistait? Alors ce ne serait pas de la colère... mais de la vengeance. Je le sens, Hannah, et j'aimerais mieux que ce fût tout de suite.
HANNAH. Calmez-vous. Il peut arriver d'un instant à l'autre.
MARWOOD. Pourvu qu'il vienne! Pourvu qu'il ne se soit pas résolu à m'attendre chez lui de pied ferme... Mais sais-tu, Hannah, sur quoi je fonde ma meilleure espérance, pour arracher l'infidèle à l'objet de son nouvel amour? C'est sur notre Bella.

HANNAH. Il est vrai que c'est sa petite idole ; et vous ne pouviez avoir une meilleure idée que de l'amener avec vous.

MARWOOD. Quand son cœur serait sourd à la voix de l'ancien amour, il céderait à la voix du sang. Il arracha, il y a quelque temps, l'enfant de mes bras, sous prétexte de lui faire donner un genre d'éducation qu'elle ne pouvait recevoir auprès de moi. Je n'ai pu la retirer que par ruse, des mains de la dame qui l'avait sous sa surveillance ; il avait payé d'avance plus d'une année, et, le jour même de sa fuite, avait formellement défendu de laisser pénétrer auprès d'elle une certaine Marwood, qui viendrait peut-être et se donnerait pour la mère de l'enfant. Cette défense me révèle la différence qu'il fait entre nous deux. Il regarde Arabella comme une part précieuse de lui-même, et moi, comme une misérable, dont les charmes l'ont rassasié jusqu'au dégoût.

HANNAH. Quelle ingratitude !

MARWOOD. Ah ! Hannah ! rien n'attire aussi infailliblement après soi l'ingratitude que les faveurs pour lesquelles aucune reconnaissance ne devrait être trop grande. Pourquoi les lui ai-je accordées, ces funestes faveurs. N'aurais-je pas dû prévoir qu'elles ne conserveraient pas toujours auprès de lui le même prix ? que le prix en est fondé sur la difficulté d'en jouir, et que ce prix disparaît avec ces charmes que la main du temps fait disparaître insensiblement, mais fatalement, de notre visage ?

HANNAH. Oh ! de longtemps, madame, vous n'aurez encore rien à craindre de cette main dangereuse du temps. Je trouve que votre beauté a si peu franchi le plus haut période de son éclat, qu'elle ne fait qu'y arriver, et que tous les jours elle vous enchaînerait de nouveaux cœurs, pour peu que vous voulussiez le lui permettre.

MARWOOD. Tais-toi, Hannah ! Tu me flattes dans une conjoncture qui me fait dédaigner toutes les flatteries. C'est folie de parler de nouvelles conquêtes, quand on n'a pas assez de puissance pour retenir en sa possession celles qu'on avait déjà faites.

SCÈNE II

Un domestique, MARWOOD, HANNAH

LE DOMESTIQUE. Madame, il y a là quelqu'un qui désirerait avoir l'honneur de vous parler.

MARWOOD. Qui?

LE DOMESTIQUE. Je suppose que c'est ce monsieur à qui était adressée la lettre de tout à l'heure. En tous cas, le domestique qui l'accompagne, est celui à qui je l'ai remise.

MARWOOD. Mellefont!... Vite, amenez-le! (*Le domestique sort.*) Ah! Hannah, le voilà donc! Comment le recevrai-je? Que lui dirai-je? De quel air l'accueillerai-je? Cet air-ci est-il assez calme? Dis.

HANNAH. Il n'est rien moins que calme.

MARWOOD. Et celui-ci?

HANNAH. Un peu plus d'affabilité encore.

MARWOOD. Ainsi peut-être?

HANNAH. Il est trop triste.

MARWOOD. Faut-il me donner ce sourire?

HANNAH. Parfait! Un peu plus franc seulement!... Le voici.

SCÈNE III

MARWOOD, MELLEFONT, HANNAH

MELLEFONT (*entrant dans une attitude farouche*). Ha! Marwood...

MARWOOD (*courant à sa rencontre, souriante et les bras ouverts*). Ah! Mellefont!

MELLEFONT (*à part*). La drôlesse! Quel coup d'œil!

MARWOOD. Que je vous embrasse, cher perfide, cher

volage !... Partagez donc ma joie !... Pourquoi vous arrachez-vous à mes caresses d'amour ?

MELLEFONT. Marwood, je m'attendais à ce que vous me receviez autrement.

MARWOOD. Pourquoi autrement? Avec plus d'amour peut-être? Avec plus de ravissement? Ah! que je suis malheureuse de ne pouvoir exprimer ce que je ressens!... Voyez-vous, Mellefont, voyez-vous, la joie a aussi ses larmes. Elles déraisonnent, ces larmes de la plus douce volupté... Mais, hélas! Larmes perdues..., sa main ne vous sèche pas.

MELLEFONT. Marwood, le temps est passé où vous m'auriez attendri par de tels discours. Parlons à présent d'une autre manière. Je viens ici entendre vos derniers reproches et y répondre.

MARWOOD. Des reproches? Quels reproches aurais-je à vous faire, Mellefont? Aucun.

MELLEFONT. Alors vous auriez pu, je pense, vous épargner la peine de venir.

MARWOOD. Être cher et bizarre, pourquoi voulez-vous à toute force me contraindre à penser à une bagatelle que je vous ai pardonnée, au moment où je l'ai apprise? Une courte infidélité que m'a faite votre galanterie, mais non votre cœur, mérite-t-elle ces reproches? Allons, nous pouvons en plaisanter.

MELLEFONT. Vous vous trompez : mon cœur y a plus de part qu'il n'en a jamais eu à tout notre commerce amoureux, sur lequel je ne puis reporter mes regards sans honte.

MARWOOD. Votre cœur, Mellefont, est un bon petit fou. Il se laisse persuader tout ce qu'il convient à votre imagination de lui persuader. Croyez-moi cependant, je le connais mieux que vous. Si ce n'était pas le cœur le meilleur et le plus fidèle, me serais-je autant donné de peine pour le conserver?

MELLEFONT. Pour le conserver? Vous ne l'avez jamais possédé, vous dis-je.

MARWOOD. Et je vous dis qu'au fond je le possède encore.

MELLEFONT. Marwood, si je savais qu'une seule fibre de mon cœur fût encore à vous, je voudrais, là, devant vos yeux, l'arracher de ma poitrine.

MARWOOD. Vous verriez que le mien bondirait au même instant de ma poitrine; et ensuite, ensuite, ces deux cœurs, mis à nu, finiraient par arriver à cette réunion qu'ils ont si souvent cherchée sur nos lèvres.

MELLEFONT (*à part*). Quel serpent! Le mieux est de fuir. — Dites-moi donc seulement, en peu de mots, Marwood, pourquoi vous m'avez poursuivi et ce que vous désirez encore de moi. Mais dites-le moi sans ce sourire, sans ces regards qui m'épouvantent comme tout un enfer de séduction.

MARWOOD (*du ton de l'intimité*). Écoute donc, mon cher Mellefont; je sens bien ce qui en ce moment lutte contre moi. Ce sont tes passions et ton caprice, qui en ce moment sont les tyrans. Soit, on les laissera s'envoler en fumée. S'opposer à eux, ce serait folie. C'est le moyen le plus sûr de les endormir et finalement de les vaincre, que de leur laisser le champ libre. Ils se détruiront d'eux-mêmes. Peux-tu dire, petit volage, que j'aie jamais été jalouse, quand des charmes plus puissants que les miens t'ont détourné de moi pour un temps? Je t'ai passé tous ces changements, auxquels j'ai plus gagné que perdu. Tu revenais dans mes bras avec un nouveau feu, avec une nouvelle ardeur, dans mes bras dont je te faisais un lien léger, mais jamais une lourde chaîne. N'ai-je pas moi-même été souvent ta confidente, quand tu n'avais rien autre chose à me confier que les faveurs, que tu détournais de moi, pour les porter à d'autres? Pourquoi penses-tu donc que je commencerais à présent à te montrer un caprice, auquel à présent précisément je vais cesser d'être autorisée... ou, auquel peut-être j'ai déjà cessé de l'être? Si ton ardeur pour la belle paysanne n'est pas encore envolée en fumée; si tu es encore dans la première fièvre de ton amour pour elle; si tu ne peux encore te passer de sa possession; qui t'empêche de t'adonner à elle aussi longtemps que tu le trouveras bon? Faut-il pour cela faire des projets aussi insensés, que de vouloir fuir avec elle du royaume?

MELLEFONT. Marwood, vous parlez d'une manière entièrement conforme à votre caractère, dont je n'ai jamais si bien apprécié la hideur que depuis que, dans la société d'une amie vertueuse, j'ai appris à distinguer l'amour de la débauche.

MARWOOD. Ah! Ta nouvelle maîtresse est donc une fille aux grands sentiments moraux? Vous autres hommes, vous ne savez jamais bien vous-mêmes ce que vous voulez. Tantôt, ce sont les discours les plus obscènes, les chansons les plus graveleuses qui vous plaisent de notre part; tantôt, nous vous charmons en ne parlant que de vertu, et en paraissant n'avoir sur la langue que les sept sages. Mais le pis est que vous finissez par vous lasser de l'un comme de l'autre. Que nous soyons folles ou raisonnables, mondaines ou religieuses, nous perdons, une fois comme l'autre, notre peine à vouloir vous fixer. Et pour ta jolie sainte, laisse faire le cours du temps; je puis même te faire un petit calcul. Dans ce moment tu en es avec elle au plus violent paroxysme, je te donne encore deux jours, trois au plus. Un amour assez calme y succédera : pour cet amour, mettons huit jours. Les autres huit jours, tu ne penseras qu'occasionnellement à cet amour. La troisième semaine tu ne feras plus que te le rappeler; et quand tu seras rassasié de ce souvenir, tu te verras si vite porté à la plus extrême indifférence, qu'il faut à peine compter huit autres jours pour ce dernier changement... Cela fera environ un mois. Et ce mois, Mellefont, j'aurai le plus grand plaisir à te l'accorder encore, pourvu que tu me permettes de ne pas te perdre de vue.

MELLEFONT. C'est en vain que vous mettez dehors, Marwood, toutes les armes que vous vous rappelez vous avoir réussi jadis contre moi. Une vertueuse résolution me fait fort contre votre tendresse et votre rouerie. Je ne veux cependant point m'exposer plus longtemps à l'une ni à l'autre. Je m'en vais, et je n'ai rien de plus à vous dire que ceci : vous me saurez dans quelques jours engagé dans des liens qui vous ôteront tout espoir de me voir retourner à votre vicieux esclavage. Vous avez dû suffisamment lire ma justification dans la lettre que je vous ai fait remettre avant mon départ.

MARWOOD. A la bonne heure, parlons de cette lettre! Dites-moi par qui vous me l'avez fait écrire.

MELLEFONT. Ne vous l'ai-je pas écrite moi-même?

MARWOOD. C'est impossible! Le commencement de cette lettre où vous me comptez je ne sais quelle somme que vous auriez mangée avec moi, est d'un aubergiste; les discours théologiques qui la complètent, sont d'un quaker. Malgré tout, je vais y répondre sérieusement. Quant au point le plus important, sachez donc bien que tous les dons que vous m'avez faits sont encore là. Vos billets de banque, vos bijoux, je ne les ai jamais considérés comme ma propriété, et j'ai apporté avec moi le tout, afin de le remettre dans les mains qui me l'avaient confié.

MELLEFONT. Gardez le tout, Marwood.

MARWOOD. Je n'en garderai rien. Quel droit, sans la possession de votre personne, aurais-je sur tout cela? Quand même vous ne m'aimeriez plus, vous n'en devez pas moins me rendre justice et ne pas me prendre pour une de ces courtisanes vénales, auxquelles peu importe quelles mains les enrichissent. Venez, Mellefont. En un instant vous redeviendrez aussi riche que vous le seriez, si vous ne m'aviez pas connue.

MELLEFONT. Quel esprit a donc juré ma perte, qu'il parle ainsi en ce moment par vos lèvres! Ce n'est pas la débauchée Marwood, qui penserait aussi noblement.

MARWOOD. Vous appelez cela, penser noblement? Moi, je n'y trouve rien de plus que justice. Non, monsieur, non; je ne demande pas que vous me comptiez cette restitution comme quelque chose d'extraordinaire. Elle ne me coûte rien. Et même le moindre remercîment que vous voudriez me faire à ce propos, je le regarderais comme une injure, parce qu'il ne pourrait signifier que ceci : « Marwood, je vous tiens pour une infâme coquine, et je vous suis reconnaissant de ce qu'au moins, vous ne veuillez pas l'être à mon endroit. »

MELLEFONT. Assez, madame, assez. Je m'enfuis parce que ma mauvaise étoile menace de m'entraîner, par un trait de générosité, où je ne tiens pas à me laisser prendre.

MARWOOD. Fuyez, mais emportez aussi tout ce qui pourrait me rappeler votre souvenir. Pauvre, méprisée, sans honneur et sans amis, je tenterai encore une fois d'émouvoir votre pitié. Je veux ne vous montrer, dans la malheureuse Marwood, qu'une misérable femme qui a sacrifié pour vous, famille, considération, vertu et conscience. Je veux vous rappeler les premiers jours où vous me vîtes et m'aimâtes, les premiers jours où, moi aussi, je vous vis et vous aimai; la première déclaration que vous me fîtes à genoux de votre amour, en bégayant et en rougissant; ce premier aveu d'amour que vous m'extorquâtes en échange; les tendres regards, les étreintes de feu qui suivirent; votre silence convaincu, quand tous nos sens nous révélaient nos plus intimes sensations, et que dans nos yeux pleins de langueur se lisaient nos plus secrètes pensées; l'attente tremblante de la volupté prochaine; l'ivresse de votre joie; le doux engourdissement après l'épuisement du plaisir, où nos esprits lassés se préparaient à de nouvelles ardeurs. Tout cela, je veux vous le rappeler, et ensuite me jeter à vos genoux, et, sans repos ni trêve, vous demander le seul présent que vous ne puissiez me refuser, le seul que je puisse accepter sans honte... la mort de votre main.

MELLEFONT. Cruelle! C'est ma vie que je donnerais pour vous. Prenez-la, prenez-la, mais ne faites plus appel à mon amour. Il faut que je vous abandonne, Marwood, sous peine de devenir la honte de l'univers. Je suis déjà coupable de rester ici à vous écouter. Adieu! adieu!

MARWOOD (*le retenant*). M'abandonner? Et que voulez-vous ensuite qu'il advienne de moi? Ce que je suis aujourd'hui, c'est votre œuvre; faites donc ce que doit faire un créateur; ne retirez pas votre main de moi, avant de vouloir entièrement me détruire... Oh! Hannah, je vois que mes prières toutes seules sont trop faibles. Va chercher mon défenseur; il me fera peut-être d'un seul coup rendre plus qu'il ne m'a enlevé. (*Hannah sort.*)

MELLEFONT. Quel défenseur, Marwood?

MARWOOD. Ah! un défenseur dont vous m'auriez bien voulu priver. La nature fera parvenir par un chemin plus rapide ses plaintes jusqu'à votre cœur...

MELLEFONT. Vous m'effrayez. Vous n'avez pourtant pas...

SCÈNE IV

ARABELLA, HANNAH, MELLEFONT, MARWOOD

MELLEFONT. Que vois-je? C'est elle... Marwood, comment avez-vous osé vous permettre?

MARWOOD. Ne suis-je pas sa mère?... Viens, ma Bella, viens; le voilà de nouveau, ton protecteur, ton ami, ton...

MELLEFONT (*en détournant la tête*). Dieu! qu'est-ce que je vais endurer?

ARABELLA (*s'approchant craintivement de lui*). Ah! monsieur, c'est vous, vous, notre Mellefont?... Non pas, madame, ce ne l'est pas... Il me regarderait, si c'était lui; il me serrerait dans ses bras. C'est là ce qu'il faisait autrefois. Pauvre moi! En quoi l'ai-je donc fâché, lui, ce cher qui me permettait de me nommer sa fille?

MARWOOD. Vous vous taisez, Mellefont? Vous refusez un regard à l'innocence, Mellefont?

MELLEFONT. Ah!...

ARABELLA. Il soupire, madame, qu'a-t-il? Pouvons-nous lui venir en aide? Ne le puis-je? Ne le pouvez-vous non plus? Alors, soupirons avec lui... Ah! il me regarde... Non, il ne me regarde déjà plus ! Il regarde le ciel ! Que désire-t-il ? que demande-t-il au Ciel ? Puisse-t-il tout lui accorder, quand en échange il pourrait tout me refuser !

MARWOOD. Allons, mon enfant, tombe à ses pieds, allons ! Il veut nous abandonner, il veut nous abandonner pour toujours.

ARABELLA (*s'agenouillant devant lui*). Me voici à vos pieds. Vous, nous abandonner ? Vous, nous abandonner pour toujours ? N'y a-t-il pas déjà une petite éternité que nous vous avions perdu ? Nous vous perdrions encore ? Vous avez si souvent dit que vous nous aimiez. Abandonne-t-on ceux qu'on aime ? Alors c'est que je ne vous aime pas, car je voudrais ne jamais vous quitter. Jamais ; jamais non plus, je ne vous quitterai.

MARWOOD. Je vais t'aider à le supplier, mon enfant ; soutiens-moi seulement... Eh bien, Mellefont, voyez-moi aussi à vos pieds...

MELLEFONT (*la retenant, au moment où elle va s'agenouiller*). Marwood, dangereuse Marwood !... Et toi aussi, ma très chère Bella (*Il la relève*), et toi aussi, tu es contre ton Mellefont ?

ARABELLA. Moi, contre vous ?

MARWOOD. Que résolvez-vous, Mellefont ?

MELLEFONT. Ce que je ne devrais pas, Marwood, ce que je ne voudrais pas.

MARWOOD (*le serrant dans ses bras*). Ah ! je sais bien que l'honnêteté de votre cœur triomphe toujours de la folie de vos passions.

MELLEFONT. Ne me troublez pas davantage, me voilà au point où vous me vouliez, je suis un parjure, un séducteur, un ravisseur, un meurtrier.

MARWOOD. Vous vous semblerez tout cela, pendant quelques jours, dans votre imagination, puis vous reconnaîtrez que je vous ai empêché de le devenir en réalité. Faites en sorte seulement de revenir avec nous.

ARABELLA. Oh ! oui, faites cela.

MELLEFONT. Repartir avec vous ? Le puis-je donc ?

MARWOOD. Rien de plus facile, pourvu que vous le vouliez.

MELLEFONT. Et, ma miss...

MARWOOD. Et votre miss avisera où elle veut rester.

MELLEFONT. Ah! barbare Marwood, cette parole me fait lire jusqu'au plus profond de votre cœur!... Scélérat que je suis, je ne rentrerai donc pas en moi?

MARWOOD. Si vous aviez lu jusqu'au plus profond de mon cœur, vous y auriez découvert qu'une vraie compassion pour votre miss m'émeut plus que vous-même. Je dis une vraie compassion : car la vôtre est une compassion égoïste et lâche. Vous avez poussé beaucoup trop loin cette liaison amoureuse. Qu'un homme comme vous qui, dans une longue pratique de notre sexe, a étudié l'art de la séduction, ait mis en œuvre à l'égard d'une si jeune femme sa science de la dissimulation et son expérience, et ne se soit pas arrêté avant d'avoir atteint son but; cela se peut comprendre, la puissance de votre passion est votre excuse. Mais, que vous ayez enlevé à un vieux père sa fille unique, que vous ayez rendu si amers et si durs à un vieillard le peu de jours qui le séparent de sa tombe, que, pour satisfaire votre envie, vous ayez brisé les liens les plus forts de la nature; cela, Mellefont, est injustifiable. Réparez donc votre faute, autant qu'il est possible de le faire. Rendez au vieillard en larmes son soutien, et renvoyez une fille crédule dans sa maison que vous n'auriez pas dû, en l'enlevant, rendre vide.

MELLEFONT. Il ne vous manquait plus que d'appeler aussi ma conscience à l'aide contre moi. Mais, en supposant que ce que vous dites fût juste, ne faudrait-il pas que j'eusse un front d'airain, pour renvoyer moi-même la malheureuse miss?

MARWOOD. Aussi vais-je vous avouer, que j'ai songé d'avance au moyen de vous épargner cet embarras. Aussitôt que j'eus appris votre situation, j'en fis parvenir la nouvelle au vieux Sampson. Cela le transporta de joie, et il se disposa aussitôt à se mettre en route. Je m'étonne même qu'il ne soit pas encore ici.

MELLEFONT. Que dites-vous?

MARWOOD. Attendez donc tranquillement son arrivée, et n'en laissez rien supposer à la miss. Je ne veux même pas vous retenir plus longtemps en ce moment. Retournez auprès d'elle; elle pourrait concevoir des soupçons. Mais promettez-moi que je vous verrai encore une fois aujourd'hui.

MELLEFONT. Oh! Marwood, dans quels sentiments je suis venu à vous et dans quels sentiments je vous quitte! Un baiser, ma chère Bella...

ARABELLA. En voilà un pour vous; mais maintenant un pour moi. Revenez bientôt, je vous en prie. (*Mellefont sort.*)

SCÈNE V

MARWOOD, ARABELLA, HANNAH

MARWOOD (*après un profond soupir de soulagement*). Victoire, Hannah! Mais, victoire difficile!... Donne-moi une chaise, je me sens toute brisée... (*Elle s'assied.*) Il était grand temps qu'il se rendît; s'il avait résisté une seconde de plus, je lui aurais montré une tout autre Marwood.

HANNAH. Ah! madame, quelle femme vous faites! Celui qui pourrait vous résister, je voudrais bien le voir.

MARWOOD. Il ne m'a résisté que trop longtemps. Et certainement, certainement, je ne lui pardonnerai pas d'avoir failli tomber à ses pieds.

ARABELLA. Oh! non, il faut tout lui pardonner. Il est si bon, si bon!...

MARWOOD. Silence, petite sotte.

HANNAH. De quels côtés n'avez-vous pas su le prendre! Mais rien, à ce que je crois, ne l'a plus touché que le désintéressement, avec lequel vous vous offriez à lui rendre tous les présents que vous avez reçus de lui.

MARWOOD. Je le crois aussi. Ha! ha! (*Avec mépris.*)

HANNAH. Pourquoi riez-vous, madame? Si ce n'était

pas sérieux, dans le fait vous risquiez beaucoup. Et s'il vous avait prise au mot?

MARWOOD. Laisse donc; on sait à qui on s'adresse.

HANNAH. Pour cela, je l'avoue. Mais vous aussi, ma jolie Bella, vous vous en êtes tirée parfaitement, délicieusement.

ARABELLA. Comment cela? Pouvais-je agir autrement? Il y avait si longtemps que je ne l'avais vu. Vous ne m'en voulez pourtant pas, madame, de ce que je l'aime tant. Je vous aime autant que lui, tout autant.

MARWOOD. C'est bien; pour cette fois-ci, je te pardonne de ne pas m'aimer plus que lui.

ARABELLA (*sanglotant*). Pour cette fois-ci?

MARWOOD. Mais tu pleures? Pourquoi donc?

ARABELLA. Ah! non, je ne pleure pas. Seulement ne soyez pas fâchée. Je veux vous aimer tous les deux, tant, tant qu'il sera impossible de distinguer lequel j'aimerai le plus, de vous ou de lui.

MARWOOD. Eh bien, oui.

ARABELLA. Je suis bien malheureuse!...

MARWOOD. Tais-toi seulement... Mais qu'est-ce?

SCÈNE VI

MELLEFONT, MARWOOD, ARABELLA, HANNAH

MARWOOD. Pourquoi déjà de retour, Mellefont? (*Elle se lève.*)

MELLEFONT (*avec emportement*). Parce que je n'ai eu besoin que de quelques instants pour revenir à moi.

MARWOOD. Eh bien?

MELLEFONT. J'étais troublé, Marwood, mais non convaincu. Vous avez perdu toute votre peine. Un autre air que l'air contagieux de cette chambre m'a rendu forces et courage, pour dégager à temps encore mes pieds de ces dangereux enlacements. Les infâmes intrigues d'une Marwood m'étaient-elles encore si peu connues?

MARWOOD (*avec vivacité*). Quel est encore une fois ce langage?

MELLEFONT. C'est le langage de la vérité et de l'indignation.

MARWOOD. Doucement, Mellefont, ou j'adopterais moi-même ce langage.

MELLEFONT. Je ne reviens que pour ne pas vous laisser un instant de plus, à mon endroit, dans une erreur qui me rendrait méprisable à vos propres yeux.

ARABELLA (*craintivement*). Ah! Hannah...

MELLEFONT. Regardez-moi avec toute la fureur que vous voudrez; plus vous serez furieuse, mieux cela vaudra. Est-il possible que j'aie hésité un instant entre une Marwood et une Sara, et que j'aie failli me décider pour la première?

ARABELLA. Ah! Mellefont!...

MELLEFONT. Ne tremblez pas, Bella, c'est pour vous aussi que je suis revenu. Donnez-moi la main et suivez-moi courageusement.

MARWOOD (*les arrêtant tous deux*). Qui doit-elle suivre, traître?

MELLEFONT. Son père.

MARWOOD. Attends, misérable, et apprends d'abord à connaître sa mère.

MELLEFONT. Je la connais. Elle est la honte de son sexe.

MARWOOD. Emmène-la, Hannah!

MELLEFONT. Demeurez, Bella. (*Il la veut retenir.*)

MARWOOD. Pas de violences, Mellefont, ou... (*Hannah et Arabella sortent.*)

SCÈNE VII

MELLEFONT, MARWOOD

MARWOOD. Maintenant nous voilà seuls. Dites-moi donc encore une fois, si vous avez fermement résolu de me sacrifier à une petite sotte.

MELLEFONT (*amèrement*). Sacrifier? Vous me faites souvenir qu'aux anciens dieux, on sacrifiait aussi de très impures victimes.

MARWOOD (*moqueusement*). Laissez donc ces savantes allusions.

MELLEFONT. Eh bien, je vous déclare que je suis résolu à ne plus penser à vous, sans les plus horribles malédictions. Qui êtes-vous? Et Sara, qui est-elle? Vous, vous êtes une coquine, débauchée, égoïste, infâme, qui pouvez à peine aujourd'hui vous souvenir d'avoir jamais été innocente. Je n'ai à me reprocher avec vous, que d'avoir eu des faveurs que, sans moi, vous auriez accordées peut-être au monde entier. C'est vous qui m'avez cherché, et non pas moi qui vous ai cherchée : et si je sais maintenant ce qu'est Marwood, cette connaissance me coûte assez cher. Elle me coûte ma fortune, mon honneur, mon bonheur...

MARWOOD. Et je voudrais qu'elle pût te coûter aussi ton bonheur éternel! monstre! Le démon est-il pis que toi, lui qui, après avoir excité les faibles créatures aux crimes, les accuse ensuite lui-même de ces crimes qui sont son œuvre? Que t'importe mon innocence, que t'importe, quand et comment je l'ai perdue? Je ne t'ai pas fait valoir ma vertu, mais j'ai pour toi traîné dans la fange l'honneur de mon nom. La vertu n'a pas plus de prix que l'honneur; que dis-je, plus de prix? Sans la réputation, ce n'est qu'une naïve chimère qui ne donne ni repos, ni bonheur. La réputation seule lui donne quelque valeur, et peut entièrement se passer de la vertu. Qu'importe donc ce que j'étais avant de te connaître, infâme; c'est assez que je fusse aux yeux du monde une femme sans tache. Ce n'est que par toi que le monde a appris que je n'en étais pas une rien que par ma condescendance à accepter ton cœur — je le croyais du moins — sans recevoir ta main.

MELLEFONT. C'est précisément cette condescendance qui te condamne, misérable.

MARWOOD. Mais te rappelles-tu à quels artifices infâmes, tu en es redevable? Ne m'as-tu pas convaincue que tu ne pouvais t'engager dans un mariage public, sans être frustré d'un héritage dont tu ne voulais partager qu'avec moi la jouissance? Est-il temps maintenant d'y renoncer? Et d'y renoncer pour une autre que moi?

MELLEFONT. Ce m'est une véritable volupté de pouvoir vous annoncer, que cet embarras est sur le point de finir. Contentez-vous donc de m'avoir fait dépenser tout mon patrimoine, et permettez-moi de jouir d'une fortune beaucoup moindre avec une plus digne épouse.

MARWOOD. Ah! c'est donc là ce qui te fait si dédaigneux. Eh bien, je ne perdrai plus un mot. Soit! Compte que je vais mettre tout en œuvre pour t'oublier. Et d'abord, ce que je vais faire dans ce but, ce sera... Tu me comprends! Tremble pour ta Bella. Sa vie ne perpétuera pas le souvenir de mon amour méprisé; ma cruauté s'en charge. Vois en moi une nouvelle Médée!

MELLEFONT (*épouvanté*). Marwood!

MARWOOD. Ou si tu sais encore une mère plus cruelle, vois-la surpassée en moi. Le poison et le poignard me vengeront. Mais, non; le poison et le poignard ne sont pas d'assez cruels instruments de mort. Ils auraient trop vite tué notre enfant à tous deux. Je ne veux pas la voir morte, je veux la voir mourir. Je veux, par une longue torture, voir sur son visage, chaque trait qu'elle tient de toi, s'altérer, se contracter et disparaître. Je veux d'une âpre main la déchirer membre à membre, veine à veine, nerf à nerf, et sans trêve, en couper, en brûler les plus ténus, jusqu'à ce que ce ne soit plus qu'un cadavre inerte. Je... J'y goûterai au moins la volupté de la vengeance.

MELLEFONT. Vous êtes hors de sens, Marwood...

MARWOOD. Tu me fais songer que ma rage se trompe. Le père d'abord! Qu'il soit déjà dans l'autre monde, quand l'esprit de sa fille l'y suivra avec des gémissements sans nombre... (*Elle s'élance sur lui, avec un poignard qu'elle tire de son sein.*) Meurs donc, traître!

MELLEFONT (*lui arrêtant le bras, et lui arrachant le poignard*). Insensée!... Qu'est-ce qui m'arrête de tourner la lame contre toi? Mais, vis; ton châtiment appartient à la main infâmante du bourreau.

MARWOOD (*se tordant les mains*). Ciel! Qu'ai-je fait? Mellefont... Rendez-le moi, ce poignard; il s'est égaré; rendez-le moi, et vous verrez à l'instant, à qui il était destiné. C'est à ce sein, qui ne peut contenir plus longtemps un co... ...i préfère renoncer à la vie qu'à votre amour.

MELLEFON... ...nnah!...

MARWOOD. Qu'allez-vous faire, Mellefont?

SCÈNE VIII

HANNAH effrayée, MARWOOD, MELLEFONT

MELLEFONT. As-tu entendu, Hannah, quelle furie c'est que ta maîtresse? C'est à toi que je viendrai réclamer Arabella.

HANNAH. Ah! madame, comme vous êtes hors de vous!

MELLEFONT. Je mettrai bientôt l'innocente enfant en lieu sûr. La justice saura lier ses mains meurtrières à une mère si dénaturée. (*Il veut s'en aller.*)

MARWOOD. Où allez-vous, Mellefont? Y a-t-il rien d'étonnant que la puissance de ma douleur ne m'ait point laissée maîtresse de ma raison? Qui donc m'a portée à des menaces aussi dénaturées, qui donc, si ce n'est vous-même? Où Bella peut-elle être plus en sûreté qu'auprès de moi? Ma bouche fait rage contre elle, mais mon cœur n'en reste pas moins le cœur d'une mère. Ah! Mellefont! Oubliez ma fureur, et, pour l'excuser, songez à ce qui la cause.

MELLEFONT. Il n'est qu'un moyen de m'engager à l'oublier.

MARWOOD. Lequel?

MELLEFONT. C'est qu'à l'instant vous retourniez à Londres. J'y ferai reconduire Arabella dans une autre compagnie. Vous ne devez plus avoir rien de commun avec elle.

MARWOOD. Eh bien, je consens à tout; mais accordez-moi encore une seule demande. Laisse-moi voir une fois votre Sara.

MELLEFONT. Et dans quel but?

MARWOOD. Pour lire dans ses regards tout mon sort à venir. Je veux juger par moi-même, si elle est digne de votre manque de foi à mon égard, et si je puis au moins espérer recouvrer jamais une partie de votre amour.

MELLEFONT. Vain espoir!

MARWOOD. Quel est le cruel qui voudrait tout d'un coup enlever l'espérance à une malheureuse? Je ne me montrerai pas à elle comme Marwood, mais comme une de vos parentes. Annoncez-moi près d'elle, sous ce titre. Vous serez présent à ma visite, et je vous promets par tout ce qu'il y a de plus sacré au monde, de ne pas lui dire la moindre chose qui ne convînt pas. Ne repoussez pas ma prière, autrement je pourrais peut-être tout mettre en œuvre, pour paraître devant elle sous ma véritable forme.

MELLEFONT. Cette demande, Marwood... (*Après un instant de silence.*) je pourrais peut-être vous l'accorder. Mais quitterez-vous aussitôt après, ces lieux?

MARWOOD. Certainement, oui, je vous promets plus : je vous délivrerai, si c'est encore possible, de l'arrivée de son père.

MELLEFONT. Il n'en est pas besoin. J'espère qu'il me comprendra dans le pardon qu'il accordera à sa fille. Que s'il ne voulait pas le lui accorder, je sais comment je l'y amènerais... Je vais vous annoncer à ma miss. Seulement tenez votre parole, Marwood! (*Il sort.*)

MARWOOD. Ah! Hannah! Pourquoi nos forces trompent-elles notre courage? Viens m'habiller. Je n'abandonne pas mon projet, pourvu que je puisse commencer par m'assurer de lui. Allons!

FIN DU DEUXIÈME ACTE

ACTE III

SCÈNE PREMIÈRE

Une chambre de la première auberge

Sir W. SAMPSON, WAITWELL

SIR WILLIAM. Tiens, Waitwell, porte-lui cette lettre. C'est la lettre d'un affectueux père qui ne se plaint que de son absence. Dis-lui que j'ai envoyé cette lettre devant moi, et que j'attendrai encore sa réponse, avant de venir moi-même la serrer dans mes bras.

WAITWELL. Je crois que vous faites très bien de préparer ainsi votre entrevue.

SIR WILLIAM. Je serai plus sûr de ses sentiments, et je lui fournis l'occasion d'exprimer tout ce que le repentir a pu lui inspirer de douleur et de honte, avant de me parler de vive voix. Cela lui coûtera moins d'embarras dans une lettre, et, à moi, cela me coûtera moins de larmes.

WAITWELL. Mais oserai-je vous demander, sir, ce que vous avez résolu au sujet de Mellefont?

SIR WILLIAM. Ah! Waitwell, si je pouvais méconnaître en lui celui que ma fille aime, je prendrais à son égard un parti sévère; mais puisque cela n'est pas admissible, tu vois donc bien, Waitwell, qu'il est en sûreté contre mon vouloir. C'est moi-même qui ai la plus grande part dans ce malheur. Sans moi Sara n'aurait pas fait la connaissance de cet homme dangereux. Je lui accordai à lui, à cause d'une obligation que je croyais lui avoir, une trop libre entrée dans ma maison. Il était naturel que les attentions reconnaissantes que je lui témoignais lui attirassent aussi les attentions de ma fille. Il était aussi naturel qu'un homme de son espèce sût profiter de ces attentions, pour amener quelque chose de plus important. Il a eu assez d'habileté pour se faire aimer, avant que j'en eusse le moindre soupçon, avant que j'eusse même eu le temps de scruter sa manière de vivre. Le malheur accompli, j'aurais bien agi, en leur pardonnant tout sur-le-champ. Je fus impitoyable pour lui, sans réfléchir que ce n'était pas pour lui seul que je l'étais. En m'abstenant d'une tardive sévérité, j'aurais au moins empêché leur fuite... Voici ce que je ferai, Waitwell; je les ramènerai moi-même, m'estimant encore heureux de pouvoir faire du séducteur, mon fils. Car qui sait, s'il voudra quitter sa Marwood et le reste de ses créatures, pour une jeune fille qui n'a plus rien à accorder à ses passions, et qui ignore tant les artifices qu'emploierait une coquine pour le fixer?

WAITWELL. Oh! sir, il est de toute impossibilité qu'un homme puisse être assez perverti...

SIR WILLIAM. Ce doute, Waitwell, fait honneur à ta vertu. Mais pourquoi est-il vrai cependant, que les limites de la méchanceté humaine s'étendent encore bien plus loin?... Va faire ce que je t'ai dit. Fais attention à son air, quand elle lira cette lettre. Dans ce court éloignement de ses devoirs, elle n'aura pas encore appris la dissimulation, sous le masque de laquelle le vice enraciné sait seul trouver un refuge. Tu liras toute son âme sur son visage. Ne laisse échapper aucun mouvement de physionomie qui pourrait te révéler de l'indifférence pour moi, du dédain pour son père. Car si tu avais cette malheureuse découverte à me faire, et qu'elle ne m'aimât plus; alors j'espère que je finirais par prendre sur moi-même de l'abandonner à son sort. Je l'espère, Waitwell... Hélas! il bat là un cœur qui contredit cette espérance. (*Ils sortent tous deux par des côtés différents.*)

SCÈNE II

La chambre de Sara

Miss SARA, MELLEFONT

MELLEFONT. J'ai eu tort, très chère miss, de vous laisser dans un peu d'agitation, à propos de la lettre de tout à l'heure.

SARA. Non, Mellefont, cette lettre ne m'a donné aucune agitation. Ne pourriez vous donc, tout en m'aimant, avoir encore des secrets pour moi?

MELLEFONT. Vous croyez donc que c'était un secret?

SARA. Mais pas un secret qui me regardât. Et cela doit me suffire.

MELLEFONT. Vous êtes trop aimable; permettez-moi cependant de vous révéler ce secret : c'étaient quelques lignes d'une parente qui a appris mon séjour ici. Elle passe par ici, en allant à Londres, et a désiré me parler. Elle a en même temps sollicité l'honneur de vous faire sa visite.

SARA. Ce me sera en tout temps très agréable, Mellefont, de faire la connaissance des honorables membres de votre famille. Mais veuillez réfléchir, si je puis déjà, sans rougir, paraître devant l'un d'eux.

MELLEFONT. Sans rougir? Et pourquoi? Parce que vous m'aimez? Il est vrai, miss, que vous auriez pu faire don de votre amour à un plus noble, à un plus riche. Il vous faut rougir de n'avoir voulu donner votre cœur qu'en échange d'un cœur, et à cause de cet échange, de devoir tant cacher votre bonheur.

SARA. Vous voyez bien vous-même, combien vous interprétez mal mes paroles.

MELLEFONT. Permettez, miss, si je les interprète mal, c'est qu'alors elles n'ont pas d'importance.

SARA. Comment s'appelle votre parente?

MELLEFONT. C'est… lady Solmes. Vous m'aurez déjà entendu prononcer ce nom.

SARA. Je puis ne pas m'en souvenir.

MELLEFONT. Oserai-je vous prier de recevoir sa visite?

SARA. Me prier, Mellefont, quand vous avez le droit d'ordonner?

MELLEFONT. Quel mot!… Non, miss, elle n'aura pas le bonheur de vous voir. Elle le regrettera, mais il faudra qu'elle en prenne son parti. Miss Sara a ses raisons que je respecte, moi aussi, sans les connaître.

SARA. Mon Dieu! quelle vivacité, Mellefont. J'attendrai milady et tâcherai, autant que je pourrai, de recevoir dignement l'honneur de sa visite. Êtes-vous content?

MELLEFONT. Ah! miss, laissez-moi vous avouer mon ambition. Je voudrais pouvoir m'enorgueillir de vous en face du monde entier. Et lors même que je ne serais pas digne de posséder une telle femme, je me reprocherais à moi-même de ne savoir point l'estimer à sa valeur. Je m'en vais, et je vous amène à l'instant milady. (*Il sort.*)

SARA (*seule*). Pourvu que ce ne soit pas une de ces femmes hautaines, remplies de leur vertu, qui se croient au-dessus de toutes les faiblesses humaines! Elles nous font notre procès, d'un seul regard de mépris; et un haussement d'épaules équivoque, voilà toute la compassion que nous semblons mériter d'elles.

SCENE III

WAITWELL, SARA.

BETTY (*derrière la scène*). Qu'il entre, si c'est à elle-même qu'il veut parler.

SARA (*regardant derrière elle*). Qui est-ce qui veut me parler?… Que vois-je? Est-ce possible? Waitwell, toi?

WAITWELL. Quel homme heureux je suis, de revoir enfin notre Sara !

SARA. Dieu ! que m'apportes-tu ? Je comprends, j'ai compris ; tu m'apportes la nouvelle de la mort de mon père ! Il est parti, le plus parfait des hommes, le meilleur des pères ! Oui, et c'est moi, moi, misérable, qui ai hâté sa mort.

WAITWELL. Ah ! miss...

SARA. Dis-moi, dis-moi vite, que les derniers instants de sa vie n'ont pas été rendus pénibles par mon souvenir ; qu'il m'avait oublié ; qu'il est mort aussi tranquille, qu'il se promettait jadis de mourir dans mes bras ; qu'il ne s'est pas même une seule fois souvenu de moi dans sa dernière prière...

WAITWELL. Cessez donc de vous tourmenter par de semblables idées ! Il vit encore, votre père ; il vit encore, l'honorable sir William.

SARA. Il vit encore ? Il vit encore, est-ce vrai ? Oh ! puisse-t-il vivre longtemps et vivre heureux ! Oh ! que Dieu lui accorde la moitié des années de ma propre vie ! La moitié ?... Ingrate que je suis, ne suis-je pas prête à lui acheter quelques années seulement d'existence, par toutes les années fixées pour la mienne propre ! Mais à présent, dis-moi au moins, Waitwell, qu'il ne lui est pas dur de vivre sans moi ; qu'il lui est devenu facile de se passer d'une fille qui a pu si aisément renier sa vertu ; que ma fuite l'a irrité et non peiné ; qu'il me maudit et ne me regrette pas.

WAITWELL. Ah ! tout autant qu'autrefois, sir William est toujours le tendre père, comme sa petite Sara est toujours sa tendre fille.

SARA. Que dis-tu ? Tu es un messager de malheur, du malheur le plus horrible de tous ceux que jamais mon imagination hostile m'ait représentés. Il est encore mon tendre père ? Il m'aime encore ? Alors il doit me plaindre. Non, non, il ne pense pas ainsi, il ne peut pas penser ainsi. Ne vois-tu donc pas combien chaque soupir qu'il perd pour moi grandit énormément mon crime ? La justice céleste ne me comptera-t-elle pas chacune des larmes que je lui coûte, comme un redoublement de mon vice et de mon ingratitude? Je frémis à cette pensée... Je lui coûte des larmes, des larmes? Et ce sont d'autres larmes que des larmes de joie?... Dis-moi donc non, Waitwell! Au plus aura-t-il ressenti pour moi quelques légers mouvements de la nature? Au plus, quelques mouvements passagers qu'aura calmés le moindre effort de la raison. Il n'en est pas venu à des larmes; n'est-ce pas, Waitwell, qu'il n'en est pas venu à des larmes?

WAITWELL (*s'essuyant les yeux*). Non, miss, il n'en est pas venu à des larmes.

SARA. Ah! ta bouche dit non, mais tes larmes disent le contraire.

WAITWELL. Prenez cette lettre, miss; elle est de lui.

SARA. De qui, de mon père? Et pour moi?

WAITWELL. Oui, prenez-la seulement; vous y verrez plus que je ne pourrais vous dire. Il aurait dû confier cette mission à un autre que moi. Je me promettais de la joie; mais vous me changez cette joie en trouble.

SARA. Donne, brave Waitwell... Mais non, je ne la prendrai pas, avant que tu m'en aies dit à peu près le contenu.

WAITWELL. Quel peut en être le contenu, sinon amour et pardon?

SARA. Amour? Pardon?

WAITWELL. Et peut-être un regret sincère de se voir obligé d'invoquer les droits de la puissance paternelle contre une enfant, pour laquelle il n'est besoin que des priviléges de la puissance paternelle.

SARA. Alors garde ta lettre cruelle.

WAITWELL. Cruelle? Ne craignez rien. Vous y trouverez liberté entière pour votre cœur et votre main.

SARA. Et c'est là précisément ce que je redoutais. Affliger un père comme lui; j'en ai eu encore le courage. Mais par cette affliction même, par son amour que j'ai renié, le voir contraint, le voir contraint à consentir à tout ce que m'a inspiré l'entraînement d'une misérable passion; cela, Waitwell, cela, je ne l'accepterai pas. Si sa lettre contenait tout ce qu'un père irrité peut dire de violent et de dur dans un tel cas, j'aurais, il est vrai, de la terreur de la lire; mais cependant je la pourrais lire. Je saurais, contre sa colère, trouver encore un semblant de défense, et rendre par cette défense plus grande encore sa colère. Ma tranquillité résulterait de ce que dans une puissante irritation il n'y aurait place à aucun chagrin plus douloureux, et de ce que cette irritation finirait par se changer heureusement en un mépris amer contre moi. Le mépris exclut le chagrin. Mon père recouvrerait ainsi le repos, et je pourrais cesser de me reprocher de l'avoir rendu malheureux pour toujours.

WAITWELL. Ah! miss, ce reproche, vous pourrez vous le faire encore moins, quand vous aurez reconquis son amour qui oubliera tout.

SARA. Tu te trompes, Waitwell; un désir ardent l'entraîne peut-être à ma poursuite, afin de dire oui à tout. Mais quelque peu inquiet que pût être ce désir, mon père n'en rougirait pas moins de sa faiblesse, en face de lui-même. Une indignation plus sombre le dominerait, et il ne pourrait pas supporter ma vue, sans m'accuser secrètement d'avoir osé le braver. Oui, s'il était en mon pouvoir de lui épargner, par le moyen le plus extrême, l'indignation que je lui cause; si, à l'instant où il voudrait tout me permettre, je pouvais tout lui sacrifier; ce serait toute autre chose. Je prendrais avec joie cette lettre de tes mains, pour y admirer la force de l'amour paternel, et, sans en mésuser, me jeter à ses pieds en fille repentante et obéissante. Mais le puis-je? Il me faudrait faire ce qu'il me permettrait, sans songer combien lui coûterait cette complaisance. Et quand ensuite j'en aurais la plus grande joie, il me viendrait tout d'un coup à l'esprit que ce ne serait qu'en apparence qu'il partagerait mon bonheur, et qu'il soupirerait peut-être en lui-même; en un mot, qu'il m'aurait faite heureuse au prix de son propre bonheur... Et de souhaiter de devenir heureuse, au prix de son propre bonheur, m'en crois-tu bien capable, Waitwell?

WAITWELL. Certainement, je ne sais que répondre à cela.

SARA. Il n'y a rien à répondre. Remporte donc ta lettre. Si mon père doit être malheureux par moi, j'aime mieux demeurer moi-même malheureuse. Être seule malheureuse et sans qu'il le soit lui-même, c'est ce qu'à présent je demande au ciel à toute heure ; mais être seule heureuse et sans qu'il le soit lui-même, je ne le veux point.

WAITWELL (*un peu à part*). Je crois vraiment qu'ainsi j'arriverai à faire lire la lettre à cette chère enfant.

SARA. Que dis-tu là à demi-voix ?

WAITWELL. Je me dis à moi-même que j'ai eu une très malheureuse idée pour vous faire lire la lettre, miss.

SARA. Comment cela ?

WAITWELL. Je n'avais pu penser si loin. Vous réfléchissez à tout, d'une manière plus sagace que personne d'entre nous ne le saurait faire. Je ne voulais pas vous effrayer. La lettre n'est peut-être que trop dure, et si je vous ai dit qu'il n'y avait dedans qu'amour ou pardon, j'aurais dû vous dire que c'était mon vœu qu'il n'y eût rien d'autre dedans.

SARA. Est-ce vrai ?... Alors, donne-la moi. Je vais la lire. Quand on a mérité de la plus malheureuse façon la colère d'un père, on doit, au moins, avoir assez de respect pour cette colère paternelle, pour la laisser tomber sur soi autant que cela peut lui plaire. Chercher à l'éviter, cela s'appelle accumuler injure et mépris. J'en subirai toute la violence. Tu vois que je tremble déjà... Mais je dois trembler ; et j'aime mieux trembler que pleurer... (*Elle décachette la lettre.*) Là voilà ouverte ! Je frémis... mais que vois-je ? (*Elle lit.*) « Ma très chère fille unique. » — Ha ! vieux fourbe ! Est-ce là l'entrée en matière d'un père irrité ? Va ! Je ne lirai pas plus loin...

WAITWELL. Ah ! miss, pardonnez à un vieux serviteur. Oui, certes, je crois que c'est la première fois de ma vie que j'aurai trompé avec intention. Celui qui ne trompe qu'une fois, miss, et qui trompe dans d'aussi bonnes intentions, celui-là n'est pas encore pour cela un vieux fourbe. Cela me touche, miss. Je sais bien que les bonnes intentions ne sont pas toujours une excuse; mais que pouvais-je faire?... Reporter à un si bon père sa lettre sans que vous l'eussiez lue? C'était impossible; je m'en irais plutôt aussi loin que mes vieilles jambes pourraient me porter, et ne reparaîtrais plus devant ses yeux.

SARA. Comment? Toi aussi, tu l'abandonnerais?

WAITWELL. Ne le faudra-t-il pas, si vous ne lisez pas cette lettre? Lisez-la toujours. Ne laissez pas sans bons effets la tromperie que j'avais d'abord imaginée. Vous ne l'en oublieriez que plus vite, et je ne me la pardonnerais que plus facilement. Je suis un homme du commun, un homme simple, que vos raisons pour lire ou pour ne pas lire cette lettre, ne regardent pas. Si elles sont vraies, je n'en sais rien; mais, au moins, ne me paraissent-elles pas très naturelles. Je pense ainsi, miss; je pense qu'un père est toujours un père; et qu'une enfant peut bien faire une faute, sans cesser d'être une bonne enfant. Si le père pardonne la faute, l'enfant peut bien aussi se conduire de manière à la lui faire oublier. Et qui aime d'ailleurs à se souvenir d'une chose dont il souhaiterait bien plutôt qu'elle n'eût jamais existé? C'est, miss, comme si vous ne faisiez que penser à votre faute, et comme si vous croyiez qu'il vous suffirait de la grossir dans votre imagination, et de vous tourmenter vous-même de telles idées grossissantes. Mais je crois qu'il vous faudrait aussi songer à réparer ce qui s'est passé. Et comment voulez-vous le réparer, si vous vous en ôtez à vous-même toutes les occasions? Peut-il donc vous être douloureux de faire le second pas, quand un si bon père a fait déjà le premier?

SARA. Comme tes paroles simples pénètrent mon cœur... Ce que je ne puis précisément admettre, c'est qu'il fasse le premier pas. Et que veux-tu donc? Ne fait-il même que le premier pas? Il faut qu'il les fasse tous, je ne puis en faire aucun à sa rencontre. Si loin que je me sois éloignée de lui, aussi loin doit-il descendre jusqu'à moi. S'il me pardonne, c'est mon crime tout entier qu'il doit me pardonner, c'en est les conséquences qu'il doit consentir à endurer sous ses yeux. Puis-je exiger cela d'un père?

WAITWELL. Je ne sais pas, miss, si je vous comprends très bien. Il me semble que voulez dire qu'il faudrait qu'il vous pardonnât trop; et que, la chose ne pouvant lui être que très douloureuse, vous vous faites conscience d'accepter son pardon. Si c'est là ce que vous pensez, eh bien, dites-moi : le pardon n'est-il pas une joie pour un bon cœur? Je n'ai point, dans ma vie, été assez heureux pour ressentir souvent cette joie. Mais le peu de fois que je l'ai goûtée, j'aime toujours à m'en souvenir. C'était quelque chose de doux, de suave, de céleste, et je ne pouvais m'empêcher de songer à la grande et inépuisable félicité de Dieu, de qui la conservation de tous les misérables humains est un pardon perpétuel. Je souhaitais de pouvoir à chaque heure pardonner, et j'étais honteux de n'avoir à pardonner que de pareilles vétilles. Pardonner de douloureux affronts, de mortels outrages, ce doit être, me disais-je, en moi-même, ce doit être une volupté qui pénètre l'âme tout entière... Eh bien, miss, ne voulez-vous pas donner cette grande volupté à votre père?

SARA. Hélas!... Continue, Waitwell, continue.

WAITWELL. Je sais bien qu'il y a certaines personnes qui ne reçoivent rien, moins volontiers qu'un pardon, parce qu'il est vrai qu'elles n'ont appris à en accorder aucun. Ce sont des personnes fières et inflexibles, qui ne consentent jamais à avouer qu'elles ont eu tort. Mais vous n'êtes pas de celles-là, miss. Vous avez ce cœur, le meilleur et le plus tendre, qu'ont seules les personnes les plus parfaites de votre sexe. Aussi, reconnaissez votre faute. Que vous reste-t-il à faire?... Mais pardonnez-moi, miss; je ne suis qu'un vieux bavard, et j'aurais dû penser sur-le-champ, que votre refus n'est qu'une inquiétude méritoire, qu'une vertueuse hésitation. Des gens qui peuvent, dès l'abord, accepter, sans réfléchir, un grand bienfait, sont rarement dignes de ce bienfait. Ce sont les plus méritants qui ont toujours aussi le plus de défiance d'eux-mêmes. Pourtant la défiance ne doit pas dépasser le but.

SARA. Cher et vieil ami, je crois que tu m'as convaincue.

WAITWELL. Ah! Dieu! Si j'ai eu ce bonheur, c'est qu'un bon génie m'a inspiré. Mais, non, miss; ce ne sont pas mes paroles, c'est le temps qu'elles vous ont donné de réfléchir en vous-même, et de vous remettre d'un si joyeux saisissement. N'est-ce pas, que vous allez la lire cette lettre? Oh! lisez-la donc vite.

SARA. Je le ferai, Waitwell... Quelles sensations, quelles douleurs je vais ressentir!

WAITWELL. Des douleurs, miss, mais d'agréables douleurs.

SARA. Tais-toi! (*Elle commence à lire pour elle seule.*)

WAITWELL (*à part*). Oh! il faudrait qu'il la vît lui-même!

SARA (*après avoir lu pendant quelques instants*). Ah! Waitwell, quel père! Il appelle ma fuite, une absence. Combien ce mot indulgent l'aggrave! (*Elle lit de nouveau, puis s'interrompt.*) Écoute donc! Il se flatte que je l'aime encore. Il se flatte! (*Elle lit et s'interrompt.*) Il me prie?... Il me prie? Un père prie sa fille? Sa fille coupable? Et de quoi me prie-t-il donc?... (*Elle lit à part.*) Il me prie d'oublier son imprudente sévérité et de ne pas l'en punir plus longtemps par mon absence!... L'en punir!... (*Elle lit de nouveau et s'interrompt.*) Plus encore! Il va jusqu'à me remercier, jusqu'à me remercier de lui avoir fourni l'occasion de connaître toute l'étendue de l'amour paternel. Funeste occasion! Peut-être pourtant, ajoute-t-il aussi, que je lui ai appris à connaître en même temps toute l'étendue de la désobéissance filiale... (*Elle lit.*) Non, il n'en dit rien! Il ne dit pas un mot de mon forfait. (*Elle continue à lire à part.*) Il va venir, venir lui-même chercher ses enfants. Ses enfants, Waitwell! Ceci surpasse tout!... Ai-je bien lu? (*Elle lit de nouveau à part.*) Je voudrais mourir. Il dit qu'il ne mérite que trop d'être son fils, celui sans lequel il ne peut avoir de fille... Oh! plût au ciel qu'il ne l'eût jamais eue, cette malheureuse fille!... Va, Waitwell, laisse-moi seule. Il demande une réponse : je vais la lui préparer. Redemande-moi dans une heure. Merci d'avance de ta peine. Tu es un honnête homme. Il y a peu de serviteurs qui soient ainsi les amis de leurs maîtres.

WAITWELL. Ne me faites pas rougir, miss. Si tous les maîtres étaient des sir William, ils seraient bien sans cœur, les serviteurs qui ne seraient pas prêts à donner pour eux leur vie. (*Il sort.*)

SCÈNE IV

SARA

SARA. (*Elle s'assied pour écrire.*) Si l'on m'avait dit, il y a un an, que j'aurais à répondre à une telle lettre!... Et dans de telles circonstances!... Oui, j'ai la plume à la main... Mais sais-je encore ce que je dois écrire?... Ce que je pense, ce que je ressens?... Qu'est-ce qu'on ressent donc, quand une vive sensation jette le cœur dans l'assoupissement?... Il faut cependant écrire... Ce n'est pas la première fois que je me sers d'une plume... Quand la plume m'a servi à rendre tant de petits services d'amitié et de politesse, me refuserait-elle donc son aide pour le plus important des services?... (*Elle réfléchit un peu, puis écrit quelques lignes.*) Est-ce là mon entrée en matière? Ce serait une entrée en matière bien froide. Dois-je commencer par son amour? Non, commençons par mon crime. (*Elle efface et écrit autre chose.*) Mais pourquoi ne pas m'exprimer comme j'avais fait d'abord?... La honte est partout à sa vraie place, excepté dans l'aveu de nos fautes. Je n'ai pas à craindre de tomber dans l'exagération, quand même, j'emploierais les termes les plus horribles... Ah! pourquoi vient-on me déranger?

SCÈNE V

MARWOOD, MELLEFONT, SARA

MELLEFONT. Très chère miss, j'ai l'honneur de vous présenter lady Solmes, une des personnes de ma famille à qui j'ai le plus d'obligations.

MARWOOD. Je vous demande pardon, miss, d'avoir pris la liberté de venir me convaincre par mes propres yeux du bonheur d'un cousin, auquel je souhaiterais la femme la plus parfaite, si mon premier coup d'œil ne m'avait convaincue qu'il l'a déjà trouvée en vous.

SARA. Vous me faites trop d'honneur, milady. Une semblable flatterie m'aurait en tout temps fait rougir; mais en ce moment je devrais presque la considérer comme un reproche déguisé, si je ne croyais pas lady Solmes beaucoup trop généreuse, pour faire sentir à une pauvre femme sa supériorité de vertu et de sagesse.

MARWOOD (*froidement*). Je serais inconsolable, miss, que vous m'attribuiez d'autres sentiments que ceux de la bienveillance... (*A part.*) Elle est belle!

MELLEFONT. Et serait-il d'ailleurs possible, milady, de rester indifférent à tant de beauté, et à tant de modestie? On dit, il est vrai, qu'une femme charmante rend rarement justice à une autre; mais cela n'arrive d'un côté, qu'à celles qui sont trop vaines de leur supériorité, ou d'un autre côté, à celles qui comprennent qu'elles sont connues pour n'avoir aucune supériorité. Combien vous êtes toutes deux éloignées de ces cas! (*A Marwood, qui reste silencieuse.*) N'est-il pas vrai, milady, que mon amour n'a été rien moins que partial? N'est-il pas vrai que je vous ai fait un grand éloge de ma miss, mais encore de beaucoup au dessous de ce que vous pensez vous-même?... Mais pourquoi êtes-vous si songeuse... (*A voix basse, à Marwood.*) Vous oubliez votre rôle.

MARWOOD. Dois-je le dire?... Mon admiration pour

votre chère miss m'entraînait à des réflexions sur son sort. Cela me peinait qu'elle ne goûtât pas les fruits de son amour dans sa patrie. Je me souvenais qu'elle a, pour être à vous, abandonné un père, et, à ce qu'on m'a dit, un bien tendre père ; et je ne pouvais m'empêcher d'appeler de mes vœux sa réconciliation avec lui.

SARA. Ah ! milady, que je vous suis reconnaissante de ce souhait ! Ce vœu mérite que je partage avec vous toute ma joie. Vous ne pouvez pas encore savoir, Mellefont, que ce vœu était accompli avant que milady eût eu l'amitié de le faire pour nous.

MELLEFONT. Qu'entendez-vous par là, miss?

MARWOOD (*à part*). Qu'est-ce que cela veut dire?

SARA. Je viens de recevoir une lettre de mon père. C'est Waitwell qui me l'a apportée. Ah ! quelle lettre, Mellefont !

MELLEFONT. Vite, arrachez-moi à mon incertitude. Qu'ai-je à craindre ? Qu'ai-je à espérer ? Est-il encore le père que nous avons fui ? Et s'il est encore tel, Sara est-elle la fille qui m'aime assez vivement pour fuir encore plus loin de lui ? Ah ! si je vous avais écoutée, chère miss, nous serions maintenant engagés par un lien que le caprice aurait dû ne plus songer à rompre. Dans cet instant, je sens tous les malheurs que la découverte de notre retraite peut pour moi entraîner après soi... Il va venir et vous arracher de mes bras... Combien je hais le misérable qui nous a trahis auprès de lui ! (*Il jette à Marwood un coup d'œil de colère.*)

SARA. Combien m'est douce, cher Mellefont, votre inquiétude ! Et combien nous sommes heureux tous les deux, qu'elle ne soit pas fondée ! Lisez sa lettre que voici... (*A Marwood, pendant que Mellefont lit à part la lettre.*) Milady, il sera bien surpris de l'amour de mon père. De mon père ? Ah ! maintenant, il est aussi le sien.

MARWOOD (*surprise*). Est-ce possible ?

SARA. Oui, milady, vous avez raison d'être surprise de ce changement. Il nous pardonne tout ; il nous permet, il nous ordonne de nous aimer sous ses yeux...

Comme cette bonté a pénétré toute mon âme!... Eh bien, Mellefont? (*Il lui rend la lettre.*) Vous vous taisez? Oh, non, cette larme qui coule de vos yeux, en dit plus que votre bouche n'en saurait exprimer.

MARWOOD (*à part*). Combien je me suis fait de tort à moi-même, imprévoyante que je suis!

SARA. Oh! laissez-moi baiser cette larme sur votre joue.

MELLEFONT. Ah! miss, pourquoi avons-nous affligé un si divin père! Oui, un si divin père : car qu'y a-t-il de plus divin que le pardon?... Si nous avions pu nous imaginer comme possible seulement, cette heureuse conclusion, à coup sûr nous n'aurions à nous reprocher envers lui aucun moyen de contrainte; nous ne la devrions qu'à nos seules supplications. Quel bonheur il fonde sur moi! Mais combien il me sera douloureux d'être convaincu moi-même de le mériter si peu!

MARWOOD (*à part*). Voilà ce que je suis forcée d'entendre!

SARA. Combien, par de tels sentiments, vous justifiez mon amour pour vous!

MARWOOD (*à part*). Quel parti prendre!

SARA. Et vous aussi, excellente lady, lisez la lettre de mon père. Vous paraissez beaucoup trop prendre intérêt à notre sort, pour que son contenu puisse vous être indifférent.

MARWOOD. Puisse m'être indifférent, miss? (*Elle prend la lettre.*)

SARA. Mais, milady, vous paraissez toujours très songeuse, très attristée...

MARWOOD. Songeuse, miss, mais non attristée.

MELLEFONT (*à part*). Ciel! Si elle se trahissait!

SARA. Et pourquoi donc?

MARWOOD. Je tremble pour vous deux. Cette bonté imprévue de votre père ne pourrait-elle pas être dissimulation, piége?...

SARA. Non, milady, certainement non. Lisez seulement, et vous le reconnaîtrez vous-même. La dissimulation reste froide toujours, et ne peut adopter le langage de la tendresse. (*Marwood lit à part.*) N'ayez aucun soupçon, je vous en prie, Mellefont. Je vous garantis que mon père est incapable de descendre aux piéges. Il ne dit que ce qu'il pense, et la fausseté est un vice inconnu de lui.

MELLEFONT. Oh! j'en suis parfaitement convaincu, très chère miss... Il faut pardonner à milady ce soupçon : elle ne connaît pas encore quel homme c'est.

SARA. (*Tandis que Marwood lui rend la lettre.*) Que vois-je, milady? Vous pâlissez? Vous tremblez? Qu'avez-vous?

MELLEFONT (*à part.*) Dans quelle angoisse je suis! Pourquoi aussi ai-je consenti à l'amener ici?

MARWOOD. Ce n'est rien, miss, qu'un petit éblouissement ; il va passer. Je ne puis supporter en voyage l'air de la nuit.

MELLEFONT. Vous m'effrayez, milady..... Ne vous plaît-il pas de respirer l'air? On ne se remet pas aussi vite dans un appartement clos.

MARWOOD. Si vous le pensez, donnez-moi donc le bras.

SARA. Je vous accompagnerai, milady.

MARWOOD. Merci de votre politesse, miss. Ma faiblesse n'aura pas de suites.

SARA. Alors, j'espère vous revoir bientôt, milady.

MARWOOD. Si vous le permettez, miss... (*Mellefont la conduit dehors.*)

SARA (*seule*). Pauvre lady!... Elle ne paraît pas être, il est vrai, une personne très bienveillante ; mais elle ne paraît non plus, ni grondeuse, ni hautaine... Je me retrouve seule. Puis-je mieux employer le peu d'instants que peut-être je serai seule, qu'à compléter ma réponse? (*Elle veut se rasseoir pour écrire.*)

SCÈNE VI

BETTY, SARA

BETTY. Voilà une bien courte visite?
SARA. Oui, Betty. C'est lady Solmes, une parente de mon Mellefont. Il lui a pris une petite faiblesse. Où est-elle à présent?
BETTY. Mellefont l'a accompagnée jusqu'à la porte.
SARA. Alors elle est peut-être partie?
BETTY. Je le suppose... Mais plus je vous regarde, miss, — pardonnez-moi la liberté que je prends, — plus je vous trouve changée. Il y a quelque chose de calme et de joyeux dans votre regard. La visite de milady, ou celle du vieillard a dû vous être très agréable.
SARA. C'est la dernière, Betty, la dernière. Il venait de la part de mon père. Quelle affectueuse lettre je vais te donner à lire! Ton bon cœur t'a si souvent fait pleurer avec moi, qu'il faut maintenant que tu partages aussi ma joie. Me voici de nouveau heureuse et en état de te récompenser de tes bons services.
BETTY. Quels services ai-je pu vous rendre dans le cours de neuf semaines?
SARA. Tu n'aurais pas pu m'en rendre de plus grands, dans tout le reste de ma vie, que dans ce court espace de neuf semaines... Elles sont passées!... Viens maintenant, Betty; Mellefont est peut-être seul de nouveau, et il faut que je lui parle encore. Il me vient à l'esprit, qu'il ferait très bien d'écrire en même temps que moi à mon père, qui doit s'attendre à l'expression de sa reconnaissance. (*Elles sortent.*)

SCÈNE VII

La salle de l'auberge

Sir W. SAMPSON, WAITWELL

SIR WILLIAM. Quel baume, Waitwell, ton récit a fait couler dans mon cœur ulcéré! Je renais à la vie, et son retour prochain me semble me ramener aussi loin du côté de ma jeunesse, que sa fuite m'avait poussé du côté de la tombe. Elle m'aime encore! Que veux-je de plus?... Tu vas retourner auprès d'elle, Waitwell. Je ne puis attendre le moment de la serrer de nouveau dans ces bras, que j'avais si ardemment tendus en suppliant, vers la mort. Combien je la désirais aux heures de mon chagrin, et combien je la redouterais à cette heure de bonheur retrouvé! Un vieillard est à blâmer sans doute de se retenir si fermement aux liens qui l'attachent encore au monde. La séparation dernière en devient plus douloureuse... Pourtant le Dieu qui, pour moi, se montre si favorable en ce moment, m'aidera aussi à la supporter. Pourrait-il m'avoir accordé une faveur, et me l'avoir accordée pour ma perte dernière? Pourrait-il me rendre une fille, pour me faire murmurer contre lui lorsqu'il voudra me retirer de cette vie? Non, non; il me la rend pour qu'elle puisse veiller sur mon dernier souffle. Merci à toi, bonté éternelle! Qu'il est faible, le merci d'une bouche mortelle! Mais bientôt, bientôt, dans l'éternité sainte, je pourrai le remercier plus dignement.

WAITWELL. Quelle joie pour mon cœur, sir, de vous voir avant ma fin revenu à la joie! Mais croyez-moi, j'ai presque autant souffert de votre douleur que vous-même. Presque autant; non autant : car la douleur d'un père, dans de telles conjonctures, est inexprimable.

SIR WILLIAM. Ne te considère plus désormais, mon

bon Waitwell, comme mon serviteur. Tu as depuis longtemps mérité que je te fasse une vieillesse plus convenable. Je veux te la donner : et tu seras aussi heureux que je puis encore l'être en ce monde. Je veux supprimer toutes les différences entre nous : dans l'autre monde, le sais-tu bien, elles le seraient d'ailleurs... Mais, pour cette seule fois encore, sois le vieux serviteur, auquel je ne me suis jamais en vain confié. Va et fais attention de me rapporter sa réponse, aussitôt qu'elle sera prête.

WAITWELL. J'y vais, sir. Mais cette démarche, ce n'est pas un service que je vous rends. C'est une récompense que vous m'accordez pour mes services. Oui, certes, c'en est une. (*Ils s'éloignent de différents côtés.*)

FIN DU TROISIÈME ACTE

ACTE IV

SCÈNE PREMIÈRE

La chambre de Mellefont

MELLEFONT, SARA

MELLEFONT. Oui, très chère miss, oui; je veux, je dois le faire.

SARA. Quelle joie vous me donnez !

MELLEFONT. C'est moi seul qui dois me charger de tout le crime; moi seul, qui suis coupable; moi seul, qui ai un pardon à solliciter.

SARA. Non, Mellefont; ne me prenez pas la part la plus grande que j'ai dans notre faute. Plus elle est grave, plus elle m'est chère; car elle doit vous avoir convaincu que j'aime mon Mellefont plus que tout au monde... Mais est-il donc bien vrai que je doive désormais unir cet amour à mon amour pour mon père ? Ou bien est-ce un doux songe ? Combien je crains de le voir s'échapper, et de me réveiller dans mon ancienne angoisse !... Mais non, ce n'est pas rien qu'un rêve; je suis en réalité plus heureuse que je n'ai jamais espéré le devenir; plus heureuse peut-être qu'on ne peut l'être dans cette courte existence. Peut-être n'est-ce que de loin que m'apparaît ce rayon de félicité, peut-être ne me paraît-il s'approcher si doucement que pour se glisser de nouveau dans les plus épaisses ténèbres, et me laisser tout d'un coup dans une obscurité, dont l'horreur me serait encore rendue plus sensible par ce court éblouissement... Quels pressentiments me tourmentent!... Sont-ce en réalité des pressentiments, Mellefont, ou les sensations habituelles, inséparables de l'attente d'un bonheur immérité et de la crainte de le perdre?... Comme le cœur me bat! comme il me bat d'une manière désordonnée! Fortement et rapidement!... Et maintenant, languissamment, craintivement, timidement!... Le voilà qui crépite de nouveau, comme si c'étaient ses derniers battements qu'il se hâtât de battre. Pauvre cœur!

MELLEFONT. L'ébullition du sang que ne pouvait que vous causer une surprise si inopinée, se calmera, miss, et le cœur reprendra son cours plus calme. Aucun de ses battements n'est un pronostic d'avenir, et nous sommes à plaindre, — pardonnez-moi, très chère Sara — de nous faire, de l'impression mécanique du sang, une prophétie de malheur. Aussi ne veux-je rien négliger de ce que vous-même croyez utile, pour calmer en vous cette petite tempête intérieure. Je vais à l'instant écrire, et sir William, je l'espère, sera content de l'assurance de mon repentir, des expressions de mon cœur ému et des promesses solennelles de la plus affectueuse obéissance.

SARA. Sir William! Ah! Mellefont, commencez dès maintenant à lui donner un nom bien plus tendre. Mon père, votre père, Mellefont...

MELLEFONT. Eh bien, oui, miss, notre bon, notre excellent père!... Il m'a fallu bien jeune me déshabituer de cette douce appellation. Il m'a fallu bien jeune désapprendre un aussi doux nom, celui de mère...

SARA. Vous l'avez désappris, et moi... je n'ai pas eu le bonheur de le pouvoir une seule fois prononcer. Ma naissance coûta la vie à ma mère... Dieu! je fus sa meurtrière, sa meurtrière innocente. Et de combien s'en est-il fallu!.. Ah! de peu, de presque rien... que je devinsse aussi la meurtrière de mon père!... Mais, non une meurtrière innocente! Et qui sait si je ne le suis pas déjà? Les années, les jours, les secondes qui le rapprochent de sa fin, par suite de l'affliction que je lui ai causée… c'est moi qui les lui ai ravies ; quand son sort lui réserverait de mourir vieux et rassasié de jours, rien ne pourrait pourtant assurer ma conscience si je pensais que, sans moi, sa mort n'aurait point été encore plus tardive. Triste reproche que je n'aurais, sans doute, pas à me faire, si une tendre mère avait été là pour veiller sur ma vertu! Sa vie, son exemple m'auraient… Pourquoi me regardez-vous si tendrement, Mellefont? Vous avez raison : une mère m'aurait peut-être tyrannisée de son vif amour, et je ne serais pas à Mellefont. Pourquoi donc est-ce que je regrette ce que le sort m'a plus sagement refusé? Les vouloirs du sort sont toujours les meilleurs. Usons donc du droit dont il nous a gratifiés, de posséder un père qui ne m'a encore jamais laissé un soupir de regret pour ma mère, un père qui veut aussi nous faire oublier les parents que nous n'avons pas possédés… Quelle suave idée! Je m'en enamoure, et j'en oublie presque qu'au plus profond de moi-même, il se meut quelque chose qui refuse d'y ajouter foi… Qu'est-ce que c'est que ce quelque chose qui se rebelle?

MELLEFONT. Ce quelque chose, très chère Sara, comme je vous l'ai déjà dit, c'est l'hésitation craintive où est notre nature d'admettre un grand bonheur… Ah! votre cœur faisait moins de réflexions pour se croire malheureux, qu'il n'en fait, en ce moment, pour se croire heureux. Mais comme celui qui a été entraîné dans un rapide mouvement circulaire, et à qui, lorsqu'il s'arrête, il semble encore que les objets extérieurs tournent autour de lui, ainsi en est-il du cœur qui a été trop violemment ébranlé pour se remettre tout d'un coup. Il lui reste un faible tremblement que nous devons passer à sa propre faiblesse.

SARA. Je le crois, Mellefont, je le crois, parce que vous le dites et parce que je le souhaite… Mais ne nous retenons pas l'un l'autre plus longtemps. Je vais terminer ma lettre. Vous me laisserez lire aussi la vôtre, quand je vous aurai montré la mienne?

MELLEFONT. J'en soumettrai chaque mot à votre appréciation; excepté ce que je dois dire pour vous sauver vous-même ; car je sais que vous ne vous regardez pas comme aussi innocente que vous l'êtes. (*Il reconduit Sara jusqu'à l'extrémité de la scène.*)

SCÈNE II

MELLEFONT

MELLEFONT (*après s'être promené en long et en large, plongé dans les plus profondes réflexions*). Quelle énigme je suis pour moi-même! Pour qui me prendrai-je? Pour un fou? ou pour un misérable?... ou pour tous les deux?... Mon cœur, quel trompeur tu fais!... J'aime cet ange et je peux être un tel démon... Je l'aime? Oui, certes, certes je l'aime. Je sens que je voudrais lui sacrifier mille vies, à elle qui m'a sacrifié sa vertu. Je le voudrais; je le voudrais à l'instant même, sans délai... Et, pourtant, et pourtant... Je tremble de me l'avouer à moi-même... et pourtant... comment comprendre cela?... et pourtant je crains l'instant où, en face de l'univers, elle deviendra mienne pour toujours... Cet instant ne peut se remettre, car son père est réconcilié avec nous. Je ne pourrai même pas le retarder. Le retardement de ce moment m'a déjà attiré assez de douloureux reproches. Mais, quelque douloureux qu'ils fussent, ils m'étaient encore plus supportables que ne le seront les mélancoliques pensées où je serai enchaîné pour le reste de ma vie... Et ne suis-je pas déjà enchaîné?... Je le suis et avec plaisir... Sans doute, je suis son captif... Que veux-je donc?... Ceci!... Maintenant je suis un captif qu'on laisse circuler librement sur parole : ce qui me flatte. Pourquoi ne peut-on s'en tenir là? Pourquoi faut-il qu'on me rive des fers, et qu'on m'enlève même une misérable ombre de liberté!... Qu'on me rive des fers? Rien d'autre!... Sara Sampson, mon amante! Que de félicités dans ces seuls mots! Sara Sampson, ma femme!... La moitié de ces félicités a disparu... et l'autre moitié disparaîtra!... Monstre que je suis!... Et c'est dans de tels sentiments, qu'il faut que j'écrive à son père ! Mais ce ne sont pas des sentiments, ce sont des idées, des idées maudites, qui ne sont que la conséquence bien naturelle d'une vie effrénée ! Je veux m'en détacher, ou... ne plus vivre.

SCÈNE III

NORTON, MELLEFONT

MELLEFONT. Tu m'importunes, Norton.

NORTON. Pardonnez-moi donc, monsieur... (*Il veut se retirer.*)

MELLEFONT. Non, non, reste-là. J'aime autant que tu m'interrompes. Que veux-tu?

NORTON. J'ai appris par Betty l'heureuse nouvelle, et je viens vous présenter mes félicitations...

MELLEFONT. A propos de la réconciliation du père? Merci.

NORTON. Le ciel veut donc encore vous rendre heureux?

MELLEFONT. S'il le veut, — tu vois, Norton, que je ne renie pas ses arrêts — je ne suis pas sûr que ce soit à ma considération.

NORTON. Oui, quoique vous le méconnaissiez, c'est aussi à votre considération qu'il le veut.

MELLEFONT. Ce n'est qu'en considération de ma Sara, uniquement et seulement de ma Sara. Sa vengeance toute prête a épargné toute une ville coupable, à cause d'un petit nombre de justes ; un criminel, il peut le tolérer peut-être aussi, quand une âme qui est agréable devant lui s'est liée au sort de ce criminel.

NORTON. Vous parlez avec sérieux et émotion. Mais la joie ne s'exprime-t-elle pas autrement?

MELLEFONT. La joie, Norton? C'en est fait pour moi de la joie.

NORTON. Puis-je parler librement? (*Il le regarde fixement.*)

MELLEFONT. Tu le peux.

NORTON. Le reproche que vous m'avez adressé ce matin de m'être rendu complice de votre crime, en gardant le silence, sera mon excuse auprès de vous, si désormais je ne me tais plus.

MELLEFONT. Seulement, n'oublie pas ce que tu es.

NORTON. Je n'oublierai pas que je suis un domestique, un domestique qui aurait pu devenir quelque chose de mieux, s'il avait vécu en conséquence. Je suis votre domestique, oui; mais je ne tiens pas à me damner avec vous.

MELLEFONT. Avec moi? Mais à quel propos me dis-tu cela en ce moment?

NORTON. Parce que je ne suis pas peu surpris de vous trouver autre que je n'avais cru.

MELLEFONT. Me veux-tu faire connaître ce que tu avais cru?

NORTON. Vous trouver dans le ravissement.

MELLEFONT. Il n'y a que le peuple que la joie mette hors de lui, quand le bonheur lui sourit.

NORTON. C'est peut-être que le peuple a encore cette sensibilité que, chez les gens de qualité, mille idées contraires à la nature gâtent et affaiblissent. Mais votre physionomie révèle autre chose encore que de la retenue; elle révèle de la froideur, de l'irrésolution, de la répugnance...

MELLEFONT. Quand cela serait? As-tu oublié qui est ici, outre Sara? La présence de Marwood...

NORTON. Vous inquièterait peut-être, mais ne vous abattrait pas... C'est autre chose qui vous trouble. Et je me trompe fort, où vous auriez vu avec plaisir que le père n'eût pas encore pardonné. La prévision d'un lien qui est si peu conforme à vos idées...

MELLEFONT. Norton! Norton! Il faut que tu aies été, ou que tu sois encore une horrible canaille, pour m'avoir ainsi deviné. Puisque tu as touché juste, je ne veux pas te le cacher : c'est vrai qu'autant il est sûr que j'aimerai ma Sara, autant je consens peu à me voir obligé de l'aimer éternellement... obligé!... Mais sois sans inquiétude, je vaincrai cette absurde fantaisie. Ou, penserais-tu que ce ne soit pas une simple fantaisie? Qui m'oblige à considérer le mariage comme une entrave? Je ne saurais désirer être plus libre que ce mariage ne me laissera.

NORTON. Ces considérations sont très justes. Mais Marwood, Marwood viendra en aide à vos anciens préjugés, et je crains, je crains...

MELLEFONT. Ce qui n'aura pas lieu. Dès aujourd'hui tu la verras retourner à Londres. Puisque je t'ai confié mes secrets — ce qui est cependant une sottise de ma part, — je ne te veux pas non plus cacher que j'ai inspiré de telles craintes à Marwood, qu'elle obéira aveuglément à mon moindre signe.

NORTON. Vous me dites là quelque chose d'incroyable.

MELLEFONT. Regarde ce fer meurtrier que je lui ai arraché des mains (*il lui montre le poignard qu'il a pris à Marwood*) au moment où elle allait m'en percer le cœur avec la plus horrible frénésie. Croiras-tu maintenant que je lui aie fait les plus énergiques menaces? Au commencement même, il s'en était peu fallu qu'elle me mît de nouveau la corde au cou. La traîtresse a Arabella avec elle.

NORTON. Arabella?

MELLEFONT. Je n'ai pas encore pu m'informer de la ruse qu'elle a mise en œuvre pour reprendre l'enfant. Il suffit que les suites qu'elle espérait sans doute de sa présence, elle n'ait pas réussi à les obtenir.

NORTON. Permettez-moi de me réjouir de votre résistance, et de considérer votre conversion comme à demi accomplie déjà. Seulement — puisque vous avez l'intention de tout me faire connaître — pourquoi s'est-elle présentée ici sous le nom de lady Solmes?

MELLEFONT. Elle a voulu à toute force voir sa rivale. J'ai cédé à son désir, autant par réflexion, que par irréflexion et pour l'humilier par la vue de la meilleure créature de son sexe... Tu hoches la tête, Norton?...

NORTON. Je ne m'y serais pas hasardé.

MELLEFONT. Hasardé? Je n'ai risqué absolument rien

de plus, que je n'aurais hasardé au cas de refus. Elle aurait cherché à pénétrer jusqu'à Sara, sous son véritable nom ; et le pis qu'il puisse résulter de sa visite incognito n'est pas aussi mauvais.

NORTON. Remerciez le ciel de ce qu'elle se soit éloignée si tranquillement.

MELLEFONT. Tout n'est pas encore passé, Norton. Il lui a pris une petite indisposition qui l'a forcée de s'éloigner, sans prendre congé. Elle veut revenir... Soit, pourtant ! La guêpe qui a perdu son aiguillon (*il montre le poignard qu'il remet dans son sein*) ne peut plus que bourdonner. Mais le bourdonnement même lui coûterait cher, s'il nous devenait à charge... Est-ce que je n'entends pas venir? Laissez-moi, si c'est elle. C'est elle. Va ! (*Norton sort.*)

SCÈNE IV

MELLEFONT, MARWOOD

MARWOOD. C'est très à contre-cœur sans doute que vous me voyez revenir.

MELLEFONT. C'est avec joie, Marwood, que je vois que votre indisposition ait été sans conséquence. Vous vous trouvez donc mieux?

MARWOOD. Un peu mieux.

MELLEFONT. Vous n'avez pas bien fait alors de vous donner la peine de revenir.

MARWOOD. Merci, Mellefont, si c'est par sollicitude pour moi que vous dites cela. Et, si c'est dans une autre intention que vous le dites, je ne le prends pas mal.

MELLEFONT. Cela me fait grand plaisir de vous voir si calme.

MARWOOD. La tempête est passée. Oubliez-la, je vous en prie encore une fois.

MELLEFONT. Pourvu que vous n'oubliiez pas votre parôle, Marwood, j'oublierai tout... Mais, si je savais que vous n'y voulussiez voir aucun affront, je vous demanderais peut-être...

MARWOOD. Demandez, Mellefont. Vous ne pouvez plus m'offenser davantage... Que voudriez-vous me demander?

MELLEFONT. Comment vous a plu ma miss?

MARWOOD. Cette demande est naturelle. Ma réponse ne semblera pas aussi naturelle; mais elle n'en sera cependant pas moins vraie... Elle m'a beaucoup plu.

MELLEFONT. Cette impartialité me charme. Mais, du reste, serait-il possible que celui qui a su apprécier les charmes d'une Marwood, pût faire un mauvais choix?

MARWOOD. Cette flatterie, Mellefont, si d'ailleurs c'en est une, vous auriez dû me l'épargner. Elle ne va pas à mon parti pris de vous oublier.

MELLEFONT. Vous ne voulez pourtant pas que je vienne en aide à ce parti pris par des grossièretés? Que notre séparation ne soit pas d'un genre vulgaire! Rompons ensemble, comme des gens de sens qui cèdent à la nécessité, sans amertume, sans rancune, et en gardant l'un pour l'autre le degré de considération qui convient à notre ancienne intimité.

MARWOOD. A notre ancienne intimité? Je ne veux pas m'en souvenir. Rien de plus là-dessus! Ce qui est passé, est passé, et peu importe de quelle manière, cela a passé... Mais un mot encore d'Arabella. Vous ne voulez pas me la laisser?

MELLEFONT. Non, Marwood.

MARWOOD. Il est cruel à vous, lorsque vous ne pouvez pas demeurer son père, de vouloir aussi lui enlever sa mère.

MELLEFONT. Je puis rester son père, et je le veux aussi.

MARWOOD. Prouvez-le donc toute de suite.

MELLEFONT. Comment?

MARWOOD. Permettez à Arabella de posséder comme patrimoine paternel, les richesses que j'ai reçues de vous en dépôt. Quant à son patrimoine maternel, je souhaiterais de tout mon cœur de lui en laisser un meilleur que la honte d'être née de moi.

MELLEFONT. Ne parlez pas ainsi... Je prendrai soin d'Arabella, sans priver sa mère de ce qui lui est décemment nécessaire. Si celle-ci veut m'oublier, il faut aussi qu'elle commence à oublier qu'elle tient de moi quelque chose. J'ai des obligations à remplir envers elle, et je ne perdrai jamais de vue, que c'est elle qui a été la cause, quoique involontaire, de mon bonheur. Oui, Marwood, je vous remercie bien sincèrement d'avoir livré le secret de notre retraite à un père, que l'ignorance seule de cette retraite empêchait de nous rendre plutôt ses bonnes grâces.

MARWOOD. Ne me torturez pas d'un remercîment, que je n'ai jamais eu l'intention de mériter. Sir William est un vieil imbécile, trop plein de bonté. A sa place, j'aurais pensé autrement. J'aurais pardonné à ma fille, et, quant au séducteur, je l'aurais...

MELLEFONT. Marwood !...

MARWOOD. C'est vrai : il s'agit de vous. Je me tais... Pourrai-je bientôt faire mes adieux à miss?

MELLEFONT. Miss Sara ne le prendra pas mal, que vous vous remettiez en route, sans la revoir.

MARWOOD. Mellefont, je n'aime pas à jouer mes rôles à demi, et, même sous un nom d'emprunt, je ne veux point passer pour manquer de savoir-vivre.

MELLEFONT. Si votre tranquillité vous est chère, gardez-vous vous-même de revoir encore une personne qui ne peut que faire naître en vous de certaines idées...

MARWOOD (*souriant moqueusement*). Vous vous connaissez mieux vous-même que moi. Mais quand même vous croiriez qu'à cause d'elle je dusse devenir inconsolable, vous auriez au moins dû garder pour vous cette idée... Miss Sara, faire naître en moi de certaines idées? De certaines? Oh! oui..., mais aucune autre que celle-ci, que la meilleure jeune fille peut souvent donner son amour à l'homme le plus méprisable.

MELLEFONT. Charmant, Marwood, charmant! Vous

voilà enfin dans les dispositions où je souhaitais vous voir depuis longtemps : quoiqu'il m'eût été égal, comme je vous l'ai dit déjà, et presque plus agréable que nous eussions pu garder l'un pour l'autre quelque considération. Mais cette considération reviendra peut-être encore, quand, dans le cœur en fermentation, se seront apaisés les premiers bouillonnements... Permettez-moi de vous laisser un instant seule. Je vais chercher miss Sampson.

SCÈNE V

MARWOOD

MARWOOD (*regardant autour d'elle*). Suis-je seule?... Puis-je enfin, sans être aperçue, reprendre haleine et remettre les muscles de mon visage dans leur état naturel?... Soyons vite une bonne fois la vraie Marwood, avec toute sa physionomie, afin de pouvoir subir de nouveau la contrainte de mon déguisement. Que je te hais, maudit déguisement! Non pas que j'aime la sincérité, mais parce que tu es le plus misérable refuge d'un impuissant désir de vengeance. Sans doute, je ne me serais pas abaissée jusque-là, si un tyran m'avait prêté sa puissance, ou le Ciel son tonnerre... Mais pourvu que tu me mènes à mon but!... Le commencement promet, et Mellefont paraît se rassurer. Si la ruse me réussit pour arriver à parler, en tête à tête, à sa Sara... Alors... Oui, mais pourtant il est encore très incertain que cela me serve à rien. La vérité sur Mellefont n'aura peut-être pour elle rien de nouveau; la calomnie, elle n'y croira peut-être pas; et les menaces, elle les méprisera peut-être. Mais pourtant, vérité, calomnie et menaces, je lui ferai tout entendre. Il serait bien dommage de ne pas laisser d'aiguillon dans son âme... Silence, on vient. Je ne suis plus Marwood, je ne suis qu'une misérable abandonnée qui tente, par un petit artifice, d'éloigner d'elle la honte; qu'un serpent foulé aux pieds qui se tortille en tous sens, pour arriver au moins à mordre le talon qui l'écrase.

SCÈNE VI

SARA, MELLEFONT, MARWOOD

SARA. Je me réjouis, milady, de m'être inquiétée à tort.

MARWOOD. Je vous remercie, miss. L'accident était trop peu de chose, pour qu'il dût vous inquiéter.

MELLEFONT. Milady vient vous faire ses adieux, très chère Sara.

SARA. Si précipitamment, milady?

MARWOOD. Je ne puis trop me hâter, pour les personnes qui attendent ma présence à Londres.

SARA. Vous ne nous quittez pourtant pas aujourd'hui?

MARWOOD. Demain de grand matin.

MELLEFONT. Demain de grand matin, milady? Je croyais que vous partiez aujourd'hui.

SARA. Notre connaissance, milady, est faite bien en courant. Je me flatte que, dans l'avenir, vous daignerez me permettre des relations plus intimes.

MARWOOD. Je vous demande votre amitié, miss.

MELLEFONT. Je suis garant, très chère Sara, que cette demande de milady est sincère, quoique je doive vous prévenir que vous ne vous reverrez sans doute plus de longtemps. Milady s'arrêtera très rarement dans les lieux où nous serons...

MARWOOD (*à part*). Comme c'est habile!

SARA. Mellefont, c'est m'enlever là un très doux espoir.

MARWOOD. C'est moi qui y perdrai le plus, heureuse miss.

MELLEFONT. Mais dans le fait, milady, c'est demain de bonne heure que vous partez?

MARWOOD. Peut-être avant. (*A part.*) Il ne viendra donc personne!

MELLEFONT. Nous aussi, nous ne nous arrêterons pas plus longtemps ici. N'est-ce pas, très chère miss, qu'il sera bon que nous suivions sans retard notre réponse? Sir William ne peut point prendre mal notre empressement.

SCÈNE VII

BETTY, MELLEFONT, SARA, MARWOOD

MELLEFONT. Que veux-tu, Betty?

BETTY. On désire vous parler sans retard.

MARWOOD (*à part*). Ah! nous y voici enfin...

MELLEFONT. A moi? sans retard? J'y irai, dans un instant... Milady, vous plairait-il d'abréger votre visite?

SARA. Pourquoi cela, Mellefont? Milady aura la bonté d'attendre votre retour.

MARWOOD. Pardon, miss; je connais mon cousin Mellefont et je préfère m'éloigner avec lui.

BETTY. L'étranger, monsieur, n'a qu'un mot à vous dire. Et il ajoute qu'il n'a pas un instant à perdre.

MELLEFONT. Bien, je vais à l'instant le rejoindre... Je suppose, miss, que ce sont des nouvelles définitives de l'arrangement dont je vous ai parlé. (*Betty sort.*)

MARWOOD (*à part*). Bien supposé!

MELLEFONT. Mais pourtant, milady...

MARWOOD. Si vous l'ordonnez..., miss, j'ai l'honneur de vous...

SARA. Non pas, Mellefont. Vous ne voudriez pas me refuser le plaisir d'entretenir lady Solmes jusqu'à votre retour?

MELLEFONT. Vous le voulez, miss?

SARA. Ne vous arrêtez pas, très cher Mellefont, et revenez bientôt, mais l'air plus joyeux, je l'espère. Vous craignez sans doute une nouvelle désagréable.

Consentez à tout. Je suis aussi désireuse de voir que vous puissiez me préférer franchement, dans tous les cas, à un héritage, que je ne le suis de vous en savoir en possession...

MELLEFONT. J'obéis. (*Du ton d'un avis.*) Milady, je serai de retour dans un instant. (*Il sort.*)

SCÈNE VIII

SARA, MARWOOD

MARWOOD (*à part*). Bon vent!

SARA. Mon bon Mellefont fait souvent ses politesses d'un ton complétement faux. Ne le trouvez-vous pas aussi, milady?

MARWOOD. Je suis sans doute déjà trop accoutumée à ses façons pour avoir remarqué cela.

SARA. Ne voulez-vous pas vous asseoir?

MARWOOD. Si vous l'ordonnez, miss... (*A part, en s'asseyant.*) Il ne faut pas laisser passer cet instant sans le mettre à profit.

SARA. Dites-moi, milady, ne serai-je pas la plus heureuse de toutes les femmes avec mon Mellefont?

MARWOOD. Si Mellefont sait reconnaître son bonheur, miss Sara en fera l'homme le plus digne d'envie. Mais...

SARA. Un *mais*, milady, est une réticence...

MARWOOD. Je suis franche, miss...

SARA. Vous n'en êtes que plus estimable...

MARWOOD. Franche... et assez souvent jusqu'à l'irréflexion. Mon *mais* en est la preuve. C'est un *mais* très irréfléchi!

SARA. Je ne crois pas que, par cette palliation, milady veuille m'inquiéter encore davantage. C'est une compassion volontairement cruelle, que de ne laisser que soupçonner un mal qu'on pourrait montrer.

MARWOOD. Non pas, miss; vous faites beaucoup trop de cas de mon *mais*. Mellefont est mon parent...

SARA. La moindre objection que vous faites contre lui n'en a que plus d'importance.

MARWOOD. Mais quand même Mellefont serait mon frère, il faudrait pourtant que je vous dise, sans hésitation, que je prendrais contre lui le parti d'une personne de mon sexe, si je remarquais qu'il n'en agît pas assez honnêtement avec elle. Nous autres femmes, il est juste que nous considérions comme une injure et une affaire communes à tout notre sexe, toute injure reçue par l'une d'entre nous, et la mère et la sœur même du coupable devraient ne pas hésiter à la considérer comme leur.

SARA. Cette remarque?...

MARWOOD. Ç'a été déjà ma règle de conduite dans plus d'un cas douteux.

SARA. Et cela m'annonce... je tremble...

MARWOOD. Non, miss, si cela vous fait trembler, parlons d'autre chose...

SARA. Cruelle lady!

MARWOOD. Cela me peine que vous me méconnaissiez. Moi, du moins, si je me mettais, en pensée, à la place de miss Sampson, je regarderais comme un bienfait tout renseignement plus précis, qu'on me voudrait donner sur celui avec qui mon sort serait sur le point d'être lié pour toujours.

SARA. Que voulez-vous, milady? Est-ce que je ne connais pas déjà mon Mellefont? Croyez-moi, je le connais aussi bien que je me connais moi-même! Je sais qu'il m'aime...

MARWOOD. Et qu'il en aime d'autres...

SARA. Qu'il en a aimé d'autres, cela, je le sais aussi. Pouvait-il m'aimer avant de savoir si j'existais? Puis-je prétendre être la seule qui ait eu assez de charmes pour lui? Ne dois-je même pas m'avouer que j'ai fait mon possible pour lui plaire? N'est-il pas assez aimable pour avoir fait faire de même à plus d'une? Et n'est-il pas naturel que plus d'une ces coquetteries aient réussi?

MARWOOD. Vous le défendez avec la même chaleur et

presque avec les mêmes arguments que j'ai déjà souvent fait moi-même. Ce n'est pas un crime d'avoir aimé; encore moins en est-ce un d'avoir été aimé. Mais l'inconstance est un crime.

SARA. Pas toujours; car souvent, à ce que je crois, l'objet de l'amour est l'excuse de l'inconstance, parce qu'il mérite rarement d'être aimé toujours.

MARWOOD. Il paraît que la morale de miss Sampson n'est pas des plus sévères.

SARA. Il est vrai que ma règle de jugement envers ceux qui avouent eux-mêmes leurs égarements, n'est pas des plus sévères, et ne doit pas l'être non plus. Car il ne s'agit pas ici de déterminer les limites que la vertu fixe à l'amour, mais seulement, si l'amour a franchi ces limites, de pardonner à la faiblesse humaine. Si, par exemple, un Mellefont aime une Marwood, puis la quitte : cet abandon est quelque chose de louable en comparaison de cet amour. Ce serait un malheur qu'il lui fallût, pour avoir aimé un temps cette débauchée, l'aimer toujours.

MARWOOD. Mais, miss, connaissez-vous donc cette Marwood, que vous nommez si énergiquement une débauchée?

SARA. Je la connais, d'après ce que Mellefont m'en a dit.

MARWOOD. Mellefont? Ne vous est-il donc jamais venu à l'esprit que Mellefont, dans sa propre cause, ne peut être un excellent témoin?

SARA. Je commence à croire, milady, que vous voulez me mettre à l'épreuve. Mellefont sourirait, si vous lui redisiez combien j'ai sérieusement pris son parti.

MARWOOD. Pardon, miss; Mellefont ne doit rien apprendre de cette conversation. Vous êtes trop généreuse pour vouloir, pour la remercier d'un avertissement bien intentionné, brouiller avec lui une parente qui ne parle ainsi, que parce qu'elle considère sa conduite à l'encontre d'une des personnes les plus aimables de notre sexe, comme si elle en eût été elle-même victime.

sara. Je ne veux brouiller personne, milady, et je souhaiterais que d'autres le voulussent aussi peu.

marwood. Me permettez-vous de vous raconter en peu de mots l'histoire de Marwood?

sara. Je ne sais trop... Pourtant, oui, milady, à la condition seulement que vous interromprez votre récit à l'arrivée de Mellefont. Il pourrait penser que c'est de mon propre mouvement que je vous l'ai demandé; et je n'aimerais pas à ce qu'il pût m'attribuer des sentiments si peu délicats à son égard.

marwood. J'allais demander à miss Sampson la même prudence, si elle ne m'avait prévenue. Il ne doit même en rien soupçonner que Marwood ait été le sujet de notre entretien; et vous serez assez prudente pour en tirer, dans le silence le plus absolu, une règle de conduite pour vous... Écoutez maintenant!... Marwood est d'une bonne famille. C'était une jeune veuve, dont Mellefont fit la connaissance chez une de ses parentes. On dit qu'il ne lui manquait ni la beauté, ni ces grâces qui vivifient la beauté. Sa réputation était sans tache. Il ne lui manquait qu'une seule chose : la fortune. Tout ce qu'elle avait possédé, — et c'avait été une fortune considérable, — elle l'avait sacrifié pour le salut d'un homme, à qui elle croyait ne pouvoir rien préférer en ce monde, au point qu'elle en arriva à lui offrir son cœur et sa main.

sara. Voilà vraiment un noble trait, milady, que je voudrais voir briller dans un meilleur cadre.

marwood. Malgré son manque de fortune, elle était recherchée par des personnes qui ne désiraient rien plus ardemment que de faire son bonheur. Parmi ces riches et nobles prétendants se présenta Mellefont. Ses propositions furent sincères, furent sérieuses, et l'abondance dans laquelle il promettait de mettre Marwood, était le moindre de ses arguments. Dès la première entrevue, il avait déclaré qu'il ne saurait agir avec égoïsme, surtout à l'égard d'une femme, pleine des plus tendres sentiments, qui aurait préféré vivre dans une chaumière avec une personne aimée, que dans un palais avec une personne qu'elle n'aimât point.

SARA. Encore un trait que je ne concède pas à Marwood. Ne flattez pas davantage le portrait, milady, ou il faudrait peut-être que je finisse par la plaindre.

MARWOOD. Mellefont était précisément dans l'intention de s'unir à elle par les liens les plus solennels, quand il apprit la nouvelle de la mort d'un cousin qui lui léguait toute sa fortune, à la condition d'épouser une parente éloignée. Marwood avait, à cause de lui, renoncé à de plus riches mariages, et cependant elle ne voulut point lui céder en générosité. Il voulait ne lui rien dire de cet héritage, avant de s'en être dépouillé pour elle... N'est-ce pas, miss, que c'était grandement pensé?

SARA. Oh! Milady, qui sait mieux que moi que Mellefont possède le cœur le plus noble?

MARWOOD. Mais que fit Marwood? Elle apprit, par dessous main, un soir, très tard, à quoi Mellefont s'était résolu à cause d'elle. Mellefont vint le lendemain matin la voir, et Marwood était partie.

SARA. Où? et pourquoi?

MARWOOD. Il ne trouva qu'une lettre d'elle, où elle lui déclarait qu'il ne devait plus compter la revoir jamais. Elle ne lui cachait pas qu'elle l'aimait; mais elle ajoutait que c'était précisément à cause de cet amour qu'elle ne pouvait consentir à devenir la cause d'une action dont il finirait nécessairement par se repentir. Elle lui rendait sa parole, et le conjurait d'entrer, sans hésitation, par l'accomplissement de la clause testamentaire, en possession d'une fortune qu'un homme d'honneur doit employer à quelque chose de plus important qu'à en faire le sacrifice irréfléchi à une femme.

SARA. Mais, milady, pourquoi prêtez-vous à la Marwood des sentiments si purs? Ce sont des sentiments dont est capable lady Solmes, mais non une Marwood. Certes, non.

MARWOOD. Il n'y a rien d'étonnant, miss, que vous

soyez prévenue contre elle... La résolution de Marwood mit Mellefont hors de sens. Il envoya de tous côtés à sa recherche, et finit par la retrouver.

SARA. Parce que, sans doute, elle se laissa retrouver.

MARWOOD. Pas d'amers commentaires, miss! ils ne siéent pas à une femme dont la manière de penser est d'ailleurs si douce... Il la retrouva, dis-je, et la retrouva sans qu'elle eût rien fait pour cela. Elle ne voulut point accepter sa main, et tout ce qu'il put obtenir d'elle, ce fut qu'elle lui promit de retourner à Londres. Ils convinrent de retarder leur mariage, assez longtemps pour que la parente, lassée de ces longs délais, fût charmée de proposer un arrangement. Pendant ce temps, Marwood ne pouvait se défendre des visites journalières de Mellefont qui, longtemps, ne furent que les visites respectueuses d'un amoureux qu'on a fait reculer jusqu'aux limites de l'amitié. Mais comment eût-il pu se faire qu'un tempérament ardent ne franchît pas ces étroites limites! Mellefont possède tout ce qui rend un homme dangereux. Personne n'en peut être plus convaincu que miss Sampson elle-même.

SARA. Ah!

MARWOOD. Vous soupirez? Marwood aussi a soupiré plus d'une fois de sa faiblesse, et elle en soupire encore.

SARA. Assez, milady, assez. Cette remarque est, je pense, plus qu'un amer commentaire qu'il vous a plu de m'adresser.

MARWOOD. Je n'ai point dit cela dans l'intention de vous blesser, mais dans le but de vous montrer la malheureuse Marwood sous son véritable jour, afin que vous puissiez la juger de la manière la plus intègre... Donc, l'amour donna à Mellefont les droits d'un époux, et, ces droits, Mellefont cessa de considérer comme nécessaire de les consacrer légalement. Combien Marwood eût été heureuse, qu'elle, Mellefont et le Ciel connussent seuls sa honte! Combien elle eût été heureuse qu'une fille infortunée ne vînt pas révéler à tous ce qu'elle eût souhaité de se cacher à elle-même!

SARA. Que dites-vous, milady?... Une fille...

MARWOOD. Oui, miss, une malheureuse fille, à qui l'intervention de miss Sara Sampson enlève tout espoir de jamais pouvoir nommer sans honte ses parents.

SARA. Horrible nouvelle ! Et Mellefont me l'a caché ?... Dois-je y ajouter foi, milady ?

MARWOOD. Croyez qu'il y a bien d'autres choses encore que Mellefont vous a cachées.

SARA. D'autres choses ? Que pourrait-il encore m'avoir caché de plus ?

MARWOOD. Ceci : qu'il aime encore Marwood.

SARA. Vous me tuez, milady.

MARWOOD. Il serait inouï qu'un amour qui a duré plus de dix ans, pût s'anéantir si vite. Il peut souffrir un court obscurcissement, mais ce ne peut être qu'un court obscurcissement, d'où il sortira de nouveau avec un plus vif éclat. Je pourrais vous citer miss Oclaf, miss Dorcas, miss Morr et d'autres encore qui, l'une après l'autre, menaçaient de détacher de Marwood un homme par lequel elles finissaient par se voir très cruellement abandonnées. Il y a un certain point au delà duquel il ne se laisse point emporter, et aussitôt qu'il reçoit certain trait en pleine figure, il s'enfuit. Mais supposez, miss, que vous seule, vous soyez assez heureuse pour l'amener à l'accomplissement d'une cérémonie sacrée ; supposez que vous l'ameniez à surmonter son aversion, passée à l'état de seconde nature, contre un joug formel, croyez-vous que par là vous seriez sûre de son cœur ?

SARA. Malheureuse que je suis, que me faut-il entendre ?

MARWOOD. Pas le moins du monde ! Au premier jour il se hâterait de revoler dans le bras de celle qui ne s'est pas montrée si jalouse de sa liberté. Vous seriez son épouse de nom et elle le serait de fait.

SARA. Ne me torturez pas plus longtemps par de si effrayantes images ! Conseillez-moi. Vous devez le connaître, vous devez savoir par quel moyen il est peut-être possible encore de lui rendre doux, un lien sans lequel l'amour, même le plus sincère, n'est qu'une passion coupable.

MARWOOD. Que l'on puisse rendre un oiseau captif, cela, miss, je le conçois. Mais que l'on puisse lui rendre sa cage plus agréable que la liberté des champs, je ne le sache pas. Mon conseil serait donc de préférer ne pas l'enchaîner et de vous épargner le chagrin d'avoir perdu votre peine. Contentez-vous, miss, du plaisir de l'avoir vu tout près d'être dans vos liens ; et, puisque vous pouvez prévoir que sans aucun doute il brisera ces liens, si vous l'y prenez tout à fait, épargnez-les lui, ne l'y prenez pas.

SARA. Je ne sais si je comprends cette railleuse comparaison, milady...

MARWOOD. Si elle vous irrite, c'est que vous l'avez comprise... En un mot, votre propre intérêt aussi bien que l'intérêt d'une autre, la prudence aussi bien que la justice font une loi et un devoir à miss Sara Sampson de ne point prétendre à un homme, sur lequel Marwood a des droits plus anciens et plus forts. Faites en sorte, miss, de pouvoir rompre avec lui, je ne dis pas avec beaucoup d'honneur, mais toutefois sans honte publique. Une courte disparition avec un amant est, il est vrai, une tache ; mais une tache que le temps efface. Au bout de quelques années, tout sera oublié, et il se trouvera toujours pour une riche héritière des gens qui n'y regarderont pas de si près. Si Marwood se trouvait dans les mêmes circonstances, et qu'elle n'eût besoin, ni d'un époux pour ses charmes qui passent, ni d'un père pour sa fille sans soutien, je suis sûre que Marwood, pour agir généreusement envers miss Sampson, ferait moins d'injurieuses difficultés que miss Sampson n'en fait pour agir généreusement envers Marwood.

SARA (*se levant avec indignation*). Cela va trop loin. Est-ce là le langage d'une parente de Mellefont ? — Comme on vous trahit indignement, Mellefont ! — Ah ! je commence à comprendre, milady, pourquoi il avait tant de peine à vous laisser seule avec moi. Il savait déjà combien votre langue est à craindre. C'est une langue vénimeuse !... Je parle sans détours ! Car milady a assez longtemps parlé avec inconvenance. En quoi Marwood a-t-elle pu se créer un tel défenseur, qui met en œuvre toutes ses forces vitales pour fabriquer un roman éblouissant sur cette Marwood, et emploie toutes les ruses possibles pour me faire suspecter l'honneur d'un homme, qui est un homme, mais non un monstre? Serait-il un monstre, parce que Marwood se vante d'avoir de lui une fille; en serait-il un, parce qu'on me fait entendre de la plus sentimentale façon qu'il a trompé telle ou telle miss; et ferais-je bien de me sacrifier à une tarée coquine?

MARWOOD. Moins d'emportement, jeune femme! Une tarée coquine?... Vous vous servez vraisemblablement là d'expressions, à l'énergie desquelles vous n'avez pas réfléchi.

SARA. Ne paraît-elle pas n'être que cela, d'après le portrait même de lady Solmes? Bien, milady; vous êtes son amie, peut-être son amie la plus intime. Ce n'est pas un reproche que je vous adresse; car il n'est guère possible en ce monde de n'avoir que des amis hautement vertueux. Mais comment se fait-il que votre amitié pour elle vous porte à me mettre si bas? Si j'avais eu l'expérience de Marwood, je n'aurais pas à coup sûr fait ce faux pas qui me place dans un si avilissant parallèle avec elle. Mais si pourtant je l'avais fait, au moins ne l'aurais-je pas prolongé pendant dix années... C'est tout autre chose de se laisser aller au vice par ignorance, ou d'avoir conscience de son action vicieuse, et, malgré cela, de s'y endurcir... Ah! milady, si vous saviez que de repentir, que de remords, que d'angoisses m'a coûtés, mon erreur! Mon erreur, dis-je; car, pourquoi continuerais-je à me montrer assez cruelle pour moi, pour y voir un forfait? Le Ciel même cesse de la considérer ainsi; il détourne de moi le châtiment, et me rend un père... Vous m'effrayez, milady; les traits de votre physionomie s'altèrent tout d'un coup. Vous rougissez; la fureur anime vos yeux, et l'émotion contracte vos lèvres... Ah! si je vous ai irritée, milady, je vous en demande pardon. Je suis une sotte susceptible; ce que vous disiez, était sans doute moins méchant dans votre pensée. Oubliez mon emportement. Comment vous puis-je adoucir? Comment puis-je me créer en vous une amie, telle que Marwood en a trouvé une en vous? Laissez-moi vous demander à genoux... (*elle s'agenouille*) votre amitié, milady, et, si je ne puis l'obtenir, vous demander au moins d'être assez juste pour ne point mettre sur la même ligne Marwood et moi.

MARWOOD (*reculant fièrement de quelques pas, et laissant Sara à genoux*). Cette position de miss Sara Sampson a trop de charmes pour Marwood, pour qu'elle se contente de s'en réjouir sans se faire connaître... Reconnaissez en moi, miss, cette Marwood, avec laquelle vous me demandez de ne pas être comparée, cette Marwood que vous suppliez à genoux.

SARA (*bondissant pleine de terreur et reculant toute tremblante*). Vous Marwood?... Ah! maintenant je vous reconnais, vous, la meurtrière libératrice, dont un rêve avant-coureur m'a fait prévoir les coups. C'est vous! Fuis, malheureuse Sara! Sauvez-moi, Mellefont; sauvez votre bien-aimée! Et toi, douce voix de mon père, retentis!... Où retentit-elle? Par où dois-je voler à elle?... Par ici?... Par là?... A l'aide, Mellefont! A l'aide, Betty!... La voilà qui s'élance sur moi; sa main va me frapper! A l'aide! (*Elle s'enfuit.*)

SCÈNE IX

MARWOOD

MARWOOD. Que veut la braillarde?... Oh! que ne dit-elle vrai; que ne me suis-je élancée sur elle et ne l'ai-je tuée? J'aurais dû jusqu'ici réserver mon poignard, folle que je suis! Quelle volupté de pouvoir percer d'outre en outre à nos pieds une rivale, qui s'y est involontairement jetée!... Mais maintenant!... Je suis découverte. Mellefont peut être ici dans l'instant,

Fuirai-je? L'attendrai-je? Je l'attendrai, mais non sans mettre le temps à profit. Peut-être la ruse adroite de mon domestique le retiendra-t-il encore assez longtemps... Je vois qu'elle me redoute. Pourquoi donc est-ce que je ne la suis pas? Pourquoi donc est-ce que je ne cherche pas à employer contre elle ma dernière ressource? Des menaces sont de misérables armes; pourtant le désespoir n'en néglige aucune, quelque misérable qu'elle soit. Une peureuse jeune fille, que mon seul nom bouleverse et fait fuir, les sens en désordre, peut facilement prendre des paroles d'intimidation pour des faits. Mais Mellefont... Mellefont lui redonnera du courage, et lui apprendra à se moquer de mes menaces. Il le fera? Peut-être, non. On entreprendrait peu en ce monde, si l'on s'arrêtait toujours aux conséquences. Et ne suis-je pas préparée aux plus malheureuses?... Le poignard était pour une autre, le poison est pour moi!... Le poison, pour moi! Il y a bien long-longtemps que je le promène, là, près de mon cœur, pour ce triste service; là, où, dans des temps meilleurs, je cachais les écrits caressants de mon adorateur: poison, pour nous aussi sûr, mais plus lent... Mais s'il ne faisait pas glisser la mort dans mes propres veines! Si, dans celles d'un monstre aussi... A quoi bon m'arrêter à des vœux?... Allons! Ne laissons ni elle, ni moi revenir à la raison. Celui-là renonce à rien tenter, qui veut agir de sang-froid. (*Elle sort.*)

FIN DU QUATRIÈME ACTE

ACTE V

SCÈNE PREMIÈRE

La chambre de Sara

SARA affaissée dans un fauteuil, BETTY

SARA (*affaissée dans un fauteuil*). Betty!
BETTY. Ne vous sentez-vous pas un peu mieux, miss?
SARA. Mieux, Betty... Si seulement Mellefont voulait revenir! Tu as envoyé pourtant le chercher?
BETTY. Norton et l'aubergiste sont à sa recherche.
SARA. Norton est un brave homme, mais il est trop vif. Je ne veux pas du tout qu'à cause de moi il dise des duretés à son maître. D'après ce qu'il nous a lui-même raconté, Mellefont est tout à fait innocent... N'est-ce pas que c'est ton avis aussi, Betty, qu'il est innocent?... Elle l'a poursuivi; qu'y peut-il faire? Elle tempête, elle fait rage, elle veut le tuer. Vois-tu, Betty, j'ai détourné de lui ce danger. Qui le devait, sinon moi?... Et enfin cette mauvaise Marwood veut me voir, et ne consent pas à s'en retourner auparavant à Londres. Pouvait-il lui refuser cette bagatelle? Moi aussi, j'ai souvent désiré voir Mellefont. Mellefont sait bien que nous sommes des créatures curieuses. Et si je n'avais pas moi-même exigé qu'elle attendît ici son retour, elle s'en serait allée avec lui. Je l'aurais vue sous un nom d'emprunt, sans savoir que je l'eusse vue. Et cette petite tromperie aurait pu me devenir même agréable. Donc, toute la faute est mienne... Et d'ailleurs j'ai été effrayée,

voilà tout. Ce petit évanouissement n'est pas grand'-
chose. Tu sais bien, Betty, que j'y suis sujette.

BETTY. Mais je n'ai pas encore vu miss dans un si
profond évanouissement.

SARA. Ne me dis pas cela. Cela t'aura produit cet
effet, à toi qui es une fille de cœur.

BETTY. Marwood a paru émue elle-même du danger où
vous vous trouviez. Quelque fortement que je lui décla-
rasse qu'elle eût à s'éloigner, elle n'a pourtant pas voulu
quitter la chambre, avant que vous eussiez un peu rouvert les yeux, et que je vous eusse fait prendre le cordial.

SARA. Je dois regarder peut-être comme un bonheur
d'être tombée en faiblesse; car qui sait ce qu'il m'aurait encore fallu entendre de sa bouche. En vain me
serais-je sans doute réfugiée dans ma chambre. Tu ne
croirais pas comme j'étais hors de moi. Tout à coup le
rêve effrayant de la nuit précédente me revint à l'esprit,
et je m'enfuis comme une insensée, qui ne sait, où, ni
pourquoi elle fuit... Mais Mellefont ne vient pas encore... Ah !

BETTY. Quel *Ah*, miss ! Quelles convulsions !

SARA. Dieu ! Quelle sensation !...

BETTY. Qu'est-ce qui vous arrive de nouveau ?

SARA. Rien, Betty... Une piqûre, rien, mais mille pi-
qûres brûlantes en une seule... Sois sans inquiétude,
c'est passé.

SCÈNE II

NORTON, SARA, BETTY

NORTON. Mellefont sera ici dans un instant.

SARA. C'est bien, Norton. Mais où l'as-tu donc enfin
trouvé ?

NORTON. Un inconnu l'a attiré jusque devant la porte,
où un monsieur l'attendait, qui avait à lui parler de
l'affaire de la plus grande importance. Après l'avoir
fait promener longtemps, le fourbe lui a échappé par

une rue détournée. Tant pis pour lui, s'il se laisse rattraper, Mellefont est furieux.

SARA. Lui as-tu dit ce qui s'est passé?

NORTON. Tout.

SARA. Mais d'une façon...

NORTON. Quant à la façon, je n'ai pas eu le temps d'y songer. Il suffit qu'il sache quelles angoisses son imprudence vous a encore une fois données.

SARA. Ce n'est pas Mellefont, c'est moi-même qui me les suis causées...

NORTON. Pourquoi faut-il que Mellefont n'ait jamais tort? — Venez, monsieur! L'amour vous a déjà excusé.

SCÈNE III

MELLEFONT, NORTON, SARA, BETTY

MELLEFONT. Ah! miss, quand ce ne serait même pas votre amour...

SARA. Alors je serais certainement la plus malheureuse de nous deux... Je suis heureuse, pourvu que, pendant votre absence, il ne vous soit rien arrivé de plus fâcheux qu'à moi.

MELLEFONT. Je n'ai pas mérité d'être reçu avec tant de bienveillance...

SARA. Pardonnez-moi ma faiblesse qui ne me permet pas de vous recevoir plus tendrement. Pour vous tranquilliser, je souhaiterais de me sentir moins souffrante.

MELLEFONT. Ah! Marwood, il ne vous manquait plus que cette trahison. Le misérable qui, avec les gestes les plus confidentiels, me menait d'une rue dans une autre, d'un coin dans un autre, n'était autre chose certainement qu'un homme envoyé par elle. Voyez-vous, très chère miss, cette ruse avait pour but de m'éloigner de vous. C'était une ruse grossière, sans doute; mais c'est précisément parce qu'elle était grossière que j'étais loin de l'éventer. Ce ne sera pas en vain qu'elle aura été si infâme, cette femme. Vite, Norton, rends-toi chez elle; ne la perds pas de vue, et retiens-la jusqu'à mon arrivée.

SARA. Pourquoi cela, Mellefont? Je vous supplie pour Marwood.

MELLEFONT. Va. (*Norton sort.*)

SCÈNE IV

SARA, MELLEFONT, BETTY

SARA. Laissez donc s'éloigner tranquillement une ennemie abattue, qui a tenté ce dernier et infructueux effort. Je n'aurais pas, sans Marwood, su beaucoup de choses.

MELLEFONT. Beaucoup de choses? Que voulez-vous dire?

SARA. Ce que vous-même ne m'aviez pas dit, Mellefont... Cela vous surprend?... Eh bien, je veux l'oublier, puisque vous ne voulez pas que je le sache.

MELLEFONT. J'ose espérer que vous ne croirez rien sur mon compte, de ce qui n'a d'autre fondement que la jalousie d'une calomniatrice irritée.

SARA. Nous parlerons de cela une autre fois; mais pourquoi ne parlerions-nous pas tout d'abord du danger que votre précieuse vie a couru? C'est moi, Mellefont, qui avais affilé le fer dont Marwood vous aurait frappé...

MELLEFONT. Ce danger a été peu de chose. Marwood était troublée par une aveugle rage, et moi, j'étais de sang-froid. Son attaque devait donc manquer son effet... Pourvu qu'une autre attaque contre la bonne opinion de miss Sara sur son Mellefont, ne lui ait pas mieux réussi! Je le crains presque... Non, très chère miss, ne me taisez pas plus longtemps ce que vous avez appris sur mon compte.

SARA. Eh bien!... S'il m'était resté encore le moindre doute sur votre amour, Mellefont; ce doute, la rage de Marwood l'aurait dissipé. Il faut certainement qu'elle sache quel prix j'allais lui coûter, sans quoi une perte douteuse lui aurait laissé plus de circonspection.

MELLEFONT. Je finirai donc par devoir quelque chose à sa sanglante jalousie, à son impétueuse arrogance, à sa coupable perfidie !... Mais, miss, vous voulez reculer encore et me taire ce que...

SARA. Pardon, ce que je vous ai dit, y était déjà un acheminement. Que Mellefont m'aime, c'est là un fait incontestable. Si seulement je n'avais pas découvert que son amour manquait d'une certaine confiance, qui m'aurait été aussi flatteuse que son amour même. Bref, très cher Mellefont... Pourquoi faut-il qu'un soudain serrement de cœur me rende ces paroles si difficiles? Je devrais vous l'avoir dit déjà, sans chercher tant de précautions oratoires pour vous le dire... Marwood a parlé d'un gage d'amour, et cet indiscret de Norton — pardonnez-le lui — m'a dit un nom, un nom, Mellefont, qui doit éveiller en vous une autre tendresse que celle que vous ressentez pour moi...

MELLEFONT. Est-il possible? L'éhontée a-t-elle avoué sa propre honte?... Ah! miss, ayez pitié de mon trouble... Puisque vous savez tout, pourquoi vouloir l'entendre encore de ma bouche? Elle ne paraîtra jamais devant vos yeux, cette pauvre petite, à laquelle on ne peut rien reprocher que sa mère.

SARA. Vous l'aimez cependant?

MELLEFONT. Trop, miss, trop, pour pouvoir le nier.

SARA. Eh bien, Mellefont, — combien je vous aime, moi, pour cet amour! Vous m'auriez froissée d'une manière sensible, si, par des considérations désavantageuses pour moi, vous m'aviez déguisé votre affection paternelle. Déjà c'est pour moi un chagrin, que la menace de ne la laisser jamais paraître devant moi. C'est une des promesses que vous deviez me faire solennellement en présence du Très Haut, que celle de ne pas éloigner de vous Arabella. Dans les mains de sa mère, elle court le risque de devenir indigne de son père. Usez de vos droits sur toutes deux, et laissez-moi m'éloigner à la place de Marwood. Accordez-moi la joie de me faire une amie, de celle qui vous doit la vie, d'un Mellefont de mon sexe. Jours heureux que ceux, où mon père, où Arabella, où vous, vous me ferez connaître de nouveau l'honneur de mon enfance, les soins de l'amitié, l'intimité de l'amour! Jours heureux! Mais, hélas!... Vous êtes encore dans le lointain avenir... Peut-être même ne serez-vous point dans l'avenir, et n'êtes-vous qu'un bonheur créé par mon désir!... Des sensations, Mellefont, des sensations que je n'ai jamais ressenties, présentent à mes yeux une autre perspective : une sombre perspective, au milieu des pensées les plus honorables... Que m'arrive-t-il? (*Elle porte la main à son visage.*)

MELLEFONT. Quel soudain passage de l'enthousiasme à l'effroi!... Cours, Betty : va chercher du secours... Qu'avez-vous, généreuse miss? Ame céleste! Pourquoi cette main jalouse (*Il la lui prend*) me cache-t-elle de si affectueux regards? Ah! voilà des signes qui trahissent malgré vous la plus cruelle douleur!... Et pourtant elle est jalouse, cette main qui veut me les dérober. Ne dois-je pas partager vos douleurs, miss? Malheureux que je suis de ne pouvoir les partager!... Que ne puis-je les éprouver seul!... Mais cours donc, Betty...

BETTY. Où faut-il courir?

MELLEFONT. Tu vois ce qui se passe et tu le demandes?... Chercher du secours.

SARA. Reste... cela passe. Je ne vous effraierai plus, Mellefont.

MELLEFONT. Betty, que lui est-il arrivé?... Ce ne sont pas là les simples suites d'un évanouissement...

SCÈNE V

NORTON, MELLEFONT, SARA, BETTY

MELLEFONT. Déjà de retour, Norton? Très-bien! Ta présence est plus nécessaire ici.

NORTON. Marwood est partie...

MELLEFONT. Que mes malédictions l'accompagnent!...

Elle est partie?... De quel côté?... Mort et malheur! puisse-t-elle trouver l'enfer tout entier sur son chemin! Que le feu du ciel tombe sur elle et la consume! Que la terre s'entr'ouvre sous ses pas et engloutisse le plus horrible monstre à visage de femme!...

NORTON. Aussitôt que rentrée chez elle, elle s'est jetée en voiture avec Arabella et sa servante et a donné l'ordre de lancer les chevaux à toute vitesse. Elle a laissé pour vous ce billet cacheté.

MELLEFONT (*prenant le billet*). Pour moi?... Dois-je le lire, miss?

SARA. Si vous en devez devenir plus calme.

MELLEFONT. Plus calme? Puis-je le devenir, avant de m'être vengé de Marwood et de vous savoir, très chère miss, hors de danger?

SARA. Ne parlez pas de vengeance. La vengeance ne nous appartient pas... Vous le décachetez pourtant? Ah! Mellefont, pourquoi sommes-nous moins forts, pour certaines vertus, avec un corps sain et qui sent son énergie, qu'avec un corps maladif et abattu? Combien paraissent difficiles la résignation et la douceur, et combien me paraît contraire à la nature l'impatient emportement de la passion!... Gardez-en seulement le contenu pour vous.

MELLEFONT. Quelle inspiration me pousse à vous désobéir? Je l'ai décacheté, malgré moi... malgré moi, je vais le lire.

SARA (*tandis que Mellefont lit pour lui-même*). Avec quelle habileté l'homme sait se partager et, par suite de ses passions, devenir un être tout différent, qui peut accepter la charge de tout ce que, de sang-froid, il rejetterait loin de lui!... Mes sels, Betty. Je redoute une nouvelle frayeur et j'en aurai besoin... Vois-tu qu'elle impression cette malheureuse lettre fait sur lui!... Mellefont!... Vous perdez la tête?... Mellefont!... Dieu! il frémit!... Tiens, Betty, tends-lui les sels!... Il en a plus besoin que moi...

MELLEFONT (*repoussant Betty*). N'approche pas, malheureuse! Tes cordiaux sont du poison!...

SARA. Que dites-vous ?... Revenez à vous !... Vous ne la reconnaissez pas !...

BETTY. Je suis Betty ; prenez donc.

MELLEFONT. Tu devrais souhaiter, misérable, de ne pas l'être !... Cours, fuis, avant que tu sois devenue, à défaut de la plus coupable, la victime de ma rage !

SARA. Quelles paroles !... Mellefont, très cher Mellefont...

MELLEFONT. C'est le dernier *très cher Mellefont* de ces divines lèvres, et puis ce sera fini !... A vos pieds, Sara... (*Il se jette à ses genoux.*) Mais que ferais-je à vos pieds ? (*Il se relève.*) Vous découvrir ? Moi, vous découvrir, miss, que vous me devriez, que vous me devez haïr... Vous n'en connaîtrez pas le contenu, non, non pas par moi... Mais vous le connaîtrez... Vous le... Qu'est-ce que je fais encore ici, oisif et inutile ? Cours, Norton, amène ici tous les médecins possible. Cours à l'aide, Betty ! Fais que le secours soit assez prompt pour réparer ta méprise !... Non, reste là ! J'y vais moi-même.

SARA. Où, Mellefont ? Pourquoi de l'aide ? De quelle méprise parlez-vous ?

MELLEFONT. De l'aide de Dieu, Sara, ou — impitoyable vengeance !... — vous êtes perdue, ma très chère miss ! Et moi aussi, je suis perdu !... Que le monde n'est-il perdu avec nous !

SCÈNE VI

SARA, NORTON, BETTY

SARA. Il est parti ?... Je suis perdue ? Que veut-il dire ? Le comprends-tu, Norton ? Je suis malade, bien malade ; mais quand, au pis-aller, je devrais mourir, suis-je perdue pour cela ? Et que te veut-il donc à toi, pauvre Betty ?... Tu te tords les mains ? Ne te trouble pas, il réfléchira... Ah ! s'il m'avait écoutée et s'il n'avait pas lu ce billet! Il pouvait bien penser que ce billet renfermait le dernier poison de Marwood...

BETTY. Quelle effrayante supposition!... Non, cela ne peut pas être, je ne le crois pas.

NORTON (*à l'extrémité de la scène*). Le vieux domestique de votre père, miss...

SARA. Fais entrer, Norton.

SCÈNE VII

WAITWELL, LES PRÉCÉDENTS

SARA. Tu désires ma réponse, bon Waitwell. Elle est prête, à l'exception de quelques lignes... Mais pourquoi es-tu si effaré? On t'aura dit sans doute que je suis malade?

WAITWELL. Plus encore!

SARA. Dangereusement malade?... Je le conclus d'après la violente anxiété de Mellefont, plus que d'après ce que j'éprouve... Il faudra que tu repartes, Waitwell, avec la lettre non terminée de la malheureuse Sara à son malheureux père!... Mais espérons mieux; veux-tu attendre à demain? Peut-être trouverai-je encore quelques instants pour la terminer. A présent, je ne suis pas en état de le faire. Cette main pend comme morte à mon flanc engourdi... S'il n'en coûte pas plus au corps tout entier pour être privé de la vie qu'à ce membre... Tu es un vieillard, Waitwell, et tu ne peux plus être bien éloigné de ton dernier pas... Crois-moi, si ce que je ressens, ce sont les approches de la mort... crois-moi, les approches de la mort ne sont pas si douloureuses... Ah!... Ne t'arrête point à ce *ah!* Il est impossible de s'en aller sans ces sensations pénibles. La créature n'est point insensible, la mort ne peut arriver sans souffrance... Mais, Betty, pourquoi es-tu toujours si inconsolable?

BETTY. Permettez-moi, miss, permettez-moi de m'éloigner de devant vos yeux.

SARA. Va donc; je sais bien que cela ne convient pas à chacun d'assister une mourante. Waitwell restera près de moi, et toi, Norton, fais-moi le plaisir d'aller chercher ton maître. Je soupire après sa présence.

BETTY (*s'en allant*). Ah! Norton, c'est des mains de la Marwood que j'ai pris le cordial.

SCÈNE VIII

WAITWELL, SARA

SARA. Waitwell, si tu veux me prouver ton affection en restant près de moi, ne me fais pas une figure si lamentable. Tu te tais? Parle donc! Et si j'ose t'en prier, parle-moi de mon père. Répète-moi toutes les paroles consolantes que tu me disais, il y a peu d'heures. Répète-moi que mon père est apaisé et qu'il a pardonné... Répète-moi cela, et dis-moi aussi que notre Père céleste ne sera pas rigoureux pour moi... N'est-ce pas que je puis mourir? Si j'étais morte dans ma situation, avant ton arrivée, quelles conséquences cela aurait eu pour moi! J'aurais été désespérée, Waitwell. Sortir de ce monde, accablée de la haine de celui qui doit forcer la nature pour nous haïr... Quelle pensée! Dis-lui que je suis morte dans les sentiments les plus vifs de repentir, de reconnaissance et d'amour. Dis-lui... Ah! que ne puis-je lui dire moi-même combien mon cœur est plein de ses bienfaits! La vie que je tiens de lui en était le moindre. Que je souhaiterais de pouvoir en abandonner à ses pieds le languissant reste!

WAITWELL. Souhaitez-vous réellement de le voir, miss?

SARA. Est-ce que tu douterais de mon plus ardent, de mon suprême désir?

WAITWELL. Trouverai-je les paroles que je cherche

depuis si longtemps? Une soudaine joie est aussi dangereuse qu'une soudaine frayeur. Je ne crains que l'impression trop violente, que pourrait faire, sur une âme aussi sensible, sa vue inopinée.

SARA. Que veux-tu dire? La vue inopinée de qui?...

WAITWELL. Celle que vous souhaitez, miss!... Calmez-vous.

SCÈNE IX

Sir W. SAMPSON, WAITWELL, SARA

SIR WILLIAM. Tu restes trop longtemps. Il faut que je la voie.

SARA. Cette voix...

SIR WILLIAM. Ah! ma fille!

SARA. Ah! mon père!... Aide-moi, Waitwell, aide-moi à me jeter à ses pieds. (*Elle veut se lever, et retombe de faiblesse dans le fauteuil.*) C'est donc lui, ou ne serait-ce qu'une bienfaisante apparition, un ange envoyé par le Ciel, pour grandir mes forces?... Qui que tu sois, bénis-moi, messager du Très-Haut, image de mon père, ou mon père lui-même.

SIR WILLIAM. Que Dieu te bénisse, ma fille!... (*Elle cherche encore une fois à se jeter à ses pieds.*) Reste calme... Une autre fois, quand tu auras plus de forces, je ne te verrai pas sans plaisir embrasser mes genoux tremblants.

SARA. Maintenant ou jamais. Bientôt je n'existerai plus. Trop heureuse si je gagne encore quelques instants pour vous découvrir les sentiments de mon cœur. Ce ne sont pas quelques instants, ce sont de longs jours, c'est toute une nouvelle vie qu'il me faudrait pour vous dire tout ce qu'une fille coupable, repentante, châtiée, peut dire à un père outragé, mais généreux et aimant. Ma faute, votre pardon...

SIR WILLIAM. Ne te fais de ta faiblesse aucun reproche, et ne me fais de ma faute aucun mérite. Si tu songes à mon mérite, songe aussi que j'ai tardé. Pourquoi ne t'ai-je pas sur-le-champ pardonné? Pourquoi t'ai-je mise dans la nécessité de me fuir? Et aujourd'hui encore, quand déjà je t'avais pardonné, pourquoi me suis-je contraint à attendre d'abord de toi une réponse? A présent je pourrais depuis tout un jour te posséder, si j'avais couru sans délai te serrer dans mes bras. A-t-il fallu qu'il restât dans un des plus secrets replis de mon cœur un mauvais vouloir inavoué, qui me fît désirer être sûr que tu m'aimais encore, avant de te rendre mon amour? Faut-il qu'un père agisse avec tant de vanité? Blâme-moi, très chère Sara, blâme-moi; j'ai plus considéré la joie de te ravoir, que toi-même... Et si j'allais la perdre, cette joie!... Mais qui donc dit que je vais la perdre, cette joie? Tu vivras, tu vivras encore longtemps. Éloigne de toi toutes ces sombres pensées. Mellefont a grossi ton danger. Il a mis toute la maison en émoi, et a couru lui-même rassembler des médecins; il n'en trouvera peut-être pas dans ce misérable lieu. J'ai vu sa violente anxiété, son trouble désespéré, sans être vu de lui. Maintenant je sais qu'il t'aime sincèrement, et je te donne à lui. Je vais l'attendre ici, et placer ta main dans sa main. Ce que je n'aurais fait que par contrainte, à présent je le fais de tout cœur, parce que je vois combien tu lui es chère... Est-il vrai que ce soit Marwood qui t'ait causé cette frayeur? C'est tout ce que j'ai pu comprendre aux gémissements de ta Betty... Mais qu'ai-je à faire de m'occuper des causes de ton indisposition, quand je ne devrais songer qu'aux moyens de la faire cesser! Je vois que d'instant en instant, tu t'affaiblis davantage, je le vois, et je reste là, sans te porter secours. Que faire, Waitwell? Où courir? Quel remède trouver? Ma fortune? Ma vie? Parle donc!

SARA. Bon père, tout secours serait inutile; même le plus inappréciable, celui que vous voudriez me procurer au prix de votre propre vie,

SCÈNE X

MELLEFONT, LES PRÉCÉDENTS

MELLEFONT. Oserai-je encore remettre les pieds dans cette chambre? Vit-elle encore?

SARA. Approchez, Mellefont.

MELLEFONT. Me faut-il revoir votre visage? Non, miss, je reviens sans consolation, sans secours. Le désespoir seul me ramène... Mais qui vois-je? Vous, sir? Malheureux père! Vous êtes venu assister à une horrible scène. Pourquoi ne veniez-vous pas plus tôt? Vous arrivez trop tard pour sauver votre fille. Mais... Allons... pour vous voir vengé, vous n'êtes pas arrivé trop tard.

SIR WILLIAM. Ne vous souvenez pas dans cet instant, que nous ayons été ennemis, Mellefont. Nous ne le sommes plus; nous ne voulons plus l'être. Conservez-moi ma fille; ce sera une épouse que vous vous serez conservée à vous-même.

MELLEFONT. Faites-moi Dieu, et puis, vous pourrez répéter votre demande... Je vous ai déjà, miss, causé trop de malheurs, pour que je puisse hésiter à vous annoncer le dernier; vous allez mourir. Et savez-vous de quelle main vous mourez?

SARA. Je ne veux pas le savoir, c'en est déjà trop pour moi de pouvoir le soupçonner.

MELLEFONT. Il faut que vous le sachiez, car qui pourrait m'assurer que vous n'eussiez pas de faux soupçons? Voici ce qu'écrit Marwood : (*Il lit.*)

« Quand vous lirez ce billet, Mellefont, votre perfidie sera déjà vengée sur elle. Je me suis découverte à elle; la frayeur l'a fait tomber en pâmoison. Betty se donnait toutes les peines possibles pour la faire revenir à elle. Je remarquai qu'elle avait mis de côté une poudre cordiale, et j'eus la chance de pouvoir y substituer du poison. Je fis l'empressée et la serviable, et je le préparai moi-même. Je le lui vis donner, puis je m'éloignai triomphante. La vengeance et la fureur ont fait de moi un assassin ; mais je ne veux pas être de ces assassins vulgaires qui n'osent pas se vanter de leurs actes. Je suis sur le chemin de Douvres. Vous pouvez m'y poursuivre et invoquer contre moi mon propre écrit. Si j'arrive au port sans être poursuivie, j'abandonnerai entièrement Arabella. Mais jusque-là, je la garde en otage.

" Marwood. "

Maintenant, vous savez tout, miss. Tenez, sir, gardez ce papier ; vous devez faire châtier l'assassin, et pour cela, il vous est indispensable... Dans quel effroi, il se tient là !

SARA. Donnez-moi ce papier, Mellefont ; je veux me convaincre par mes yeux. (*Il le lui donne : elle le considère un instant.*) Aurai-je encore assez de force? (*Elle le déchire.*)

MELLEFONT. Que faites-vous, miss?

SARA. Marwood n'échappera point à son sort; mais ce n'est ni vous, ni mon père, qui devez vous faire ses dénonciateurs. Je meurs et je pardonne à la main par laquelle Dieu me frappe... Ah! Je vous aime, Mellefont, et, si c'est un crime de vous aimer, combien j'arriverai coupable dans l'autre monde ! Si j'osais espérer, très cher père, que vous voulussiez accepter un fils à la place d'une fille ! Une fille ne vous manquerait même pas avec ce fils, si vouliez reconnaître Arabella. Allez la chercher, Mellefont, et laissez fuir sa mère... Puisque mon père m'aime, pourquoi ne me serait-il pas permis de m'en aller, en lui laissant son amour comme un héritage? Je vous lègue cet amour, à vous et à Arabella. Parlez-lui quelquefois d'une amie dont l'exemple la mettra en garde contre l'amour... Votre dernière bénédiction, mon père!... Qui oserait sonder les arrêts du Tout-Puissant! Console ton maître, Waitwell.

Mais tu es là aussi, enseveli dans un chagrin navrant, toi, qui ne perds en moi, ni amante, ni fille?...

sir william. Nous devrions t'inspirer du courage, et c'est ton œil mourant qui nous en donne. Toi, qui n'es plus ma fille terrestre, mais presque un ange, que peut sur toi la bénédiction d'un père en émoi, quand sur toi descendent toutes les bénédictions d'en haut? Laisse venir à moi un rayon de la lumière qui t'emporte si au dessus de l'humanité. Oui, prie Dieu, ce Dieu qui n'exauce rien d'une manière aussi certaine que les prières d'un pieux mourant, prie-le que ce jour soit aussi le dernier de ma vie.

sara. La vertu forte, Dieu la doit laisser en exemple au monde; il n'y a que la vertu faible, qui serait exposée peut-être à trop d'épreuves, qu'il retire tout d'un coup de la lice périlleuse... Pourquoi ces larmes, mon père? Elles tombent sur mon cœur comme des gouttes de feu; et cependant... et cependant, elles m'effraient moins que ce muet désespoir, Mellefont!... Arrachez-vous à ce désespoir, Mellefont!... Mes yeux se troublent... Voici mon dernier souffle!... Je pense encore à Betty, et je comprends les convulsions de son angoisse. La pauvre fille! Qu'on ne lui reproche jamais une imprudence. La droiture de son cœur repousse tout soupçon de culpabilité... Voici le moment! Mellefont!.. Mon père...

mellefont. Elle meurt! Ah! baiser encore une fois cette froide main!... (*Il tombe à ses pieds.*) Non, je n'ose pas la toucher. J'ai peur : on dit que le corps de la victime saigne au contact du meurtrier. Et qui est son meurtrier? Ne le suis-je pas, plus que Marwood! (*Il se lève.*) La voilà morte, sir; maintenant elle ne nous entend plus; eh bien, maudissez-moi. Soulagez votre douleur par des malédictions méritées! Il n'en faut épargner aucune à ma tête, et, les plus épouvantables, je les ressentirai doublement... Vous vous taisez? Elle est morte : elle l'est sûrement! Maintenant je ne suis plus que Mellefont. Je ne suis plus le bien-aimé d'une fille chérie, pour laquelle vous auriez eu raison de l'épargner... Mais quoi? Ne jetez pas sur moi ces regards miséricordieux ! C'est votre fille ! Je suis son séducteur ! Songez-y, sir ! Comment satisferai-je le mieux votre vengeance !... Cette beauté florissante, sur laquelle vous aviez seul des droits, je m'en suis fait, malgré vous, le ravisseur ! Je lui ai fait oublier sa vertu inexpérimentée ! Je l'ai arrachée aux bras d'un père aimé; je l'ai fait mourir !... Vous lassez ma patience, sir, par votre longanimité ! Montrez-moi que vous êtes père...

SIR WILLIAM. Je suis père, Mellefont, et je le suis trop, pour ne pas respecter les dernières volontés de ma fille... Laisse-moi t'embrasser, mon fils, que je ne pouvais acquérir à plus haut prix.

MELLEFONT. Non pas, sir ! Cette sainte demande est au dessus des forces de la nature humaine. Vous ne pouvez plus être mon père... Voyez, sir. (*Il tire le poignard de son sein.*) Voilà le poignard qu'aujourd'hui Marwood a dirigé contre moi. Pour mon malheur je l'en ai désarmée. Si j'étais devenue la victime méritée de sa jalousie, Sara vivrait encore. Vous auriez encore votre fille, et, sans Mellefont. Je ne puis faire que ce qui s'est accompli, ne le soit pas : mais m'en punir... je le puis !... (*Il se frappe et tombe près du fauteuil de Sara.*)

SIR WILLIAM. Retiens-le, Waitwell !... Quel nouveau coup sur mon front accablé !... Oh ! que ce troisième cœur ici refroidi, n'est-il le mien?

MELLEFONT (*mourant*). Je le sens... j'ai frappé juste... Voulez-vous maintenant m'appeler votre fils, et je meurs content ?.. (*Sir William le serre dans ses bras.*) Vous avez entendu parler d'une Arabella, pour qui Sara mourante vous a invoqué. Moi aussi, je vous prierais pour elle... mais elle est la fille de Marwood aussi bien que la mienne ! Quelles sensations étranges me saisissent ! Grâce, ô Créateur, grâce !...

SCÈNE IX

NORTON, LES PRÉCÉDENTS

NORTON. Des médecins, sir...
SIR WILLIAM. S'ils peuvent faire des miracles, qu'ils entrent... Ne nous arrêtons pas, Waitwell, près de ce navrant spectacle, plus longtemps. Une seule tombe les renfermera tous deux. Viens vite tout préparer, et puis nous songerons à Arabella. Qu'elle soit ce qu'elle voudra, ma fille me l'a léguée. (*Ils s'éloignent; le rideau baisse.*)

FIN DE MISS SARA SAMPSON

EMILIA GALOTTI

PERSONNAGES

Emilia GALOTTI.
Odoardo GALOTTI, père d'Emilia.
Claudia GALOTTI, mère d'Emilia.
Hettore GONZAGA, prince de Guastalla.
MARINELLI, chambellan du prince.
Camillo ROTA, un des conseillers du prince.
CONTI, peintre.
Le comte APPIANI.
La comtesse ORSINA.
ANGELO, bandit.
PIRRO et quelques domestiques.

EMILIA GALOTTI.

TRAGÉDIE EN CINQ ACTES

1772

ACTE PREMIER

SCÈNE PREMIÈRE

Le cabinet du prince

LE PRINCE

LE PRINCE (*assis à une table de travail, couverte de papiers, et parcourant quelques-uns de ces papiers*). Des plaintes, rien que des plaintes ! Des pétitions, rien que des pétitions !... Le triste métier ! Et l'on nous porte envie encore !... Pour cela, je le crois bien, que si nous pouvions venir en aide à tous, nous serions dignes d'envie... Emilia ? (*Il lit une des lettres et aperçoit la signature.*) Une Emilia ? Mais une Emilia Bruneschi... non pas Galotti !... Qu'est-ce qu'elle demande, cette Emilia Bruneschi ? (*Il lit.*) Beaucoup, beaucoup !... Mais elle se nomme Emilia... Accordé ! (*Il apostille la pétition et sonne; entre un valet de chambre.*) N'y a-t-il encore aucun conseiller dans l'antichambre ?

LE VALET DE CHAMBRE. Non, monseigneur.

LE PRINCE. J'ai commencé trop tôt ma journée. La

matinée est bien belle : je sortirai en voiture. Le marquis Marinelli m'accompagnera. Envoie-le chercher... (*Le valet de chambre sort.*) Je ne puis plus travailler... J'étais si tranquille, je m'imaginais du moins être si tranquille; il a suffi qu'une pauvre femme s'appelât Emilia Bruneschi... et voilà tout mon bonheur enfui, oui, tout entier!...

LE VALET DE CHAMBRE (*rentrant*). J'ai envoyé chez monsieur le marquis, et voici une lettre de la part de madame la comtesse Orsina.

LE PRINCE. De la comtesse Orsina? Pose-la là.

LE VALET DE CHAMBRE. Son coureur attend.

LE PRINCE. J'enverrai la réponse, s'il y a lieu... Où est-elle? En ville ou à sa campagne?

LE VALET DE CHAMBRE. Elle est arrivée depuis hier en ville.

LE PRINCE. Tant pis... tant mieux, voulais-je dire. Il est d'autant moins nécessaire que le coureur attende. (*Le valet de chambre sort.*) Cette chère comtesse!... (*Amèrement, pendant qu'il tient la lettre à la main.*) Je ferai aussi bien de ne pas la lire. (*Il la repose.*) Eh! oui, j'ai cru l'aimer : que ne croit-on pas? Il est possible aussi que je l'aie réellement aimée. Mais... c'est fini.

LE VALET DE CHAMBRE (*rentrant*). Le peintre Conti sollicite la faveur...

LE PRINCE. Conti? Très bien, fais entrer... Cela me mettra d'autres idées en tête... (*Il se lève.*)

SCÈNE II

CONTI, LE PRINCE

LE PRINCE. Bonjour, Conti, comment allez-vous? Comment va l'art?

CONTI. Prince, l'art court après son pain.

LE PRINCE. Cela ne doit pas être, non, assurément, cela ne doit pas être... dans mes petits États. — Mais il faut aussi que l'artiste veuille travailler.

CONTI. Travailler? C'est sa joie. Seulement, pour beaucoup travailler, faut-il renier le nom d'artiste.

LE PRINCE. Je ne veux pas dire tant travailler, mais beaucoup : c'est à dire un peu, mais avec zèle. Vous ne venez pas à vide, Conti?

CONTI. J'apporte le portrait que vous m'avez commandé, monseigneur. J'en apporte aussi un autre que vous ne m'avez pas demandé, mais qui vaut la peine d'être vu.

LE PRINCE. Le premier est?... Je puis à peine m'en souvenir...

CONTI. Celui de la comtesse Orsina.

LE PRINCE. Vrai?... La commande date d'un peu loin.

CONTI. Nos belles dames ne sont pas tous les jours à la disposition du peintre. La comtesse même, depuis trois mois, n'a pu se déterminer à poser qu'une seule fois.

LE PRINCE. Où sont les tableaux?

CONTI. Dans l'antichambre ; je vais les chercher.

SCÈNE III

LE PRINCE

LE PRINCE. Son portrait!... Soit!... Son portrait!... Au moins ce n'est pas elle-même... Et, peut-être retrouverai-je dans le portrait ce que je ne découvre plus dans la personne... Mais je ne veux pas l'y retrouver. Le peintre importun!... Je suis sûr qu'elle l'aura gagné. Et, quand cela serait! Si une autre image, peinte avec d'autres couleurs, sur un autre fond, pouvait reprendre place dans mon cœur... Vraiment, je crois que je m'en réjouirais. Quand j'aimais là, j'étais toujours si léger, si joyeux, si allègre!... Maintenant, je suis tout autre. Certes non, non et non, plus heureux ou non, je suis mieux ainsi.

SCÈNE IV

LE PRINCE, CONTI, avec les tableaux : il en appuie un contre un fauteuil, en le retournant à l'envers

CONTI. (*Il place l'autre dans son jour.*) Je vous prie de considérer, prince, que notre art a des bornes. Beaucoup du piquant de la beauté reste au delà de ses limites... Approchez-vous ainsi.

LE PRINCE (*après un court examen*). Parfait, Conti, parfait tout à fait... On reconnaît votre talent, votre pinceau... Mais c'est flatté, Conti, excessivement flatté.

CONTI. L'original n'a pas paru être de cette opinion. Dans le fait, ce n'est pas plus flatté que l'art ne doit le faire. L'art doit peindre de manière que la nature plastique, s'il en existait une, se crût elle-même l'image. — Sans les défectuosités que la matière ingrate rend inévitables, et, sans les altérations, que la lutte du temps amène au contraire.

LE PRINCE. L'artiste qui pense ainsi n'en a que plus de valeur... Mais l'original, disiez-vous, a trouvé toutefois...

CONTI. Pardonnez, prince. L'original est une personne qui a droit à tous mes respects. Je n'ai rien voulu exprimer de désobligeant pour elle.

LE PRINCE. Comme il vous plaira!... Et que vous a dit l'original?

CONTI. Je serai satisfaite, m'a dit la comtesse, que vous ne m'enlaidissiez pas.

LE PRINCE. L'enlaidir?... Oh! la vraie originale!

CONTI. Et elle m'a dit cela d'un air... dont certainement ce portrait ne fait voir aucune trace, ne donne aucun soupçon.

LE PRINCE. Je le crois bien; c'est en cela précisément que je trouve une extrême flatterie... Ah! je le connais, cet air fier et moqueur, qui défigurerait le visage d'une Grâce!... Je ne nie pas qu'une jolie bouche qui se plisse un peu moqueusement, n'en soit quelquefois que plus jolie. Mais un peu, bien entendu; le plissement des lèvres ne doit pas aller jusqu'à la grimace, comme chez la comtesse. Et les yeux doivent attirer les regards au dessus de la bouche voluptueusement moqueuse... des yeux tels que la bonne comtesse n'en eut jamais, pas même dans ce portrait.

CONTI. Monseigneur, je suis on ne peut plus confus...

LE PRINCE. Et pourquoi? Tout ce que l'art pouvait tirer des yeux médusiens de la comtesse, de ses gros yeux saillants, fixes et vitreux, vous l'avez loyalement fait, Conti... Loyalement, dis-je?... En flattant moins, vous eussiez plus loyalement agi; car, dites-le vous-même, Conti, cette peinture révèle-t-elle bien le caractère de la personne? Cela devrait être pourtant. Vous avez changé la hauteur en dignité, la moquerie en sourire, l'affectation d'une fantasque exaltation en douce mélancolie.

CONTI (*un peu piqué*). Ah! mon prince... Nous autres peintres, nous comptons sur ce que le portrait fini trouvera encore l'amoureux aussi ardent que lors de la commande. C'est avec les yeux de l'amour que nous peignons et ce n'est qu'avec les yeux de l'amour qu'on devrait aussi nous juger.

LE PRINCE. Alors, Conti... pourquoi n'avez-vous pas apporté ce portrait un mois plus tôt?... Mettez-le de côté... Quel est l'autre tableau?

CONTI. (*Il va le prendre et le tient à la main, tourné à l'envers.*) C'est aussi un portrait de femme.

LE PRINCE. Alors j'aimerais presque mieux ne pas le voir. (*Il pose un doigt sur son front.*) Car, à l'idéal qui est là, ou beaucoup plutôt là (*Il met le doigt sur son cœur*), il n'atteindra point... Je souhaiterais, Conti, d'admirer votre talent dans d'autres œuvres.

CONTI. Il y a des talents bien plus dignes d'admiration que le mien, mais certainement il n'y a pas un type plus admirable que celui-ci.

LE PRINCE. Je gagerais alors, Conti, que c'est la

propre maîtresse de l'artiste... (*Le peintre retourne le tableau.*) Que vois-je? Est-ce votre œuvre, Conti? Ou est-ce l'œuvre de mon imagination?... Emilia Galotti!

CONTI. Comment, mon prince, vous connaissez cet ange de beauté?

LE PRINCE (*cherchant à se calmer, mais sans quitter des yeux le tableau*). Un peu... assez cependant, pour la reconnaître sur-le-champ. Il y a quelques semaines que je la rencontrai avec sa mère dans une soirée. Depuis, je ne l'ai revue qu'au saint lieu... où il convient le moins de regarder avec attention. Je connais aussi son père. Il n'est pas mon ami. C'est lui qui m'a le plus contesté mes droits sur Sabionetta... C'est un vieux grognard, fier et rude, d'ailleurs bon et loyal.

CONTI. Le père! Mais c'est sa fille que nous avons ici.

LE PRINCE. Pardieu! comme si nous l'avions dérobée à son miroir. (*Il tient toujours les yeux attachés sur le portrait.*) Oh! vous savez bien, Conti, qu'on n'en loue que plus l'artiste, quand on oublie son éloge pour son œuvre.

CONTI. Ceci, cependant, ne m'a pas encore beaucoup satisfait... (Mais il est un moyen de me satisfaire entièrement, c'est d'exhaler moi-même mon propre mécontentement.) Ah! que ne peignons-nous immédiatement avec les yeux! Que de temps perdu, des yeux au pinceau, par la main! Mais quand je dis que je sais que c'est du temps perdu, comment c'est du temps perdu, pourquoi c'est du temps perdu, je n'en suis que plus fier, et plus fier encore de n'avoir point, surtout pour ceci, perdu de temps. Car l'autre tableau me fait reconnaître plus que celui-ci que je suis véritablement un grand peintre, mais que c'est ma main seule qui n'est pas toujours assez habile... Où penseriez-vous, prince, que Raphaël n'aurait pas été le plus grand génie de la peinture s'il était né malheureusement sans mains? Pensez-vous, prince?

LE PRINCE. (*Il commence seulement alors à quitter le tableau du regard.*) Que dites-vous, Conti? Que voulez-vous savoir?

CONTI. Oh! rien, rien, affaire de bavarder!... Votre âme, je le sens, était toute dans vos yeux. J'aime de telles âmes, j'aime de tels yeux.

LE PRINCE (*avec une indifférence affectée*). Eh bien, Conti, comptez-vous donc véritablement Emilia Galotti, pour une des beautés les plus parfaites de notre ville?

CONTI. Les plus... les plus parfaites? Et les plus parfaites de notre ville? Vous raillez-vous de moi, mon prince, ou voyiez-vous aussi peu que vous entendiez?

LE PRINCE. Cher Conti!... (*Il tourne de nouveau les yeux vers le tableau.*) Comment oser nous fier à nos yeux? Il n'y a qu'un peintre qui sache pertinemment juger de la beauté.

CONTI. Et le sentiment d'un chacun devrait avant tout attendre la décision d'un peintre?... Il serait bon à mettre au cloître, celui qui voudrait apprendre de nous le sentiment du beau! Mais, comme peintre, je dois vous dire encore ceci, mon prince : une des plus grandes félicités de ma vie, ce sera qu'Emilia Galotti ait posé devant moi. Cette tête, ce visage, ce front, ces yeux, ce nez, cette bouche, ce menton, ce cou, cette gorge, cette taille, tout cet ensemble est, depuis ce moment, mon propre type de la beauté féminine. La peinture même d'après nature, son père en partant l'a emportée. Mais cette copie...

LE PRINCE. (*Il se tourne rapidement de son côté.*) Eh bien, Conti? Vous ne l'avez pas encore promise?

CONTI. Elle est à vous, prince, si elle vous plaît.

LE PRINCE. Me plaire? (*Souriant.*) Votre type de la beauté féminine, que pourrais-je de mieux, que d'en faire le mien aussi? Allons, remportez l'autre portrait, et faites-y mettre un cadre.

CONTI. Bien.

LE PRINCE. Un cadre aussi beau, aussi splendide que le sculpteur pourra le faire. Je placerai ce portrait dans ma galerie. Mais celui-ci, je le garde. Avec une étude, on ne fait pas tant de cérémonies; on ne la fait même pas suspendre, on aime mieux l'avoir sous la main. Je vous remercie, Conti, je vous remercie beaucoup. Et, comme je vous le disais, dans mes États, l'art ne doit pas courir après son pain... tant que j'en aurai moi-même. Envoyez, Conti, chez mon trésorier, faites-vous donner sur votre quittance, pour les deux portraits... ce que vous voudrez... autant que vous voudrez, Conti.

CONTI. Ne devrais-je pas craindre peut-être, prince, que vous ne veuillez ainsi... récompenser quelque autre chose que mon talent ?

LE PRINCE. Oh! susceptibilité d'artiste! Non pas, Conti... Entendez-vous, autant que vous voudrez! (*Conti sort.*)

SCÈNE V

LE PRINCE

LE PRINCE. Autant qu'il voudra!... (*Au portrait*). Et je t'aurai encore à trop bas prix... Ah! merveille de l'art, est-il vrai que je te possède?... Mais qui te possèdera toi-même, plus belle merveille de la nature?... Que voulez-vous pour cela, honorable mère? Que veux-tu, vieux grognard? Demande seulement... J'aimerais bien mieux, enchanteresse, t'acheter à toi-même... Ces yeux pleins de charme et de modestie! Cette bouche! Et, si elle s'entr'ouvrait pour la parole, si elle souriait, cette bouche!... J'entends venir... Je suis jaloux de toi. (*Il retourne le tableau contre la muraille.*) Ce doit être Marinelli. Si je ne l'avais pas fait appeler, quelle délicieuse matinée je pouvais avoir!

SCÈNE VI

MARINELLI, LE PRINCE

MARINELLI. Monseigneur, vous daignerez m'excuser; je ne m'attendais pas à un appel aussi matinal.

LE PRINCE. Il m'était venu l'envie de sortir en voiture; la matinée était si belle!... Mais maintenant elle est bien avancée, et l'envie m'en est passée... (*Après un court silence.*) Quoi de nouveau, Marinelli?

MARINELLI. Rien d'important, que je sache. La comtesse Orsina est arrivée hier en ville.

LE PRINCE. Voici déjà son bonjour. (*Il montre la lettre.*) Ou autre chose peut-être; je ne suis pas curieux de le savoir... Lui avez-vous parlé?

MARINELLI. Ne suis-je pas, hélas! son confident? Mais, quand il m'arrivera encore de le devenir d'une femme, qui vous aime sérieusement, prince, alors...

LE PRINCE. Il ne faut jurer de rien, Marinelli!

MARINELLI. Oui? Dans le fait, prince, cela pourrait-il donc arriver?... Oh! alors la comtesse n'a pas déjà si grand tort...

LE PRINCE. Au contraire, très grand tort. Mon prochain mariage avec la princesse de Massa exige absolument que je rompe toute liaison de ce genre.

MARINELLI. Si c'en est toute la cause, il est certain que la comtesse doit savoir se trouver aussi heureuse de son sort que le prince, du sien.

LE PRINCE. Le mien est incontestablement plus dur que le sien. Mon cœur se sacrifie à la misérable raison d'État. Elle n'a, elle, qu'à reprendre son cœur, mais non à en disposer contre son gré.

MARINELLI. Le reprendre? Pourquoi le reprendre, demande la comtesse, si ce n'est rien de plus qu'une épouse que, non pas l'amour, mais la politique amène au prince? A côté d'une telle épouse, l'amante voit encore place pour elle. Et ce n'est pas à une telle épouse qu'elle craint d'être sacrifiée, mais...

LE PRINCE. A une nouvelle maîtresse... Eh bien? M'en feriez-vous un crime, Marinelli?

MARINELLI. Moi?... Oh! ne me confondez nullement avec la folle dont je vous rapporte les paroles, par compassion. Car, il est vrai qu'hier elle m'a étonnamment ému. Elle ne voulait point parler de ses relations avec vous. Elle voulait paraître tout à fait calme et résignée.

Mais au milieu de la conversation la plus indifférente, elle laissait échapper un mot, un mouvement, qui trahissaient les déchirements de son cœur. De l'air le plus joyeux, elle me disait les choses les plus mélancoliques, et, au contraire, les plus plaisantes facéties du monde, de l'air le plus triste. Elle a cherché du secours dans l'étude, et je crains bien que cela ne l'achève.

LE PRINCE. C'est bien là ce qui a donné à sa pauvre intelligence le premier coup. C'est là la cause principale qui m'a détaché d'elle, et vous ne supposez pas, Marinelli, que cela lui serve à me rapprocher d'elle? Si l'amour la fait devenir folle; tôt ou tard, sans l'amour elle le serait devenue... Et maintenant, assez parler d'elle !... Causons d'autre chose... Ne se passe-t-il rien de nouveau en ville ?...

MARINELLI. Rien ou à peu près. Car, le mariage aujourd'hui même du comte Appiani... cela ne compte pas.

LE PRINCE. Du comte Appiani? Et avec qui donc? C'est la première fois que j'entends dire qu'il fût fiancé.

MARINELLI. La chose a été tenue très secrète. D'ailleurs il n'y avait pas lieu d'en faire beaucoup de bruit... Vous allez rire, prince; mais c'est ainsi que vont les choses pour les gens sensibles. L'amour leur joue toujours ses plus vilains tours. Une jeune fille qui n'a ni rang, ni fortune, a su le prendre dans ses filets... par un peu de beauté, mais surtout par un grand étalage de vertu, de sentimentalité, par beaucoup de finesse d'esprit... que sais-je?

LE PRINCE. Celui qui s'abandonne à l'impression de l'innocence et de la beauté, sans aucune arrière-pensée... j'aurais cru qu'il était plutôt digne d'envie que de risée... Et comment s'appelle l'heureuse fiancée? Car après tout, et quoique vous ne puissiez mutuellement vous souffrir, Marinelli, c'est cependant un jeune homme de grand mérite; il est beau, riche, plein d'honneur. J'aurais grandement désiré me l'attacher. J'y resongerai.

MARINELLI. S'il n'est pas trop tard, monseigneur... Car d'après ce que j'ai entendu dire, son dessein n'est nullement de chercher fortune à la cour... Son intention est d'aller avec sa bien-aimée dans ses vallées du Piémont... chasser le chamois sur les Alpes et élever des marmottes... Que peut-il faire de mieux ? L'alliance peu convenable qu'il contracte, le force à s'en aller. L'entrée des premières maisons lui est désormais fermée.

LE PRINCE. Parlez-moi de vos premières maisons... où règnent le cérémonial, la contrainte, l'ennui et quelquefois la misère. Mais nommez-moi donc celle qui fait une si grande victime.

MARINELLI. C'est une certaine Emilia Galotti.

LE PRINCE. Comment, Marinelli?... Une certaine...

MARINELLI. Emilia Galotti.

LE PRINCE. Emilia Galotti?... Impossible !

MARINELLI. C'est positif, monseigneur.

LE PRINCE. Non, vous dis-je, cela n'est pas; cela ne peut pas être... Vous vous trompez de nom... La race des Galotti est nombreuse. Ce peut être une Galotti, mais non pas Emilia Galotti, non pas Emilia.

MARINELLI. Emilia... Emilia Galotti.

LE PRINCE. C'est qu'alors il y en a une autre qui porte ces deux mêmes noms... Vous avez dit : une certaine Emilia Galotti, une *certaine !* Un sot pourrait seul ainsi parler de la vraie...

MARINELLI. Vous êtes hors de vous, monseigneur. Connaîtriez-vous donc cette Emilia?

LE PRINCE. C'est à moi d'interroger, Marinelli, non à vous... Emilia Galotti ? La fille du colonel Galotti de Sabionetta?

MARINELLI. Elle-même.

LE PRINCE. Qui demeure à Guastalla avec sa mère?

MARINELLI. Elle-même.

LE PRINCE. Près de l'église de Tous-les-Saints?

MARINELLI. Elle-même.

LE PRINCE. En un mot... (*Il s'élance vers le portrait, et le met dans les mains de Marinelli.*) Enfin, celle-là, cette Emilia Galotti?... Dis donc encore ton maudit : « Elle-même, » et enfonce-moi le poignard dans le cœur.

MARINELLI. Elle-même.

LE PRINCE. Bourreau!... Celle-ci?... Cette Emilia Galotti que voici, devient aujourd'hui...

MARINELLI. La comtesse Appiani!... (*Le prince arrache le portrait des mains de Marinelli, et le dépose à côté de lui.*) Les épousailles se célèbrent sans bruit sur les terres du père, près de Sabionetta. Vers midi, la mère et la fille, le comte et peut-être un couple d'amis s'y rendent.

LE PRINCE. (*Il se jette plein de désespoir dans un fauteuil.*) Je suis perdu!... je n'ai plus qu'à mourir.

MARINELLI. Mais qu'avez-vous, monseigneur?

LE PRINCE (*se retournant vivement de son côté*). Ce que j'ai, traître?... Mais, je l'aime, je l'adore. Mais vous le saviez! vous le saviez depuis longtemps, vous tous qui préfériez me voir porter éternellement les honteuses chaînes de la folle Orsina!... Et vous aussi, Marinelli, qui m'avez souvent assuré de votre vive amitié... Oh! un prince n'a point d'amis, il ne peut point avoir d'amis; vous, vous avez été assez habile, assez perfide, pour oser me cacher jusqu'à cet instant le péril que courait mon amour. Si jamais je vous le pardonne, qu'aucun de mes péchés ne me soit pardonné !

MARINELLI. J'aurais peine à trouver une parole, prince — quand même vous m'en laisseriez le temps — pour vous exprimer mon ébahissement... Vous aimez Emilia Galotti?... Je le jure mille fois : j'atteste tous les anges et tous les saints de me délaisser, si j'ai eu la moindre connaissance, le plus léger soupçon de cet amour! J'en pourrais jurer autant de la comtesse Orsina. Ses soupçons avaient complétement pris le change.

LE PRINCE. Alors, pardonnez-moi, Marinelli, (*Il se jette dans ses bras.*) et plaignez-moi.

MARINELLI. Eh bien, prince, reconnaissez là les fruits de votre réserve... « Les princes n'ont point d'amis, ils ne peuvent point avoir d'amis!... » La raison, quelle est-elle ? C'est qu'ils ne veulent pas en avoir... Aujourd'hui vous nous honorez de votre confiance, vous nous livrez vos plus intimes désirs, vous nous ouvrez toute votre âme, et demain, nous sommes pour vous aussi étrangers que si vous n'aviez pas échangé un seul mot avec nous.

LE PRINCE. Oh! Marinelli, comment aurais-je pu vous confier ce que j'osais à peine m'avouer à moi-même?...

MARINELLI. Et que vous avez donc encore moins avoué à l'auteur de votre tourment?

LE PRINCE. A elle?... J'ai tenté inutilement de lui parler une seconde fois.

MARINELLI. Et la première fois?...

LE PRINCE. Je lui ai parlé... Oh! j'ai la tête perdue. Et vous me demandez de vous faire de longs récits? Vous me voyez emporté par le torrent, que me demandez-vous tant, comment cela s'est fait? Sauvez-moi, si vous le pouvez ; ensuite vous m'interrogerez.

MARINELLI. Vous sauver? Êtes-vous donc en péril?... Ce que vous avez omis de déclarer à Emilia Galotti, vous le déclarerez à la comtesse Appiani. Les marchandises qu'on ne peut pas avoir de première main, on les achète de seconde main... et, de seconde main, de telles marchandises sont quelquefois à plus bas prix.

LE PRINCE. Du sérieux, Marinelli, du sérieux, ou...

MARINELLI. Sans doute, elles en ont d'autant moins de valeur.

LE PRINCE. Du sérieux, Marinelli... Vous devenez insolent!

MARINELLI. Et encore le comte veut-il s'en aller avec elle hors du pays... Certes, il faudrait inventer quelque chose pour l'en empêcher.

LE PRINCE. Et quoi? Cher, excellent Marinelli, inventez pour moi. Que feriez-vous, si vous étiez à ma place?

MARINELLI. Avant tout, je jugerais des choses à leur valeur... et je ne voudrais pas être en vain ce que je suis... le maître!

LE PRINCE. Ne me flattez pas d'un pouvoir dont je

ne veux faire ici aucun usage... C'est aujourd'hui, dites-vous? Aujourd'hui déjà?

MARINELLI. C'est aujourd'hui même... que cela doit avoir lieu. Mais ce n'est qu'aux faits accomplis seuls qu'il n'y a pas de remède... (*Après un instant de réflexion.*) Voulez-vous me donner carte blanche, prince? Voulez-vous ratifier tout ce que je ferai?

LE PRINCE. Tout, Marinelli, tout ce qui pourra détourner ce coup.

MARINELLI. Alors, ne perdons pas de temps... Ne restez pas en ville. Partez sur-le-champ pour votre château de plaisance de Dosalo. La route de Sabionetta passe devant. Si je ne réussis pas à éloigner sur-le-champ le comte, alors je pense... Pourtant, pourtant, je crois qu'il ne manquera pas de donner dans le piége. Vous avez l'intention, prince, d'envoyer à Massa un ambassadeur à propos de votre mariage? Que le comte soit cet ambassadeur, et qu'il se mette aujourd'hui même en route... Comprenez-vous?

LE PRINCE. Parfait!... Amenez-le moi. Allez, courez. Je me jette à l'instant dans ma voiture. (*Marinelli sort*).

SCÈNE VII

LE PRINCE

LE PRINCE. A l'instant! à l'instant!... Où est le portrait?... (*Il cherche autour de lui le portrait.*) A terre? C'est trop fort! (*Il le ramasse.*) Te contemplerai-je? Non, je ne le veux plus. Pourquoi enfoncer plus avant le trait dans la blessure?... (*Il le met de côté.*) J'ai langui, j'ai soupiré assez longtemps... plus longtemps que je n'aurais dû; puisque, par mon inaction, il ne s'en est fallu que d'un cheveu que tout fût perdu!... Et si tout était encore perdu? Si Marinelli n'arrivait à rien? Pourquoi m'en remettre entièrement à lui seul? J'y songe, c'est à cette heure, (*Il regarde l'heure.*) à cette heure même, que la pieuse jeune fille a l'habitude d'aller entendre tous les matins la messe aux Dominicains... Eh bien, si je cherchais à lui parler là ?... Mais aujourd'hui, aujourd'hui, le jour de ses noces, aujourd'hui elle a au cœur d'autres pensées que la messe... Cependant, qui sait ? C'est une chance à courir... (*Il sonne et rassemble à la hâte quelques-uns des papiers qui sont sur la table; entre un valet de chambre.*) Fais avancer la voiture. Y a-t-il enfin là quelqu'un des conseillers ?

LE VALET DE CHAMBRE. Camillo Rota.

LE PRINCE. Qu'il entre. (*Le valet de chambre sort.*) Pourvu qu'il ne veuille pas me retenir ! Pour aujourd'hui, non. Je l'écouterai une autre fois, tout le temps qu'il voudra... Il y avait aussi là une supplique d'une Emilia Bruneschi... (*Il la cherche.*) La voilà... Ah ! bonne Bruneschi, où est celle qui te vaut ma décision ?...

SCÈNE VIII

CAMILLO ROTA, des mémoires à la main, LE PRINCE

LE PRINCE. Venez, Rota, venez. Voici ce que j'ai dépouillé ce matin. Rien de bien important... Vous verrez par vous-même ce qu'il y aura à ordonner... Tenez.

CAMILLO ROTA. Bien, monseigneur.

LE PRINCE. Voici encore une pétition d'une Emilia Galot... Bruneschi, veux-je dire. J'ai écrit au bas mon consentement. Mais pourtant... la chose n'est pas une vétille. Suspendez-en l'expédition ou ne la suspendez pas, comme vous voudrez.

CAMILLO ROTA. Non pas, comme je voudrai, monseigneur.

LE PRINCE. Qu'est-ce ceci ? Quelque chose à contre-signer ?

CAMILLO ROTA. Un arrêt de mort à rendre exécutoire.

LE PRINCE. Avec plaisir... Donnez vite.

CAMILLO ROTA (*stupéfait et regardant fixement le prince*). Je disais un arrêt de mort.

LE PRINCE. J'entends bien... Ce pourrait être déjà fait. Je suis pressé.

CAMILLO ROTA (*cherchant dans ses papiers*). C'est que je ne l'ai pas apporté... Pardonnez, monseigneur, cela peut se remettre à demain.

LE PRINCE. D'accord... Emportez seulement, il faut que je sorte... A demain, Rota, un plus long entretien. (*Il sort.*)

CAMILLO ROTA. (*Il rassemble ses papiers, en branlant la tête, et sort*). Avec plaisir?... avec plaisir, un arrêt de mort? Je n'aurais pas pu dans ce moment le laisser contre-signer, quand il se serait agi de l'assassin de mon fils unique... Avec plaisir ! avec plaisir ! Il me traverse l'âme, cet horrible " avec plaisir ! "

FIN DU PREMIER ACTE

ACTE II

SCÈNE PREMIÈRE

La scène se passe dans un appartement de la maison Galotti

CLAUDIA GALOTTI, PIRRO

CLAUDIA. (*En entrant, à Pirro qui rentre par l'autre côté.*) Qui entre à cheval dans la cour?
PIRRO. C'est monsieur, madame.
CLAUDIA. Mon mari? Est-il possible?
PIRRO. Il vient sur mes pas.
CLAUDIA. Ainsi à l'improviste?... (*Courant à lui.*) Ah! mon meilleur ami!...

SCÈNE II

ODOARDO GALOTTI, LES PRÉCÉDENTS

ODOARDO. Bonjour, mon amie!... N'est-ce pas que cela s'appelle surprendre son monde?
CLAUDIA. Et de la manière la plus agréable, si ce n'est rien autre chose qu'une surprise.
ODOARDO. Rien autro; sois sans inquiétude. La joie de ce jour m'a réveillé de si bonne heure; la matinée était si belle, la distance est si courte et puis je vous supposais si occupées, qu'il m'est venu à l'esprit que vous pourriez facilement oublier quelque chose... En un mot, je viens, je vois et je m'en retourne... Où

est Emilia ? Elle est sans doute occupée de sa toilette ?...

CLAUDIA. Elle l'est de son âme... Elle est à la messe... « J'ai aujourd'hui, m'a-t-elle dit, plus que tout autre jour à invoquer la grâce d'en haut. » Et elle a tout laissé, a pris son voile et a couru.

ODOARDO. Toute seule !

CLAUDIA. C'est à quelques pas...

ODOARDO. Un seul pas suffit pour un faux pas.

CLAUDIA. Ne grondez pas, mon ami. Entrez pour vous reposer un instant, et, si vous le voulez, pour prendre quelque rafraîchissement.

ODOARDO. Comme tu voudras, Claudia... mais elle ne devait pas s'en aller seule...

CLAUDIA. Vous, Pirro, restez dans l'antichambre, nous n'y sommes aujourd'hui pour personne.

SCÈNE III

PIRRO, et, un instant après, ANGELO

PIRRO. C'est à dire pour aucun de ceux qui ne se présenteront que par curiosité. Depuis une heure, que de questions n'ai-je pas subies ? Qui vient là ?

ANGELO (*à demi entré sur la scène, vêtu d'un manteau court qui lui enveloppe le visage, le chapeau enfoncé sur les yeux*). Pirro ! Pirro !

PIRRO. Une connaissance ? (*Angelo s'avance et ouvre son manteau.*) Ciel ! Angelo ?... Toi ?

ANGELO. Comme tu vois... J'ai assez longtemps rôdé autour de la maison pour te parler. Un mot.

PIRRO. Tu oses encore te montrer au grand jour ? Depuis ton dernier assassinat, tu es mis hors la loi et ta tête est à prix.

ANGELO. Est-ce que tu voudrais gagner la prime ?

PIRRO. Que me veux-tu ? Je t'en prie, ne me fais pas arriver malheur.

ANGELO. Avec ceci peut-être? (*Il lui tend une bourse pleine d'argent.*) Prends. Cela t'appartient.

PIRRO. A moi?

ANGELO. As-tu oublié? L'Allemand, ton précédent maître...

PIRRO. Silence, là-dessus!

ANGELO. Que, sur le chemin de Pise, tu as conduit dans notre embuscade...

PIRRO. Si quelqu'un nous entendait!

ANGELO. Il a eu la bonté de nous léguer une bague de prix... Ne le sais-tu pas?... Elle était de trop grande valeur, pour que nous pussions sur-le-champ en faire de l'argent. Enfin, j'ai réussi à la vendre. J'en ai reçu cent pistoles, et voici ta part. Prends!

PIRRO. Je n'en veux rien prendre... Garde le tout.

ANGELO. Soit! S'il t'est égal d'estimer ta tête à si bas prix. (*Il feint de remettre la bourse en poche.*)

PIRRO. Eh bien, donne. (*Il la prend.*) Et qu'est-ce maintenant? Car ce ne doit pas être pour cela seulement que tu es venu me trouver...

ANGELO. Et pourquoi cela ne te semble-t-il pas croyable? Coquin! Quelle opinion as-tu de nous? Nous croirais-tu capable de retenir à quelqu'un sa part de bénéfice? Ce peut être de mode entre ceux qu'on nomme les honnêtes gens; entre nous, non pas... Adieu!... (*Il feint de s'en aller et revient.*) J'ai encore quelque chose à te demander. Le vieux Galotti vient d'arriver seul à cheval en ville? Que veut-il?

PIRRO. Rien, que faire une promenade à cheval. Sa fille se marie ce soir, sur ses terres d'où il arrive, au comte Appiani. Et lui ne peut attendre le moment...

ANGELO. Et il repart bientôt?

PIRRO. Si tôt qu'il te trouvera ici, si tu attends plus longtemps. Mais tu n'as sans doute aucun dessein sur lui? Fais-y attention, c'est un homme...

ANGELO. Est-ce que je ne le connais pas? Est-ce que je n'ai pas servi sous ses ordres?... Il faudrait qu'il y eût beaucoup à gagner! Quand les jeunes gens se mettent-ils en route?

PIRRO. Vers midi.

ANGELO. Avec une nombreuse suite?

PIRRO. Dans un seul carrosse, la mère, la fille et le comte. Deux amis de Sabionetta servent de témoins.

ANGELO. Et quels domestiques?

PIRRO. Deux seulement, et moi qui dois précéder à cheval la voiture.

ANGELO. C'est bien... Encore un mot : à qui l'équipage, à vous ou au comte?

PIRRO. Au comte.

ANGELO. Tant pis! Car, il y a aussi un postillon, sans compter un cocher très vigoureux.

PIRRO. Tu m'étonnes; que veux-tu donc? Le peu de bijoux que la fiancée pourrait avoir, sera un faible prix pour la peine.

ANGELO. Et si c'était votre fiancée elle-même qui fût le prix!

PIRRO. Dois-je encore, dans ce crime, être ton complice?

ANGELO. Tu chevaucheras en avant... Chevauche donc, chevauche, et ne te retourne à rien.

PIRRO. Impossible!

ANGELO. Comment? Je commence à croire que tu veux jouer l'homme consciencieux... Coquin! je pense que tu me connais... Si tu parlais; si une seule chose était autrement que tu ne me l'as déclaré...

PIRRO. Mais, Angelo, par le ciel!

ANGELO. Fais ce que tu ne peux refuser de faire. (*Il sort.*)

PIRRO. Ha! quand on laisse le diable vous saisir par un cheveu, on est à lui pour toujours. Pauvre moi!

SCÈNE IV

ODOARDO, CLAUDIA, PIRRO

ODOARDO. Elle reste trop longtemps dehors...

CLAUDIA. Encore une minute, Odoardo ! Elle serait peinée de ne pas t'avoir vu.

ODOARDO. Il faut encore que j'aille voir le comte. C'est à peine si je puis attendre d'appeler mon fils, cet honorable jeune homme. Tout me charme en lui. Et surtout l'intention d'aller vivre lui-même dans ses vallées patrimoniales.

CLAUDIA. Mais mon cœur se brise, quand j'y pense... La perdre ainsi tout à fait, cette chère et unique fille !

ODOARDO. Qu'appelles-tu la perdre? Est-ce la savoir dans les bras de l'amour? Ne confonds pas ton plaisir avec son bonheur... Tu pourrais me rappeler ce que j'ai autrefois soupçonné, que c'est plus le fracas et la dissipation du monde, plus la proximité de la cour, que la nécessité de donner à notre fille une éducation convenable, qui t'ont engagée à demeurer avec elle, ici, en ville... loin d'un mari et d'un père qui vous aime si tendrement.

CLAUDIA. Combien tu te trompes, Odoardo ! Mais laisse-moi te dire aujourd'hui un seul mot, à propos de cette ville, à propos de cette proximité de la cour qui effarouchent ta vertu sévère. Ce n'est qu'ici, qu'ici que l'amour pouvait réunir ceux qui étaient créés l'un pour l'autre. Ce n'est qu'ici que le comte pouvait rencontrer Emilia, qu'ici qu'il l'a rencontrée.

ODOARDO. J'en conviens. Mais, ma bonne Claudia, en as-tu plus raison, parce que la fin te donne raison?... C'est heureux que les choses se soient ainsi passées. Mais être heureux, est-ce nécessairement avoir été prudent? Maintenant qu'ils se sont rencontrés, ceux qui étaient destinés l'un à l'autre, qu'ils aillent où le repos et l'innocence les appellent... Que ferait ici le comte, sinon se courber, cajoler, ramper, chercher à supplanter les Marinelli, pour arriver en fin de compte à une fortune dont il n'a pas besoin, pour être, en fin de compte, jugé digne d'honneurs qui pour lui n'en seraient pas?... Pirro!

PIRRO. Me voici.

ODOARDO. Va conduire mon cheval devant la maison du comte. Je te suis, et c'est là que je remonterai à cheval. (*Pirro sort.*) Pourquoi le comte servirait-il ici, quand là-bas il peut commander? Tu ne songeais pas non plus, Claudia, que notre fille le brouille tout à fait avec le prince. Le prince me hait...

CLAUDIA. Peut-être moins que tu ne le crains.

ODOARDO. Que je ne le crains! Moi, craindre une telle chose!

CLAUDIA. Je t'ai déjà dit que le prince a vu notre fille.

ODOARDO. Le prince? Et où cela?

CLAUDIA. A la dernière soirée du chancelier Grimaldi, qu'il honorait de sa présence. Il s'est montré pour elle très gracieux...

ODOARDO. Très gracieux?

CLAUDIA. Il s'est entretenu avec elle très longtemps...

ODOARDO. Entretenu avec elle?

CLAUDIA. Il a paru très charmé de sa gaîté et de son esprit...

ODOARDO. Très charmé?

CLAUDIA. Il a mis très haut sa beauté...

ODOARDO. Très haut? Et tu me racontes tout cela avec l'expression du ravissement? Oh! Claudia, Claudia, vaine et folle mère!

CLAUDIA. Comment cela?

ODOARDO. Enfin, enfin, cela est passé. Ah! si je m'imaginais... C'est à cette place même que je me percerais du coup mortel. Un débauché, quand il admire, désire... Claudia! Claudia! Cette seule pensée me met en fureur... Tu aurais dû m'avertir aussitôt... Mais ce serait à regret que je te dirais aujourd'hui quelque chose de désagréable. Et cela arriverait (*elle lui prend la main*), si je restais plus longtemps... Ainsi, laisse-moi, laisse-moi!... A la garde de Dieu, Claudia!... Heureux voyage!

SCÈNE V

Claudia GALOTTI

CLAUDIA. Quel homme! Oh! l'âpre vertu! Si jamais la vertu a mérité ce nom. Tout lui paraît suspect, tout lui paraît répréhensible. Ou bien, si cela s'appelle connaissance des hommes, qui pourrait les connaître?... Mais qu'est-ce qui retarde Emilia?... Il est l'ennemi du père, par conséquent, par conséquent, s'il a des yeux pour la fille, alors, c'est donc uniquement pour outrager le père?...

SCÈNE VI

EMILIA, Claudia GALOTTI

EMILIA. (*Elle se précipite dans l'appartement, dans le plus grand désordre.*) Enfin, enfin, je suis en sûreté. Ou, m'aurait-il suivie? (*Elle ôte son voile et aperçoit sa mère.*) Est-il là, ma mère?... Non; le ciel en soit loué!

CLAUDIA. Qu'as-tu, ma fille? qu'as-tu?

EMILIA. Rien, rien.

CLAUDIA. Pourquoi regardes-tu d'une manière si effarée autour de toi? Pourquoi trembles-tu de tous tes membres?

CLAUDIA. Qu'ai-je été forcée d'entendre? Et où, où ai-je été forcée de l'entendre?

CLAUDIA. Je t'ai crue à l'église.

EMILIA. J'y étais... Mais qu'importent au vice l'église et l'autel?... Ah! ma mère! (*Elle se jette dans ses bras.*)

CLAUDIA. Parle, ma fille. Mets fin à mes angoisses. Qu'a-t-il pu t'arriver de si terrible dans le saint lieu?

ÉMILIA. Jamais ma prière n'aurait dû être plus intime, plus fervente qu'aujourd'hui, et jamais elle n'a été moins ce qu'elle devait être.

CLAUDIA. Nous appartenons à l'humanité, Emilia. Le don de prier n'est pas toujours en notre pouvoir. Vouloir prier le ciel, c'est encore prier.

ÉMILIA. Et vouloir pécher, c'est pécher.

CLAUDIA. Cela, mon Emilia ne l'a pas voulu?

ÉMILIA. Non, ma mère, la grâce divine m'a préservée de tomber si bas... Mais le vice qui nous est étranger peut, contre notre volonté, nous rendre sa complice.

CLAUDIA. Calme-toi. Rassemble tes idées, autant qu'il te sera possible. Dis-moi en un mot ce qui t'est arrivé.

ÉMILIA. Je venais de m'agenouiller — plus loin de l'autel que je n'ai coutume — car j'étais arrivée trop tard... Comme je commençais à élever mon cœur en haut, quelqu'un par derrière s'approcha de moi... Tout près de moi !... Je ne pouvais avancer, ni changer de place... quelque vivement que j'eusse désiré le faire, afin que la prière de quelque autre personne ne pût me troubler dans la mienne !... C'était là le pis que je craignisse. Mais au bout d'un instant j'entendis tout près de mon oreille... après un profond soupir... non pas le nom d'un saint... le nom de votre fille ! — Ne me grondez pas, ma mère — mon nom !... Oh ! si les éclats du tonnerre avaient pu m'empêcher de l'entendre encore !... On parlait de beauté, d'amour... On gémissait que ce jour qui faisait mon bonheur, en faisant celui d'un autre... décidât pour toujours de son malheur... On me conjurait... Il m'a fallu entendre tout cela. Mais je ne regardais pas à côté de moi ; je voulais faire comme si je n'entendais pas. Que pouvais-je d'autre, que de prier mon bon ange de me frapper de surdité, quand même, quand même ç'aurait été pour toujours ?... Je le demandais à Dieu ; c'était la seule chose que je fusse en état de lui demander... Enfin, vint le temps de me relever. Le saint sacrifice était fini. Je tremblais de me retourner. Je tremblais de le voir, celui qui osait se permettre ce sacrilége. Et quand je me retournai, quand je vis...

CLAUDIA. Qui, ma fille?

EMILIA. Devinez, ma mère, devinez! je pensai tomber à terre... Lui-même.

CLAUDIA. Qui, lui-même?

EMILIA. Le prince.

CLAUDIA. Le prince! Oh! bénie soit l'impatience de ton père qui était ici à l'instant et qui n'a pas voulu t'attendre!

EMILIA. Mon père était ici? Et il n'a pas voulu m'attendre?

CLAUDIA. Dans ton désordre, tu aurais pu aussi lui raconter tout cela.

EMILIA. Eh bien, ma mère? Qu'aurait-il trouvé en moi de répréhensible?

CLAUDIA. Rien, certes, pas plus qu'en moi. Mais, mais... Ah! tu ne connais pas ton père! Dans son courroux, il aurait confondu l'objet innocent du crime avec le criminel. Dans sa rage, je lui aurais paru avoir occasionné ce que je ne pouvais, ni empêcher, ni même prévoir. Mais après, ma fille, après! Quand tu as reconnu le prince... j'espère que tu as eu assez de puissance sur toi-même, pour lui montrer dans un regard tout le mépris qu'il mérite.

EMILIA. Non pas, ma mère. Après le coup d'œil qui me le fit reconnaître, je n'eus pas le cœur de lui en lancer un second. Je me suis enfuie...

CLAUDIA. Et le prince t'a suivie...

EMILIA. C'est ce que je ne sus que sous le portique, en me sentant prendre la main. Et, par lui! La pudeur me cloua sur place : en me délivrant de son étreinte, j'aurais attiré sur nous l'attention des passants. C'était la seule réflexion dont je fusse capable... ou dont je me ressouvienne maintenant. Il parla et je lui répondis. Mais ce qu'il m'a dit, ce que je lui ai répondu... si cela me revient à l'esprit, je vous le dirai, ma mère. Dans ce moment, je ne me souviens de rien. J'avais entièrement perdu le sens... C'est en vain que je cherche à me rappeler comment je m'éloignai de lui et comment je sortis du portique. Je ne revins à moi que dans la rue; je l'entendis venir derrière moi; je l'entendis entrer en même temps que moi dans la maison, en même temps que moi monter l'escalier...

CLAUDIA. La frayeur égare les sens, ma fille. Je n'oublierai jamais dans quel état tu t'es précipitée ici. Non, il n'aurait pas osé s'aventurer à te suivre si avant... Dieu! Dieu! si ton père savait cela! Comme il était irrité déjà, quand je lui ai appris, qu'il y a peu de temps, le prince t'avait vue sans déplaisir! Cependant, sois tranquille, ma fille. Imagine-toi que c'est un rêve qui t'est venu. Cela aura d'ailleurs encore moins de suites qu'un rêve. Tu échappes aujourd'hui d'un seul coup à tous les piéges.

EMILIA. Mais n'est-il pas vrai, ma mère, que le comte doit tout savoir et que je le lui dois dire?

CLAUDIA. A aucun prix, non. Pourquoi veux-tu, pour rien, pour moins que rien, lui enlever sa tranquillité? Et quand cela ne la lui enlèverait pas maintenant, sache, mon enfant, qu'un poison qui ne tue pas sur-le-champ n'en est pas moins un poison dangereux. Ce qui ne fait aucune impression sur l'amant, peut en faire ensuite sur l'époux. L'amant pourrait peut-être même être flatté de l'emporter sur un compétiteur de cette importance. Mais, une fois qu'il l'aurait emporté, ah! mon enfant, alors de l'amant sortirait une tout autre personne. Que ta bonne étoile te garde d'en faire l'expérience!

EMILIA. Vous savez, ma mère, avec quel plaisir je me soumets en tout à vos lumières... Mais s'il apprenait d'un autre personne qu'aujourd'hui le prince m'a parlé? Un jour ou l'autre, mon silence n'augmenterait-il pas ses inquiétudes? Je penserais donc mieux faire, en ne conservant, vis-à-vis de lui, rien sur le cœur.

CLAUDIA. Délicatesse! délicatesse d'amoureux! Non, absolument non, ma fille! Ne lui dis rien. Ne lui laisse rien soupçonner.

EMILIA. Soit, ma mère. Je n'irai point à l'encontre

de vos volontés. Ah! (*Avec un profond soupir.*) Je suis tout à fait soulagée. Que je suis donc sotte et peureuse, n'est-ce pas, ma mère? J'aurais bien pu prendre la chose tout autrement, et je m'en serais fait d'autant moins de mal.

CLAUDIA. Je ne voulais pas te le dire, ma fille, avant que ta raison te le dît elle-même. Et je savais qu'elle te le dirait, aussitôt que tu serais revenue à toi... Le prince est galant. Tu es si peu habituée au langage sans conséquence de la galanterie, que tu as pris une politesse pour une déclaration, une flatterie pour un serment d'amour, une fantaisie pour un désir, un souhait pour un dessein arrêté. Tout est là; et tout cela n'est rien.

EMILIA. O ma mère! Je devrais donc me paraître ridicule avec ma frayeur!... Non, il ne doit certainement rien savoir de ceci, mon bon Appiani; il pourrait me croire plus de vanité que de vertu... Hé! le voici lui-même : c'est son pas.

SCÈNE VII

LE COMTE APPIANI, LES PRÉCÉDENTES

APPIANI. (*Il entre rêveur, les yeux fixés devant lui, puis avance, sans les apercevoir, jusqu'à ce qu'Emilia coure à sa rencontre.*) Ah! ma très chère! Je ne m'attendais pas à vous trouver dans l'antichambre.

EMILIA. Je souhaiterais de vous savoir plus gai, monsieur le comte, même quand vous ne me supposez pas là. Quelle solennité! quel sérieux! Ce jour n'est-il pas digne d'émotions plus joyeuses?

APPIANI. Plus que ma vie tout entière. Mais c'est la secousse que me donne tant de félicité... peut-être même cette félicité qui me rend si sérieux, et, comme vous dites, mademoiselle, si solennel. (*Apercevant Claudia.*) Ah! vous ici aussi, madame... vous que j'appellerai bientôt d'un nom plus intime!

CLAUDIA. Cet autre nom fera mon plus grand orgueil. Combien tu es heureuse, mon Emilia! Pourquoi ton père n'a-t-il pas voulu partager notre ravissement?

APPIANI. Je m'arrache à l'instant de ses bras... ou plutôt, il s'arrache à l'instant des miens. Quel homme, mon Emilia, que votre père! Quel modèle de toutes les vertus humaines! Quels sentiments élèvent mon âme en sa présence! Je prends la résolution de vivre toujours bon, toujours noble, aussitôt que je le vois.... aussitôt que je songe à lui. Et comment d'ailleurs, sinon par l'accomplissement de cette résolution, pourrais-je me rendre digne de l'honneur de m'appeler son fils... et d'être votre époux, mon Emilia?

EMILIA. Et il ne m'a pas attendue?

APPIANI. Parce que je crois que son Emilia, dans cette rapide visite, l'aurait trop ébranlé, se serait trop emparée de toute son âme.

CLAUDIA. Il croyait te trouver occupée de ta parure nuptiale, et je lui ai dit...

APPIANI. Ce que j'ai appris de lui avec la plus vive admiration. Très bien, mon Emilia! J'aurai en vous une femme pieuse et qui ne fait point parade de sa piété.

CLAUDIA. Mais, mes enfants, il ne faut pas qu'une chose nous fasse oublier l'autre. L'heure s'avance, va faire, Emilia...

APPIANI. Quoi, madame?

CLAUDIA. Vous ne voulez certes pas, monsieur le comte, la conduire à l'autel, vêtue comme la voilà?

APPIANI. De vrai, voilà seulement que je m'en aperçois... Mais aussi qui pourrait vous voir, Emilia, et s'occuper de votre toilette?... Et pourquoi pas ainsi, ainsi que la voilà?

EMILIA. Non, mon cher comte, non, pas ainsi, pas tout à fait ainsi. Mais pas beaucoup plus parée non plus, pas beaucoup... Vite, vite, et ce sera fini... Rien, absolument rien de cette parure, dernier présent de votre prodigue générosité! Rien, absolument rien que ce qui s'accorde avec un ajustement tel que celui-ci...

Je pourrais lui en vouloir, à cette parure, si elle ne venait pas de vous... Car, trois fois, j'ai rêvé...

CLAUDIA. Eh bien, je ne sais rien de cela?

EMILIA. Que je la portais et que chacune des pierreries se changeait tout à coup en une perle... Or, les perles, ma mère, les perles pronostiquent des larmes.

CLAUDIA. Enfant! Ton explication de pronostic est plus fantasque que ton rêve même. Jusqu'ici n'étais-tu pas plus grand amateur de perles que de pierreries?

EMILIA. C'est vrai, ma mère, c'est vrai...

APPIANI. (*Réfléchissant et mélancolique.*) Pronostiquent des larmes! Pronostiquent des larmes!

EMILIA. Comment? Cela vous vient à l'esprit, à vous aussi?

APPIANI. Oui, je devrais en être honteux... Mais quand une fois l'imagination est disposée aux tristes images...

EMILIA. Pourquoi l'est-elle aussi? Et que pensez-vous de ce que j'ai imaginé? Ce que je portais la première fois que je vous plus, vous en souvenez-vous?...

APPIANI. Si je m'en souviens? Je ne vous vois même jamais autrement qu'ainsi dans ma pensée, même quand vous êtes autrement.

EMILIA. Donc une robe de la même couleur, de la même coupe, légère et ample...

APPIANI. Parfait!

EMILIA. Et les cheveux...

APPIANI. Dans leur brun éclat, en boucles, tels que la nature les a créés.

EMILIA. Ne pas oublier la rose là... Bien, bien, un peu de patience, et je vous reviens ainsi.

SCÈNE VIII

Le comte APPIANI, CLAUDIA

APPIANI (*la suivant du regard d'un air triste*). Des perles pronostiquent des larmes!... Un peu de patience?... Comme si le temps marchait en dehors de nous! Comme si une minute de l'aiguille pouvait ne pas valoir une année dans notre âme!

CLAUDIA. L'observation d'Emilia, monsieur le comte, a été aussi juste que soudaine. Vous êtes aujourd'hui plus sérieux que d'habitude. Vous n'êtes plus qu'à un pas de l'accomplissement de vos vœux... Peut-être vous repentez-vous, monsieur le comte, d'avoir formé ces vœux.

APPIANI. Ah! ma mère, vous aussi, pouvez-vous avoir de la défiance contre votre fils?... Mais il est vrai que je suis aujourd'hui contre mon habitude sombre et troublé. Remarquez seulement, madame, qu'entre la coupe et les lèvres, il y a encore place pour un malheur. Tout ce que je vois, tout ce que j'entends, tout ce que je rêve, depuis hier et avant-hier, me confirme cet adage. Cette pensée s'attache à toutes les autres pensées que je dois et que je veux avoir... Ce que cela signifie, je ne le comprends pas.

CLAUDIA. Vous m'inquiétez, monsieur le comte...

APPIANI. Une chose arrive après l'autre. Je suis irrité contre mes amis, irrité contre moi-même...

CLAUDIA. Comment cela?

APPIANI. Mes amis veulent absolument que je fasse part de mon mariage au prince, avant de le célébrer. Ils m'accordent que ce n'est pas une obligation: mais ils disent que le respect pour le prince l'exige... Et j'ai eu la faiblesse de leur promettre. Et précisément, j'y vais...

SCÈNE IX

PIRRO, après lui, MARINELLI, LES PRÉCÉDENTS

CLAUDIA (*étonnée*). Chez le prince?

PIRRO. Madame, le marquis Marinelli est arrêté devant la maison et demande monsieur le comte.

APPIANI. Moi?

PIRRO. Le voici. (*Il ouvre la porte et sort.*)

MARINELLI. Je vous demande pardon, madame... monsieur le comte, je viens de votre hôtel, et j'ai appris que je vous trouverais ici. J'ai une affaire pressante à vous communiquer. Madame, je vous demande encore une fois pardon : c'est l'affaire de quelques minutes.

CLAUDIA. Je ne veux pas les prolonger. (*Elle lui fait une révérence et sort.*)

SCÈNE X

MARINELLI, APPIANI

APPIANI. Eh bien, monsieur?

MARINELLI. Je viens de la part de Son Altesse, le prince.

APPIANI. Qu'a-t-il à me commander?

MARINELLI. Je suis fier d'être le messager d'une si haute faveur. Et si le comte Appiani n'est pas contraint de reconnaître en moi un de ses plus dévoués amis...

APPIANI. Sans plus long préambule, si j'ose vous en prier.

MARINELLI. Donc le prince a besoin d'envoyer sur-le-champ un plénipotentiaire au duc de Massa, à l'occasion de son mariage avec la princesse sa fille. Il a été longtemps indécis sur le choix du plénipotentiaire. Enfin son choix, monsieur le comte, est tombé sur vous.

APPIANI. Sur moi?

MARINELLI. Et cela — si l'amitié osait se vanter — ce n'est pas sans ma coopération...

APPIANI. De vrai, vous me donnez l'embarras de la reconnaissance... Je ne m'étais plus attendu depuis longtemps à ce que le prince daignât m'employer.

MARINELLI. J'ai la certitude qu'il ne lui a manqué qu'une occasion digne de vous. Et si celle-ci même n'est pas encore digne d'un homme tel que le comte

Appiani, c'est que mon amitié sans doute s'est trop hâtée.

APPIANI. Votre amitié, votre amitié, c'est la troisième fois que vous en parlez. Avec qui donc suis-je? Je n'aurais jamais rêvé pour moi l'amitié du marquis Marinelli.

MARINELLI. Je reconnais mon tort, monsieur le comte, mon tort impardonnable de vouloir être, sans votre congé, votre ami. D'ailleurs, qu'est-ce que cela fait? La faveur du prince qui vous propose cet honneur, reste ce qu'elle est, et je ne doute pas que vous ne l'acceptiez avec empressement.

APPIANI. (*Après un instant de réflexion.*) Sans doute.

MARINELLI. Eh bien, venez.

APPIANI. Où?

MARINELLI. A Dosalo, auprès du prince. Tout est préparé, et vous vous mettrez en route aujourd'hui même.

APPIANI. Que dites-vous? aujourd'hui même?

MARINELLI. Préférablement même à cette heure que dans les heures suivantes. L'affaire est de la plus extrême urgence.

APPIANI. En vérité!... Alors j'ai le regret de refuser l'honneur que le prince m'a destiné.

MARINELLI. Pardon!

APPIANI. Je ne puis pas me mettre en route aujourd'hui... ni demain... ni après-demain non plus...

MARINELLI. Vous vous raillez, monsieur le comte.

APPIANI. De vous?

MARINELLI. Il n'y a pas de comparaison! Si la raillerie regarde le prince, elle est par trop gaie... Vous ne pouvez pas?

APPIANI. Non, monsieur, non, et j'espère que le prince lui-même agréera mon excuse.

MARINELLI. Je suis avide de l'entendre.

APPIANI. Oh! une vétille!... Voyez-vous : je prends femme aujourd'hui même.

MARINELLI. Bien, et ensuite?

APPIANI. Et ensuite?... Et ensuite?... Votre question est diablement naïve.

MARINELLI. On a des exemples, monsieur le comte, de noces différées. Je ne crois sans doute pas que fiancé et fiancée se fassent toujours de tels sacrifices. La chose peut avoir des désagréments. Mais, cependant, je penserais que l'ordre du maître...

APPIANI. L'ordre du maître!... Du maître?... Un maître que l'on se choisit soi-même n'est pas d'une manière si absolue notre maître. Je conçois que vous deviez au prince une soumission aveugle. Mais moi, non. Je suis venu à sa cour en volontaire. Je voulais avoir l'honneur de le servir, mais non devenir son esclave. Je suis le vassal d'un plus grand maître.

MARINELLI. Plus grand ou plus petit, c'est maître pour maître.

APPIANI. Mais à quoi bon discuter avec vous là-dessus? Il suffit que vous disiez au prince ce que vous avez entendu : que je regrette de ne pouvoir accepter cette faveur, parce qu'aujourd'hui même je conclus un mariage dont dépend tout mon bonheur.

MARINELLI. Ne voulez-vous pas lui faire connaître en même temps avec qui?

APPIANI. Avec Emilia Galotti.

MARINELLI. La fille de cette maison?

APPIANI. De cette maison.

MARINELLI. Hem! hem!

APPIANI. Pardon?

MARINELLI. Je devrais penser que la remise de la cérémonie jusqu'à votre retour, n'en rencontrerait par conséquent que moins de difficultés.

APPIANI. De la cérémonie? De la cérémonie seulement!

MARINELLI. Les bons parents ne seront pas si vétilleux.

APPIANI. Les bons parents?

MARINELLI. Et Emilia vous restera, certainement, oui.

APPIANI. Certainement, oui. Avec votre : certainement, oui; vous n'êtes qu'un singe, certainement oui.

MARINELLI. A moi cette parole, comte?

APPIANI. Pourquoi pas?

MARINELLI. Ciel et enfer!... Nous en reparlerons.

APPIANI. Bah! le singe est malin, mais...

MARINELLI. Mort et damnation! Comte, j'exige satisfaction.

APPIANI. Cela va de soi.

MARINELLI. Je l'exigerais sur-le-champ... Mais je ne puis point gâter ce beau jour au tendre fiancé.

APPIANI. Bonhomme! non pas, non pas. (*Il lui saisit la main.*) Je ne pouvais sans doute pas me laisser envoyer aujourd'hui à Massa. Mais j'ai du temps de reste pour une petite promenade avec vous... Venez, venez.

MARINELLI. (*Il retire sa main et s'éloigne.*) Un peu de patience, comte, un peu de patience!

SCÈNE XI

APPIANI, Claudia GALOTTI

APPIANI. Va, misérable!... Ah! cela m'a fait du bien. Mon sang est en ébullition. Je me trouve autrement, je me sens mieux.

CLAUDIA (*vite et avec inquiétude*). Dieu! monsieur le comte! J'ai entendu échanger des paroles violentes. Votre visage est pourpre. Que s'est-il passé?

APPIANI. Rien, madame, absolument rien. Le chambellan Marinelli vient de me rendre un grand service. Il m'a débarrassé de ma démarche chez le prince.

CLAUDIA. En vérité?

APPIANI. Nous n'en pourrons partir que de meilleure heure. Je vais stimuler mes gens et je reviens. Pendant ce temps, Emilia aura fini de se préparer.

CLAUDIA. Puis-je être sans aucune inquiétude, monsieur le comte?

APPIANI. Sans la moindre, madame. (*Elle rentre, il sort.*)

FIN DU DEUXIÈME ACTE

ACTE III

La scène se passe dans une antisalle du château de plaisance du prince

SCÈNE PREMIÈRE

Le prince, MARINELLI

MARINELLI. Inutile : il refuse avec le plus grand dédain l'honneur offert.

LE PRINCE. Ainsi les choses en restent là ? Ainsi, point de remède ? Ainsi Emilia sera à lui aujourd'hui même.

MARINELLI. Selon toute apparence.

LE PRINCE. Je m'étais beaucoup promis de votre imagination. Qui sait quelles sottises vous aurez faites dans cette circonstance ?... Quand par hasard le conseil d'un fou est sage, il faut en confier l'exécution à un homme sensé. J'aurais dû y songer...

MARINELLI. Voilà pour moi une jolie récompense ?

LE PRINCE. Et à propos de quoi une récompense ?

MARINELLI. A propos de ce que je voulais faire de ma vie un rempart pour l'empêcher... Quand je vis que ni paroles sérieuses, ni railleries ne pouvaient engager le comte à sacrifier son amour à son honneur, j'essayai de le mettre sous les armes. Je lui dis des choses telles qu'il s'oublia. Il me jeta une offense... je lui demandai satisfaction sur l'heure même... Je pensais : il me tuera ou je le tuerai. Si je le tue, le terrain est à nous. S'il me tue, c'est la même chose : il devra fuir, et le prince gagnera au moins du temps.

LE PRINCE. Vous auriez fait cela, Marinelli ?

MARINELLI. Ah! On devrait savoir, avant d'être assez fou pour se sacrifier pour les grands... on devrait savoir d'avance comment ils vous en seront reconnaissants.

LE PRINCE. Et le comte?... Il a la renommée de ne pas se faire dire ces choses-là, deux fois.

MARINELLI. Selon l'occasion, sans doute?... Il aura pensé, — qui pourrait l'en blâmer? — qu'il avait aujourd'hui quelque chose de plus important à faire que de se couper la gorge avec moi. Il m'a ajourné à huit jours après le mariage.

LE PRINCE. Avec Emilia Galotti? Cette pensée me met hors de moi. Sur ce, vous croyez que c'est bien et que cela va... et vous venez vous vanter de m'avoir fait de votre vie un rempart, de vous être sacrifié pour moi...

MARINELLI. Mais que vouliez-vous, monseigneur, que je fisse de plus?

LE PRINCE. Que vous fissiez de plus?... Comme s'il avait fait quelque chose!

MARINELLI. Mais veuillez me dire, monseigneur, ce que vous avez fait pour vous-même. Vous avez eu le bonheur de l'entretenir à l'église, que lui avez-vous dit?

LE PRINCE (*moqueusement*). La curiosité me plaît!... Je vais la contenter... Oh! Tout m'est venu à souhait. Inutile de vous donner tant de peine plus longtemps, mon trop serviable ami. Elle a fait au devant de mes vœux plus de la moitié du chemin. J'aurais même pu sur-le-champ l'emmener avec moi. (*Froidement et impérieusement.*) Maintenant vous savez ce que vous vouliez savoir, vous pouvez vous retirer.

MARINELLI. Vous pouvez vous retirer! Oui, oui, c'est le refrain! Et il en serait de même, quand j'allais tenter l'impossible?... Ai-je dit l'impossible?... C'était moins impossible qu'audacieux! Si nous avions la fiancée en notre puissance, je suis bien persuadé qu'il n'y aurait plus de mariage.

LE PRINCE. Eh! pourquoi cet homme ne veut-il pas répondre de tout? Je lui donnerais un piquet de mes gardes du corps, il se placerait avec eux en embuscade sur la grand'route; il attaquerait avec cinquante hommes une voiture, il en tirerait une jeune fille qu'il me rapporterait en triomphe.

MARINELLI. Il vaudrait mieux enlever de force une jeune fille, sans que cela eût l'air d'un violent enlèvement.

LE PRINCE. Si vous saviez vous y prendre ainsi, vous ne commenceriez pas par tant en parler.

MARINELLI. Mais on ne pourrait pas répondre du dénoûment; il pourrait arriver quelque accident.

LE PRINCE. Est-ce mon habitude de faire retomber sur les gens la responsabilité des choses auxquelles ils ne peuvent rien.

MARINELLI. Eh bien, monseigneur... (*On entend au loin un coup de feu.*) Ah! qu'est-ce là? Ai-je bien entendu? N'avez-vous pas entendu aussi, monseigneur, résonner un coup de feu?... Encore un autre!

LE PRINCE. Qu'est-ce là? Qu'y a-t-il?

MARINELLI. Qu'en pensez-vous? Si j'étais plus actif que vous ne croyiez?

LE PRINCE. Plus actif? Parlez.

MARINELLI. Bref, ce que je vous disais, est fait.

LE PRINCE. Est-ce possible?

MARINELLI. Seulement, prince, n'oubliez pas ce que vous venez de me promettre... J'ai encore une fois votre parole.

LE PRINCE. Mais les dispositions sont pourtant...

MARINELLI. Telles qu'elles pouvaient être. L'enlèvement est confié à des gens à qui je puis me fier. Le chemin est rude devant la palissade du parc. Une troupe y aura attaqué la voiture, comme pour la piller. Et une autre troupe, sous les ordres d'un de mes domestiques, se sera élancée du parc, comme pour venir au secours des gens assaillis. Pendant la mêlée que paraîtront engager les deux troupes, mon domestique doit saisir Emilia, comme pour la sauver, et l'apporter, à travers le parc, au château? Voilà ce que j'ai concerté... Qu'en dites-vous, prince?

LE PRINCE. Vous me surprenez d'une étrange manière. Et une angoisse me saisit... (*Marinelli va à la fenêtre.*) Que voyez-vous?

MARINELLI. Ce doit être par là. Bien! Un homme masqué vient de franchir la palissade... sans doute pour m'avertir du succès... Éloignez-vous, monseigneur.

LE PRINCE. Ah! Marinelli...

MARINELLI. Eh bien, n'est-il pas vrai que maintenant j'en ai trop fait, comme auparavant j'en avais fait trop peu?

LE PRINCE. Non. Mais dans ceci je ne prévois pas tout ce que...

MARINELLI. Vous ne prévoyez pas?... Mais, bref... Hâtez-vous de vous éloigner, il ne faut pas que l'homme masqué vous aperçoive. (*Le prince sort.*)

SCÈNE II

MARINELLI, bientôt ANGELO

MARINELLI (*revenant à la fenêtre*). Voilà la voiture qui s'en retourne lentement à la ville... très lentement. Un domestique à chaque portière? Ce sont là des indices qui ne me plaisent pas : le coup n'aura réussi qu'à demi; on ramène commodément un blessé et non un mort. L'homme masqué met pied à terre... C'est Angelo lui-même. L'extravagant audacieux! Enfin, ici il connaît les détours. Il me fait un signe de tête. Il doit être sûr de son affaire. Ah! monsieur le comte, vous ne vouliez pas aller à Massa, et vous voilà parti pour un plus long voyage. Qui est-ce qui vous avait appris à si bien connaître les singes? (*Allant à la porte.*) Oui, certainement, ils sont malins... Eh bien, Angelo?

ANGELO (*ôtant son masque*). Préparez-vous, monsieur le chambellan! On va vous l'apporter.

MARINELLI. Comment s'est passée la chose?

ANGELO. Très bien, je pense.

MARINELLI. Et comment va le comte?

ANGELO. Pour vous servir! Comme ci, comme ça!... Il devait avoir eu vent de la chose. Car il n'a pas déjà été pris si à l'improviste.

MARINELLI. Vite, l'essentiel... Est-il mort?

ANGELO. Cela me fait bien de la peine pour ce bon seigneur.

MARINELLI. Cœur compatissant! (*Il lui donne une bourse pleine d'or.*)

ANGELO. Et mon brave Nicolo, qui y a fait le plongeon...

MARINELLI. Ce sont les pertes des deux côtés?

ANGELO. Je serais près de pleurer ce brave Nicolo, si ceci (*il soupèse la bourse*) ne corrigeait déjà sa mort pour un quart. Car, je suis son héritier, puisque je suis son vengeur. C'est notre loi, d'autant meilleure, à ce que je crois, qu'elle consacre la fidélité et l'amitié. Ce Nicolo, monsieur le chambellan...

MARINELLI. Laisse donc ton Nicolo!... Le comte, le comte?...

ANGELO. Tonnerre! Le comte lui a eu bientôt fait son affaire. Alors je fis aussi au comte la sienne! Il est tombé, et s'il est rentré vivant dans le carrosse, je vous garantis qu'il n'en ressortira pas en vie.

MARINELLI. Pourvu que ce soit certain, Angelo.

ANGELO. Je veux perdre votre pratique, si cela n'est pas certain. Avez-vous quelque chose à ordonner? Car le chemin est très long, et nous voulons aujourd'hui même avoir passé la frontière.

MARINELLI. Non, va!

ANGELO. Au cas de besoin... vous savez où l'on me trouve. Ce qu'un autre se ferait fort de faire, ne serait pas pour moi non plus sorcellerie. Et je suis moins cher qu'un autre. (*Il sort.*)

MARINELLI. C'est bien! Mais pourtant pas si bien déjà. Fi! Angelo, être avare de sa peine! N'était-il pas au moins digne d'un second coup de feu? Et comme il doit peut-être maintenant souffrir, le pauvre comte! Fi! Angelo! Cela s'appelle pousser trop cruellement et gâter un coup de main... Mais il faut que le prince ne sache encore rien de cela... Il faut qu'il sente auparavant par lui-même combien cette mort lui est avantageuse... Cette mort!... Que ne donnerais-je pas pour en avoir l'assurance!

SCÈNE III

Le prince, MARINELLI

LE PRINCE. Elle vient, elle monte l'allée. Elle accourt ici devant le domestique. La frayeur, à ce qu'il semble, fait voler ses pieds. Elle ne soupçonne encore rien. Elle croit seulement échapper aux brigands... Mais combien de temps cela durera-t-il?

MARINELLI. Nous l'avons, c'est un commencement.

LE PRINCE. Et sa mère ne la viendra-t-elle pas chercher? Le comte ne la suivra-t-il pas? Alors, en sommes-nous plus avancés? Comment puis-je la soustraire à leurs poursuites?

MARINELLI. A tout cela je ne sais certainement encore aucune réponse à faire. Mais nous aviserons : patience, monseigneur, il fallait faire le premier pas.

LE PRINCE. A quoi bon, si nous sommes obligés de reculer?

MARINELLI. Peut-être ne le serons-nous pas. Il y a mille choses sur lesquelles on peut prendre pied... Oubliez-vous le principal?

LE PRINCE. Comment puis-je oublier ce à quoi je n'ai sans doute pas encore pensé?... Le principal, qu'est-ce?...

MARINELLI. Le talent de plaire, de persuader... qui, à un prince amoureux, ne fait jamais défaut.

LE PRINCE. Ne fait jamais défaut? Excepté quand on en aurait souvent le plus grand besoin. J'ai déjà fait une triste épreuve de ce talent. Toutes mes instances, tous mes serments n'ont pu lui arracher aujourd'hui un seul mot. Elle était là, muette, abattue et tremblante, comme un criminel qui attend son arrêt de mort. Son anxiété me gagna; je me mis à trembler avec elle, et je finis par lui demander pardon. A peine me fais-je fort de lui adresser la parole. A son entrée du moins je ne me hasarderai pas à le faire. Vous, Marinelli, vous la recevrez. J'écouterai ici tout près comment iront les choses, et quand je me serai recueilli, je viendrai.

SCÈNE IV

MARINELLI, et bientôt son domestique BATTISTA, EMILIA

MARINELLI. Pourvu qu'elle ne l'ait pas vu tomber... Cela ne doit pas être; elle s'est par trop hâtée de fuir... La voici. Moi non plus, je ne veux pas être le premier objet qui frappe ses regards. (*Il se retire dans un angle de la salle.*)

BATTISTA. Entrez ici, mademoiselle.

EMILIA (*hors d'haleine*). Ah!... ah!... je vous remercie, mon ami, je vous remercie... Mais, Dieu! Dieu! Où suis-je toute seule? Où est restée ma mère? Où est resté le comte? Me suivent-ils donc? Viennent-ils sur mes pas?

BATTISTA. Je le présume.

EMILIA. Vous le présumez? Vous n'en savez rien? Vous ne les avez pas vus?... N'a-t-on pas fait feu derrière nous?

BATTISTA. Fait feu?... C'est possible!...

EMILIA. C'est certain. Et le coup a atteint le comte ou ma mère.

BATTISTA. Je cours à l'instant les chercher.

EMILIA. Pas sans moi. Je veux, je dois vous accompagner. Venez, mon ami.

MARINELLI (*s'avançant tout à coup, comme s'il entrait à l'instant même*). Ah! mademoiselle! Quel malheur, ou plutôt quel bonheur; quel malheur heureux que celui qui nous procure l'honneur...

ÉMILIA (*avec surprise*). Comment, vous ici, monsieur? Je suis donc chez vous? Pardonnez-moi, monsieur le chambellan; nous avons été attaqués, non loin d'ici, par des brigands. De braves gens sont venus à notre secours;... et cet homme m'a enlevée du carrosse et amenée ici. Mais je tremble de me voir sauvée seule. Ma mère est encore en péril. On a tiré derrière nous. Elle est peut-être morte... et je vis?... Pardonnez-moi: il faut que je sorte, il faut que je retourne où j'aurais dû rester tout à l'heure.

MARINELLI. Calmez-vous, mademoiselle. Tout va bien : elles seront bientôt auprès de vous, les personnes aimées pour lesquelles vous montrez une si tendre anxiété... Pendant ce temps, va, Battista : elles peuvent la chercher dans quelqu'un des restaurants du parc. Amène-les ici sans délai. (*Battista sort.*)

ÉMILIA. Est-il sûr qu'ils soient tous sauvés? Ne leur est-il rien arrivé?... Ah! quel jour de terreur pour moi! Mais je ne devrais pas rester ici, je devrais voler à leur rencontre...

MARINELLI. Pourquoi cela, mademoiselle? Vous êtes déjà sans souffle et sans force. Remettez-vous, et daignez entrer dans une chambre où vous serez plus commodément... Je gagerais que le prince en personne est auprès de votre chère et respectable mère, et vous l'amène.

ÉMILIA. Qui, dites-vous?

MARINELLI. Notre très gracieux prince en personne.

EMILIA (*étonnée au possible*). Le prince?

MARINELLI. A la première nouvelle, il a volé à votre secours. Il est entré dans la plus grande fureur qu'on ait osé tenter un tel crime, si près de lui, presque sous ses yeux. Il fait poursuivre les coupables, et leur châtiment, si on les saisit, sera exemplaire.

ÉMILIA. Où suis-je donc?

MARINELLI. A Dosalo, dans le château de plaisance du prince.

EMILIA. Quel hasard! Et vous pensez qu'il pourrait paraître lui-même?

MARINELLI. Le voici.

SCÈNE V

LE PRINCE, EMILIA, MARINELLI

LE PRINCE. Où est-elle? Nous vous cherchons partout, mademoiselle... Êtes-vous remise? Alors tout est au mieux : le comte, votre mère...

EMILIA. Ah! monseigneur, où sont-ils? Où est ma mère?

LE PRINCE. Non loin, ici tout près.

EMILIA. Dieu! Dans quel état vais-je peut-être trouver l'un ou l'autre... les trouver sûrement! Car vous me cachez, monseigneur, je le vois, vous me cachez...

LE PRINCE. Non pas, chère mademoiselle... Donnez-moi le bras et suivez-moi avec confiance...

EMILIA (*irrésolue*). Mais s'il ne leur est rien arrivé... si mes pressentiments me trompent... pourquoi ne sont-ils pas déjà ici? Pourquoi ne vous ont-ils pas accompagné, monseigneur?

LE PRINCE. Hâtez-vous donc, mademoiselle, afin de voir en un instant disparaître toutes ces images de terreur.

EMILIA (*se tordant les mains*). Que faire?

LE PRINCE. Comment, mademoiselle, conserveriez-vous de la défiance contre moi?

EMILIA (*tombant à ses pieds*). Je suis à vos genoux, monseigneur...

LE PRINCE (*la relevant*). Je suis on ne peut plus confus. Oui, Emilia, je mérite ce muet reproche. Ma conduite de ce matin n'est pas justifiable, elle est tout au plus pardonnable. J'aurais dû ne pas vous troubler d'un aveu, dont je n'avais à attendre aucun profit. Aussi le saisissement muet avec lequel vous l'avez écouté m'a suffisamment puni… Et cet accident qui me procure encore une fois, avant que toutes mes espérances se soient évanouies… qui me procure encore une fois le bonheur de vous voir et de vous parler; cet accident pourrait être le présage d'un bonheur à venir… le miraculeux retardement de ma condamnation finale, en me permettant d'implorer encore une fois mon pardon, mais je veux — ne tremblez pas, mademoiselle, — je veux obéir à chacun de vos regards. Aucune parole, aucun soupir ne vous offensera… Cessez seulement de me faire souffrir par votre méfiance. Ne doutez pas un seul instant du pouvoir illimité que vous exercez sur moi. Ne songez pas que vous ayez jamais besoin d'invoquer contre moi aucune autre protection. Et maintenant venez, mademoiselle… venez où vous attendent des transports d'amour qui vous agréent davantage. (*Il l'entraîne, non sans opposition.*) Suivez-nous, Marinelli.

MARINELLI. Suivez-nous… Cela veut dire : ne nous suivez pas. Qu'ai-je à faire aussi de les suivre? Il verra en tête à tête jusqu'où il peut porter les choses avec elle… Tout ce que j'ai à faire, c'est d'empêcher qu'ils ne soient dérangés… Par le comte? J'espère bien que non; mais par la mère, par la mère! Cela me surprendrait fort qu'elle s'en fût allée tranquillement, en laissant sa fille dans le filet… Battista! Eh bien, qu'y a-t-il?

SCÈNE VI

BATTISTA, MARINELLI

BATTISTA (*avec précipitation*). La mère, monsieur le chambellan…

MARINELLI. Je m'y attendais… Où est-elle?

BATTISTA. Si vous n'allez pas au devant d'elle, elle sera ici dans un clin d'œil. Je n'avais pas la moindre velléité d'aller la chercher, comme vous me l'aviez ordonné pour la forme, lorsque j'entendis de loin ses cris. Elle est sur les traces de sa fille, et, pourvu qu'elle ne soit pas sur les traces de toute notre opération. Tout ce qu'il y a d'hommes dans cette contrée solitaire, elle les a réunis autour d'elle, et chacun d'eux s'empresse à l'envi de lui montrer le chemin. Je ne sais pas si on lui aura déjà dit que le prince est ici et que vous y êtes aussi. Que voulez-vous faire?

MARINELLI. Il faut réfléchir... (*Il réfléchit.*) Ne pas la laisser entrer; si elle sait que sa fille est ici, cela ne se peut. Quels yeux elle fera, sans doute, quand elle verra le loup près de la tendre brebis!... Quels yeux!... Passe encore... Mais que le ciel préserve nos oreilles!... Après tout, du reste, les poumons les plus vigoureux s'échauffent, voire même des poumons de femme. Quand elles sont à bout d'haleine, elles cessent toutes de crier. D'ailleurs il est important que nous mettions la mère de notre côté. Si je connais bien les mères, presque toutes seraient flattées de l'idée de devenir quelque chose comme la belle-mère d'un prince... Laisse-la venir, Battista, laisse-la venir.

BATTISTA. L'entendez-vous? L'entendez-vous?

CLAUDIA (*dans l'intérieur*). Emilia! Emilia! Mon enfant, où es-tu?

MARINELLI. Va, Battista, et occupe-toi d'écarter les curieux qui l'accompagnent.

SCÈNE VII

Claudia GALOTTI, BATTISTA, MARINELLI

CLAUDIA (*Elle franchit la porte au moment où Battista va sortir.*) Ah! voilà celui qui l'a enlevée de la voiture! Celui qui l'a emportée!... Je te reconnais. Où est-elle? Parle, misérable!

BATTISTA. Voilà mon remercîment?...

CLAUDIA. Oh! si tu mérites un remercîment. (*Avec douceur.*) Pardonne-moi, honnête homme... Où est-elle?

Ne me laisse pas plus longtemps privée d'elle. Où est-elle ?

BATTISTA. Oh! Votre Grâce, elle ne pourrait pas être plus en sûreté dans le sein de la félicité éternelle. Voici mon maître qui vous conduira près d'elle. Votre Grâce... (*A quelques gens qui veulent pénétrer à sa suite.*) Et vous, arrière !

SCÈNE VIII

Claudia GALOTTI, MARINELLI

CLAUDIA. Ton maître? (*Elle aperçoit Marinelli et recule.*) Ah! c'est là ton maître?... Vous ici, monsieur? Et ma fille ici? Et vous allez, vous, me conduire auprès d'elle?

MARINELLI. Avec beaucoup de plaisir, madame...

CLAUDIA. Arrêtez!... J'y songe... Seriez-vous?... Oh! non... celui qui est venu chez moi ce matin chercher le comte, celui avec qui je le laissai seul, celui avec qui il eut une querelle?

MARINELLI. Une querelle?... Pas que je sache : ç'a été un échange de paroles paisibles à propos des intérêts du maître...

CLAULIA. Et vous vous nommez Marinelli?

MARINELLI. Le marquis Marinelli.

CLAUDIA. Soit!... Écoutez donc, monsieur le marquis... Marinelli... Ce nom de Marinelli... accompagné d'une malédiction... Non! Dieu me préserve de calomnier ce noble jeune homme!... non accompagné d'une malédiction — c'est moi qui ajoutais la malédiction. — Ce nom de Marinelli fut la dernière parole du comte, en mourant.

MARINELLI. Du comte, en mourant? Du comte Appiani?... C'est ce qui me frappe le plus, madame, dans vos étranges discours... Du comte, en mourant? Ce que voulez dire d'ailleurs, je ne le comprends pas.

CLAUDIA (*amèrement et lentement*). Le nom de Mari-

nelli fut la dernière parole du comte, en mourant!...
Comprenez-vous maintenant? Je ne l'avais pas comprise
non plus d'abord, quoiqu'il l'eût prononcée avec un
accent... avec un accent!... Je l'entends encore. Où
avais-je l'esprit, que je n'ai pas compris tout de suite
cet accent?

MARINELLI. Eh bien, madame? J'ai été de tout temps
l'ami du comte, son ami le plus intime. Donc, si, en
mourant, il me nommait encore...

CLAUDIA. Avec cet accent? Je ne puis pas l'imiter, je
ne puis pas le décrire : mais il dévoile tout... Eh quoi?
Seraient-ce des brigands qui nous auraient attaqués?...
C'étaient des assassins, des assassins stipendiés!...
Et, Marinelli, ce nom de Marinelli fut la dernière
parole du comte, en mourant. Et avec un accent!

MARINELLI. Avec un accent?... A-t-on jamais ouï, sur
un accent entendu dans un moment d'effroi, fonder
une accusation contre un homme d'honneur?

CLAUDIA. Ah! si je pouvais seulement le reproduire
devant la justice, cet accent! Mais, malheur à moi!
J'en oublie ma fille... Où est-elle?... Morte aussi? Comment? Si Appiani était ton ennemi, ma fille n'y était
pour rien?

MARINELLI. Je pardonne au trouble de la mère...
Venez, madame. Votre fille est ici dans la chambre voisine, et elle est déjà sans doute complétement remise de
sa frayeur. Le prince lui-même s'est occupé d'elle avec
la plus tendre sollicitude.

CLAUDIA. Qui? Qui, lui-même?

MARINELLI. Le prince.

CLAUDIA. Le prince? Dites-vous en réalité le prince?
Notre prince?...

MARINELLI. Quel autre pourrait-ce être?

CLAUDIA. Alors, je suis une mère malheureuse... et
son père, son père!... Il maudira le jour de sa naissance, il me maudira.

MARINELLI. Par le Ciel, madame! A quoi songez-vous?

CLAUDIA. C'est clair. N'est-ce pas?... Aujourd'hui, à
l'église, sous les yeux du Tout-Puissant, en présence du

Très-Haut, s'est nouée cette trame criminelle; elle est menée à bonne fin. (*A Marinelli.*) Ah! assassin! lâche et misérable assassin! Tu n'étais pas assez courageux pour le tuer de ta propre main, mais tu as été assez vil pour le tuer afin d'assouvir la passion d'un autre... pour le faire tuer! Lie de tous les assasins! Les assassins un peu honnêtes te renieraient, toi! toi!... Pourquoi d'un seul mot ne te cracherais-je pas à la face toute ma bile, toute ma bave? Toi! Toi!... Toi, entremetteur!

MARINELLI. Vous radotez, bonne femme... Mais modérez au moins vos cris sauvages et songez où vous êtes.

CLAUDIA. Où je suis! Songer où je suis? Qu'importe à la lionne, à laquelle on a ravi ses petits, dans quelle forêt elle rugit?

EMILIA (*derrière la scène*). Ah, ma mère! J'entends ma mère!

CLAUDIA. Sa voix!... C'est elle!... Elle m'a entendue, elle m'a entendue. Et j'aurais dû ne pas crier?... Où es-tu mon enfant? Me voici, me voici. (*Elle se précipite dans la chambre, Marinelli la suit.*)

FIN DU TROISIÈME ACTE

ACTE IV

La scène ne change pas

SCÈNE PREMIÈRE

Le prince, MARINELLI

LE PRINCE (*venant de la chambre d'Emilia*). Venez, Marinelli ! J'ai besoin de me remettre... Vous m'expliquerez aussi...

MARINELLI. Oh ! la maternelle fureur ! Ha ! ha ! ha !

LE PRINCE. Vous riez !

MARINELLI. Si vous aviez vu, prince, la folie de la mère, ici, dans cette salle... Mais vous avez entendu ses cris !... et son apaisement soudain à votre aspect... Ha ! ha ! ha ! Je sais bien qu'une mère n'arrache pas les yeux à un prince, parce qu'il trouve sa fille jolie.

LE PRINCE. Vous êtes mauvais observateur... La fille est tombée sans connaissance dans les bras de sa mère. C'est pour cela et non à cause de moi que la mère a contenu sa colère. C'est pour épargner sa fille, et non pas moi, qu'elle disait moins haut, moins intelligiblement... ce que j'aurais préféré ne pas entendre et ne pas comprendre.

MARINELLI. Quoi, monseigneur ?

LE PRINCE. Pourquoi dissimuler ? Ce qu'elle disait ; est-ce vrai, ou non ?

MARINELLI. Et quand ce serait vrai ?

LE PRINCE. Quand ce serait vrai ?... Mais cela l'est donc ?... Il est mort ? mort ? (*Menaçant.*) Marinelli ! Marinelli !

MARINELLI. Eh bien?

LE PRINCE. J'en atteste Dieu! J'en atteste la justice de Dieu! Je suis innocent de cette mort. Si vous m'aviez prévenu que cela dût coûter la vie au comte... Non, non, quand cela m'aurait dû coûter la vie à moi-même...

MARINELLI. Si je vous en avais prévenu?... Comme si sa mort avait été dans mes plans! J'avais fait jurer à Angelo, par son âme, d'empêcher qu'il n'arrivât du mal à personne. Aussi cela se serait-il passé sans la plus plus légère violence, si le comte ne s'en était permis tout le premier. Il en abattit un d'un coup de feu.

LE PRINCE. Vraiment, il aurait dû comprendre la plaisanterie!

MARINELLI. Angelo est entré soudain en fureur et a vengé la mort de son compagnon...

LE PRINCE. Sans doute, c'est très naturel!

MARINELLI. Je l'en ai assez réprimandé.

LE PRINCE. Réprimandé? Que de bonté!... Prévenez-le de ne jamais remettre les pieds dans mes États... Ma réprimande pourrait ne pas être aussi amicale.

MARINELLI. Très bien!... Moi et Angelo, le dessein arrêté et le hasard, c'est tout un. Il est vrai qu'il avait été entendu d'avance, arrêté d'avance, qu'aucun des accidents malheureux qui pouvaient survenir ne me serait imputé...

LE PRINCE. Qui pouvaient survenir? Qui pouvaient, dites-vous, ou qui devaient survenir?

MARINELLI. De mieux en mieux! Donc, monseigneur, avant de me dire si sèchement pour qui vous me prenez... une seule observation. La mort du comte ne m'est rien moins qu'indifférente. Je l'avais provoqué en duel, il me devait une réparation; il est parti de ce monde sans me l'avoir donnée, et mon honneur reste outragé. En supposant que je méritasse dans toute autre circonstance, le soupçon que vous élevez contre moi, le mériterais-je, même dans celle-ci? (*Avec une feinte chaleur.*) Qui peut penser ainsi de moi?

LE PRINCE (*allant à lui*). Allons, allons...

MARINELLI. Que ne vit-il encore! Oh! que ne vit-il encore! Je donnerais tout au monde, tout pour cela... (*Amèrement.*) Même la faveur de mon prince... Cette faveur inestimable... cette faveur qu'on ne saurait mettre à trop haut prix... pour cela, je la donnerais!

LE PRINCE. Je comprends. Allons, allons... Sa mort a été un accident, rien qu'un accident. Vous l'affirmez, et moi, moi, je le crois... Mais quelque autre le croira-t-il? De la mère, d'Emilia, du monde entier?

MARINELLI (*froidement*). C'est peu probable.

LE PRINCE. Et si on ne le croit pas, que croira-t-on?... Vous haussez les épaules? On prendra votre Angelo pour l'instrument, et moi pour l'auteur...

MARINELLI (*encore plus froidement*). C'est assez vraisemblable.

LE PRINCE. Moi! moi-même!... Alors, il me faut sur l'heure, renoncer à tout dessein sur Emilia...

MARINELLI (*avec la plus haute différence*). Comme il vous aurait fallu le faire, si le comte vivait encore.

LE PRINCE (*s'emportant, puis se calmant aussitôt*). Marinelli!... Non, vous ne me ferez pas perdre mon sang-froid... Soit! j'y consens... Ce que vous voulez dire, c'est que la mort du comte est pour moi un bonheur... le plus grand bonheur qui pût m'arriver, l'unique chance de salut pour mon amour, et que, de cette façon... peu importe que la chose se soit passée d'une manière ou d'une autre... Un comte de plus ou de moins dans le monde, pensé-je aussi bien que vous... Soit! Il ne faut pas s'effrayer d'un petit crime. Seulement, mon bon ami, il faut que le petit crime soit secret et qu'il soit utile. Et vous voyez que le nôtre n'est plus du tout, ni secret, ni même utile. Il m'avait, il est vrai, ouvert le chemin, mais, en même temps, il m'en ferme l'entrée. Chacun nous le jetterait à la tête, et nous n'y aurions rien gagné... Voilà pourtant le résultat de vos savantes et habiles combinaisons...

MARINELLI. Il ne m'appartient pas de vous contredire.

LE PRINCE. Pourquoi donc?... Je veux une réponse.

MARINELLI. On fait retomber sur moi ce qui ne me doit point être imputé.

LE PRINCE. Je veux une réponse.

MARINELLI. Eh bien ! Cela résulte-t-il de mes combinaisons que, dans ce désastre, un éclatant soupçon atteigne le prince?... Cela résulte du maître coup que le prince a eu la bonté de mêler à mes dispositions.

LE PRINCE. Moi?

MARINELLI. Qu'il me permette de lui dire que la démarche qu'il a faite ce matin à l'église... avec quelque respect qu'il l'ait faite, de quelque nécessité qu'il lui ait paru de la faire... que cette démarche n'appartenait pas à la danse.

LE PRINCE. Qu'est-ce qu'elle a donc gâté?

MARINELLI. Pas toute la danse sans doute, mais seulement la mesure actuelle.

LE PRINCE. Hem! Je ne vous comprends pas.

MARINELLI. Donc, en deux mots et sans métaphore ; quand je me chargeai de la chose, Emilia, n'est-ce pas, ne savait encore rien de l'amour du prince? La mère d'Emilia encore moins? N'avais-je pas bâti sur cette hypothèse? Et pendant ce temps-là, le prince n'a-t-il pas renversé la base de ma construction?

LE PRINCE (*se frappant le front*). Malédiction !

MARINELLI. N'a-t-il pas lui-même trahi ses secrets?

LE PRINCE. Maudite fantaisie!

MARINELLI. Et s'il ne s'était pas trahi lui-même, certes je voudrais bien savoir de laquelle de mes combinaisons, mère et fille auraient pu tirer à son endroit le plus léger ombrage.

LE PRINCE. Vous avez raison.

MARINELLI. Je n'en aurai cependant pas moins eu tort. Vous me permettez, monseigneur...

SCÈNE II

BATTISTA, LE PRINCE, MARINELLI

BATTISTA (*entrant rapidement*). La comtesse arrive en ce moment.

LE PRINCE. La comtesse? Quelle comtesse?

BATTISTA. Orsina.

LE PRINCE. Orsina?... Marinelli!... Orsina?... Marinelli!...

MARINELLI. J'en suis aussi stupéfait que vous-même.

LE PRINCE. Va, cours, Battista; il ne faut pas qu'elle descende de voiture. Je n'y suis pas. Je n'y suis pas pour elle. Qu'elle s'en retourne sur-le-champ. Va, cours. (*Battista sort.*) Que veut la coquine? Quelle audace? Comment sait-elle que nous sommes ici? Viendrait-elle en espion? Aurait-elle déjà peut-être appris quelque chose?... Ah! Marinelli! Parlez, répondez. Ai-je offensé l'homme qui se dit mon ami? L'ai-je offensé dans cette misérable discussion? Faut-il lui demander pardon?

MARINELLI. Ah! mon prince, quand vous redevenez vous-même, je redeviens vôtre de toute mon âme. L'arrivée de l'Orsina est pour moi comme pour vous une énigme. Elle sera difficile à éconduire. Que résolvez-vous?

LE PRINCE. Je ne la recevrai pas, je vais m'éloigner...

MARINELLI. Faites vite seulement. Je la recevrai...

LE PRINCE. Mais rien que pour la congédier... Ne vous laissez pas entraîner trop loin avec elle. Nous avons ici d'autres choses à faire...

MARINELLI. Non pas, prince! J'ai pourvu à tout. Reprenez donc courage! Ce qui manque encore viendra à son heure. Mais je crois déjà l'entendre. Hâtez-vous, prince... Là... si vous voulez, vous pourrez nous entendre. (*Il lui montre un cabinet; le prince s'y rend.*) — Je crains, je crains qu'elle n'ait mal choisi son temps pour une promenade en voiture.

SCÈNE III

La comtesse ORSINA, MARINELLI

ORSINA (*sans voir d'abord Marinelli*). Qu'est-ce? Personne à ma rencontre, qu'un insolent qui m'aurait volontiers refusé l'entrée? Je suis pourtant à Dosalo? A ce Dosalo où jadis une troupe empressée de courtisans couraient à ma rencontre; où jadis l'amour et le ravissement m'attendaient. C'est ici, mais, mais. — Ah! Marinelli!... Tant mieux que le prince vous ait amené avec lui... Non, tant pis! Pour terminer ce que j'ai à terminer avec lui, je n'aurais eu besoin que de lui seul... Où est-il?

MARINELLI. Le prince, madame la comtesse?

ORSINA. Sans doute.

MARINELLI. Vous le supposez donc ici? Vous le savez ici?... Lui, ne présume guère ici la comtesse Orsina.

ORSINA. Non? N'a-t-il donc pas reçu ma lettre ce matin?

MARINELLI. Votre lettre? Oh! si; je me souviens qu'il a parlé d'une lettre de vous.

ORSINA. Eh bien? Ne lui donnais-je pas par cette lettre rendez-vous pour aujourd'hui, ici, à Dosalo? Il est vrai qu'il ne lui a pas plu de me répondre par écrit. Mais j'ai appris qu'une heure après, il était, en réalité, parti pour Dosalo. J'ai pensé que c'était une réponse suffisante, et me voici.

MARINELLI. C'est un étrange hasard!

ORSINA. Un hasard? Vous entendez bien que c'était une convention, ou tout comme. De mon côté, la lettre; du sien, l'action. Quelle attitude, monsieur le marquis! Quels yeux! Votre petite cervelle s'étonne? Et de quoi donc?

MARINELLI. Vous paraissiez hier si éloignée de vous représenter jamais devant le prince.

ORSINA. La nuit porte conseil... Où est-il? où est-il? Je gagerais qu'il est dans la chambre d'où j'ai entendu sortir des coassements, des criailleries. J'allais y entrer, quand ce faquin de valet en est sorti.

MARINELLI. Ma très chère, ma très bonne comtesse...

ORSINA. C'étaient des criailleries de femmes. Qu'est-ce que c'est, Marinelli? Oh! dites-le moi donc... si je suis toujours votre très chère, votre très bonne comtesse... Maudite vermine de cour! Autant de paroles, autant de mensonges! Aussi, qu'importe que vous me le disiez ou non d'avance? Je le verrai bien... (*Elle veut s'en aller.*)

MARINELLI (*la retenant*). Où allez-vous?

ORSINA. Où je devrais être depuis longtemps. Pensez-vous qu'il soit convenable de tenir avec vous dans cette antichambre un misérable bavardage, pendant que le prince m'attend dans son appartement?

MARINELLI. Vous vous trompez, madame la comtesse, le prince ne vous attend pas. Le prince ne peut, ni ne veut vous recevoir...

ORSINA. Mais il est ici, et c'est d'après ma lettre qu'il y est venu.

MARINELLI. Ce n'est pas d'après votre lettre qu'il y est venu.

ORSINA. Il l'a pourtant reçue, disiez-vous?...

MARINELLI. Il l'a reçue, mais... il ne l'a pas lue.

ORSINA (*avec véhémence*). Il ne l'a pas lue?... (*Avec moins de véhémence.*) Il ne l'a pas lue? (*Tristement, et en essuyant une larme qui coule de ses yeux.*) Pas même lue?

MARINELLI. Par distraction, je pense... non par mépris.

ORSINA (*avec hauteur*). Par mépris?... Qui y pense?... A qui croyez-vous avoir besoin de dire cela? Vous êtes un insolent consolateur, Marinelli... Par mépris! par mépris! Du mépris à moi, à moi! (*Avec un accent doux et accablé.*) Certainement, il ne m'aime plus. C'est incontestable. Et, à la place de l'amour, quelque chose d'autre est né dans son âme. C'est tout simple. Mais pourquoi donc précisément du mépris? Il suffit que ce soit de l'indifférence, n'est-ce pas, Marinelli?

MARINELLI. C'est cela, c'est cela.

ORSINA (*moqueusement*). C'est cela? Oh! l'homme prudent, auquel on fait dire ce qu'on veut!... De l'indifférence! De l'indifférence à la place de l'amour? C'est à dire rien à la place de quelque chose. Car, apprenez, mannequins de cour, apprenez d'une femme, qu'indifférence n'est qu'un mot vide de sens, n'est qu'un son qui ne répond à rien, absolument à rien. L'âme n'est indifférente que pour ce à quoi elle ne pense pas, que pour ce qui pour elle n'existe pas... et être indifférent pour une chose qui n'en est pas une... c'est la même chose que ne pas être indifférent... Cela vous surpasse, l'homme?

MARINELLI (*à part*). Aïe! Voilà ce que j'avais raison de craindre!

ORSINA. Que murmurez-vous là?

MARINELLI. Vous êtes admirable... Qui ne sait, madame, que vous êtes philosophe?

ORSINA. N'est-ce pas?... Oui, je le suis... Mais en suis-je arrivée à laisser comprendre que je le fusse? Oh! fi! L'aurais-je fait comprendre, l'aurais-je fait sentir trop souvent?... Est-ce donc alors chose étonnante que le prince me méprise? Comment un homme pourrait-il aimer une créature qui en dépit de lui voudrait penser?... Une femme qui pense, c'est tout aussi désagréable qu'un homme qui se farde. Son devoir est de rire, rien que de rire, afin de maintenir toujours en joie l'auguste souverain de la création. — Mais de quoi donc est-ce que je ris en ce moment, Marinelli?... Ah! oui, je ris de ce hasard : j'écris au prince de venir à Dosalo; le prince ne lit pas ma lettre et il vient pourtant à Dosalo. Ha! ha! ha! vraiment, voilà un singulier hasard! C'est très amusant, très réjouissant!... Et vous ne riez pas avec moi, Marinelli? L'auguste souverain de la création ne dédaigne pas de rire avec nous, quoique, nous autres pauvres créatures, nous n'osions pas penser avec lui. (*Sérieusement et impérieusement.*) Ainsi, riez donc!

MARINELLI. A l'instant, madame la comtesse, à l'instant!

ORSINA. Arrêtez. L'instant est passé. Non, non, ne riez pas. Car, voyez-vous, Marinelli (*pensive et émue*), ce qui me fait rire de si bon cœur a aussi son côté sérieux, comme tout dans ce monde... Ce serait un hasard? C'en serait un que le prince n'eût pas songé à me recevoir ici, et qu'il dût pourtant m'y recevoir! Un hasard? Croyez-moi, Marinelli, le mot hasard est un blasphème contre Dieu. Il n'y a pas de hasards sous le soleil... et surtout lorsque le fait vous frappe les yeux d'une manière si éclatante. Toute-puissante et toute bonne Providence, pardonne-moi d'avoir commis le sot péché d'appeler hasard ce qui est si évidemment ton œuvre, ton œuvre immédiate! (*Vivement à Marinelli.*) Que vous veniez encore une fois me séduire à une telle faute!

MARINELLI (*à part*). Cela dure longtemps!... (*Haut.*) Mais, madame la comtesse...

ORSINA. Silence, avec votre *mais!* Les *mais* demandent de la réflexion... et ma tête! ma tête! (*Elle presse son front de sa main.*) Faites, Marinelli, que j'entretienne bientôt le prince, autrement je ne serais plus en état... Vous voyez qu'il faut que nous nous entretenions, qu'il le faut absolument.

SCÈNE IV

LE PRINCE, LA COMTESSE ORSINA, MARINELLI

LE PRINCE (*à part, en sortant du cabinet*). Il faut que je vienne à son secours.

ORSINA (*l'apercevant et hésitant à aller à lui*). Ha! Le voilà.

LE PRINCE. (*Il traverse la salle, passe près d'elle, se dirige vers une autre pièce, et, sans s'arrêter, lui dit.*) Ha! notre belle comtesse! Combien je regrette, madame, de ne pouvoir profiter de l'honneur de votre visite!... Je suis occupé, je ne suis pas seul. A une autre fois, ma chère comtesse! A une autre fois. Je ne vous retiens pas plus longtemps aujourd'hui. Non, pas plus longtemps... Et vous, Marinelli, je vous attends.

SCÈNE V

LA COMTESSE ORSINA, MARINELLI

MARINELLI. L'avez-vous entendu de sa propre bouche, madame la comtesse, ce que vous ne vouliez pas admettre, venant de la mienne?

ORSINA (*atterrée*). L'ai-je véritablement entendu?

MARINELLI. Véritablement.

ORSINA (*avec émotion*). « Je suis occupé, je ne suis pas seul. » Est-ce là toute l'excuse que je mérite? Qui est-ce qu'on renvoie de cette manière? Les importuns, les mendiants. Avec moi, plus de feintes, plus le moindre mensonge... Occupé? Avec qui donc? Pas seul? Qui donc est chez lui?... Voyons, Marinelli; par pitié, mon cher Marinelli, mentez-moi au moins de votre côté. Qu'est-ce que vous coûtera un mensonge?... Qu'a-t-il à faire? Qui est chez lui? Dites-moi, dites-moi la première chose qui vous viendra sur les lèvres, et je m'en vais.

MARINELLI (*à lui-même*). A cette condition, je puis lui dire une partie de la vérité.

ORSINA. Eh bien? Vite, Marinelli, et je m'en vais. Il a dit aussi, le prince : « A une autre fois, ma chère comtesse! » N'a-t-il pas dit cela?... J'ai sa parole, et, afin de ne lui donner aucun prétexte pour manquer à sa parole, vite, Marinelli, votre mensonge, et je m'en vais.

MARINELLI. Le prince, en vérité, ma chère comtesse,

n'est pas seul. Il y a chez lui des personnes qui ne lui laissent pas un instant de loisir, des personnes qui viennent d'échapper à un grand péril. Le comte Appiani...

ORSINA. Serait chez lui? C'est dommage que je ne puisse pas donner dans ce mensonge. Vite, un autre... Le comte Appiani, si vous ne le savez pas encore, vient d'être assassiné par des brigands. J'ai rencontré aux portes de la ville, sa voiture ramenant son cadavre... Ou bien, n'est-ce pas lui? L'aurais-je rêvé?

MARINELLI. Malheureusement, non, vous ne l'avez pas rêvé... Mais les autres personnes qui étaient avec le comte ont eu le bonheur de se réfugier dans ce château. C'est sa fiancée et la mère de sa fiancée, avec lesquelles il allait pour la célébration de son mariage, à Sabionetta.

ORSINA. Ces personnes? Elles sont chez le prince? La fiancée? Et la mère de la fiancée?... La fiancée est-elle belle?

MARINELLI. Son désastre a extrêmement touché le prince.

ORSINA. Je l'espère bien, quand même elle serait laide. Car son sort est terrible... Pauvre bonne jeune fille! au moment où il allait être à toi, pour toujours, pour toujours, il t'est ravi... Qui est-elle donc, cette fiancée? Est-ce que je la connais? Il y a si longtemps que j'ai quitté la ville, que je ne sais plus rien.

MARINELLI. C'est Emilia Galotti.

ORSINA. Qui? Emilia Galotti? Emilia Galotti? Prenez garde, Marinelli, que je prenne ce mensonge pour vérité!

MARINELLI. Comment cela?

ORSINA. Emilia Galotti?

MARINELLI. Que vous devez à peine connaître...

ORSINA. Oh! d'aujourd'hui seulement... Sérieusement, Marinelli, Emilia Galotti? Emilia Galotti serait l'infortunée fiancée que le prince console?

MARINELLI (*à part*). Ne lui en ai-je pas trop dit?

ORSINA. Et le comte Appiani était le fiancé? L'Appiani tué d'un coup de feu?

MARINELLI. Lui-même.

ORSINA. Oh! bravo! bravo! (*Elle bat des mains.*)

MARINELLI. Comment donc?

ORSINA. Je voudrais pouvoir embrasser le démon qui lui a inspiré cela!

MARINELLI. A qui? inspiré cela?

ORSINA. Oui, je voudrais pouvoir l'embrasser. Et quand même ce serait vous, ce démon, Marinelli.

MARINELLI. Comtesse!

ORSINA. Venez ici! Regardez-moi fixement, les yeux dans les yeux!

MARINELLI. Eh bien?

ORSINA. Ne devinez-vous pas ce que je pense?

MARINELLI. Comment le pourrais-je deviner?

ORSINA. Vous n'y avez pris aucune part?

MARINELLI. A quoi?

ORSINA. Jurez!... Non, ne jurez pas! Vous pourriez commettre un péché de plus... Ou plutôt, jurez... Qu'est-ce qu'un péché de plus ou de moins pour qui est damné! N'y avez-vous pris aucune part?

MARINELLI. Vous m'effrayez, comtesse.

ORSINA. Vraiment? Eh bien, Marinelli, votre bon cœur ne soupçonne même rien?

MARINELLI. Rien, de quoi?

ORSINA. Bien; alors, je vais vous révéler quelque chose... quelque chose qui vous fera dresser tous les cheveux sur la tête. Mais ici, tout près de la porte, quelqu'un pourrait nous entendre. Venez ici... et... (*Posant le doigt sur ses lèvres.*) Entendez ceci, tout à fait sous le secret, tout à fait sous le secret. (*Elle approche sa bouche de son oreille, comme si elle voulait le lui chuchoter à l'oreille, et crie à tue tête.*) Le prince est un assassin!

MARINELLI. Comtesse! comtesse!... perdez-vous l'esprit?

ORSINA. Je perds l'esprit?... Ha! ha! ha! (*Riant à gorge déployée.*) Rarement, jamais peut-être je n'ai été plus contente de mon esprit que maintenant... C'est positif, Marinelli,... mais cela reste entre nous... (*Bas.*)

Le prince est un assassin! l'assassin du comte Appiani! Ce ne sont pas des brigands, ce sont des suppôts du prince, c'est le prince qui l'a tué.

MARINELLI. Comment une atrocité pareille vous peut-elle venir aux lèvres, à la pensée?

ORSINA. Quoi? C'est tout naturel. C'est à cette Emilia Galotti... qui est ici chez lui... dont le fiancé devait ainsi s'en aller de ce monde, blessé à la gorge et à la tête... à cette Emilia Galotti que le prince, ce matin, sous le portique des Dominicains, a parlé longuement. Je le sais, mes espions l'ont vu. Ils ont même entendu ce qu'il lui disait... Eh bien, mon bon monsieur, ai-je perdu l'esprit? Je fais rimer assez passablement, je crois, ce qui s'accorde ensemble. Ou tout cela s'enchaîne-t-il encore par hasard? Pour vous, est-ce encore le hasard? Oh! Marinelli, vous connaissez aussi mal la méchanceté des hommes que la Providence.

MARINELLI. Comtesse, vous risqueriez votre tête...

ORSINA. Si j'en disais davantage! Tant mieux, tant mieux! Demain, j'irai le crier sur le marché... Et celui qui me contredit... celui qui me contredit... c'est le complice de l'assassin... Adieu... (*Au moment de sortir, elle rencontre à la porte le vieux Galotti qui entre précitamment.*)

SCÈNE VI

ODOARDO GALOTTI, LA COMTESSE ORSINA, MARINELLI

ODOARDO. Pardonnez-moi, madame...

ORSINA. Je n'ai rien à pardonner ici, car je n'ai rien à y prendre mal... Adressez-vous à ce monsieur. (*Elle lui montre Marinelli.*)

MARINELLI (*à part, en l'apercevant*). Bon! c'est le vieux!...

ODOARDO. Pardonnez, monsieur, à un père qui se

trouve dans le plus grand saisissement, d'entrer ainsi sans se faire annoncer.

ORSINA. Un père? (*Elle revient à lui.*) Le père d'Emilia, sans doute... Ah! soyez le bienvenu!

ODOARDO. Un domestique est venu à toute bride m'annoncer qu'ici près les miens étaient dans la détresse. J'y vole et j'apprends que le comte Appiani est blessé, qu'on le ramène à la ville, et que ma femme et ma fille se sont réfugiées au château. Où sont-elles, monsieur, où sont-elles?

MARINELLI. Soyez tranquille, monsieur le colonel. Votre épouse et votre fille en ont été quittes pour la frayeur. Elles se trouvent bien toutes deux. Le prince est auprès d'elles; je vais à l'instant vous annoncer.

ODOARDO. Pourquoi m'annoncer? pourquoi d'abord m'annoncer?

MARINELLI. A raison... à cause... à cause du prince. Vous savez, monsieur le colonel, quelle est votre position auprès du prince? Vous n'êtes pas avec lui sur un pied très amical. S'il s'est montré aussi gracieux pour votre épouse et votre fille... c'est que ce sont des femmes. Votre aspect imprévu lui en sera-t-il moins désagréable?

ODOARDO. Vous avez raison, monsieur, vous avez raison.

MARINELLI. Mais, madame la comtesse... puis-je d'abord avoir l'honneur de vous accompagner jusqu'à votre voiture?

ORSINA. Non pas, non pas.

MARINELLI. (*Il la prend vivement par la main.*) Permettez-moi de remplir mon devoir...

ORSINA. Doucement!... Je vous en dispense, monsieur. Vos pareils prennent toujours les inspirations de la politesse pour leur propre devoir, afin de pouvoir ensuite négliger l'un aussi bien que l'autre.. Vous ferez mieux d'annoncer cet homme honorable : voilà votre devoir.

MARINELLI. Oubliez-vous ce que le prince en personne vous a ordonné?

ORSINA. Qu'il vienne et qu'il me l'ordonne encore une fois, je l'attends.

MARINELLI (*bas, au colonel qu'il prend à part*). Monsieur, je suis obligé de vous laisser avec une femme qui... dont... dont le cerveau... Vous me comprenez. Je vous dis cela, afin que vous sachiez quel fond vous aurez à faire sur ses discours... quelquefois si bizarres. Vous ferez mieux de ne pas entrer en conversation avec elle.

ODOARDO. Très bien... Hâtez-vous, monsieur.

SCÈNE VII

La comtesse ORSINA, Odoardo GALOTTI

ORSINA (*après un instant de silence, pendant lequel elle considère le colonel avec compassion, tandis qu'il la regarde avec un peu de curiosité*). Que vous a-t-il dit, homme malheureux?

ODOARDO (*à demi pour lui, à demi pour elle*). Malheureux?

ORSINA. Ce n'est certainement pas une vérité, au moins une de celles qui vous attendent.

ODOARDO. Qui m'attendent?... N'en sais-je déjà pas assez, madame? Mais parlez, parlez.

ORSINA. Vous ne savez rien?

ODOARDO. Rien.

ORSINA. Bon et tendre père! Que ne donnerais-je pas pour que vous fussiez mon propre père! Pardonnez-moi; les gens malheureux s'attachent si facilement les uns aux autres! Je voudrais de tout cœur partager avec vous douleur et colère.

ODOARDO. Douleur et colère! madame?... Mais j'oublie... Parlez.

ORSINA. Était-ce votre fille unique... votre unique enfant?... Mais que ce fût en réalité votre enfant unique ou non : l'enfant malheureuse est toujours l'enfant unique.

ODOARDO. L'enfant malheureuse?... Madame!...

Qu'est-ce que je veux tirer d'elle?... Pardieu, ce n'est pourtant pas ainsi que parle une aliénée !

ORSINA. Une aliénée? C'est donc là ce qu'il vous a confié sur mon compte... Bien, bien : ce n'est pas du reste un de ses plus grossiers mensonges... Je le sens!... Et croyez-moi, croyez-moi : qui, sur certaines choses, ne perd pas la raison, celui-là n'en a pas à perdre.

ODOARDO. Que dois-je penser?

ORSINA. Ne me méprisez pas : car vous aussi avez votre raison, vous aussi, mon bon vieillard. Je le vois à votre air honnête et ouvert... mais, un seul mot, et vous l'aurez perdue.

ODOARDO. Madame!... madame!... Je l'aurai déjà perdue avant que vous m'ayez dit ce mot, si vous ne me le dites bientôt. Dites-le, dites-le : autrement, il n'est pas vrai... il n'est pas vrai que vous soyez de cette bonne espèce d'aliénées qui méritent notre pitié, notre haute considération... Autrement vous êtes une folle vulgaire, et vous n'avez pas ce que vous n'avez jamais eu.

ORSINA. Faites bien attention! Que savez-vous, vous qui croyez en savoir assez déjà?... Qu'Appiani a été blessé, rien que blessé?... — Appiani est mort!

ODOARDO. Mort? mort? Ha! femme, c'est contre nos conventions. Vous vouliez m'ôter la raison, et vous me broyez le cœur.

ORSINA. Par cela seul?... Allons plus loin... Le fiancé est mort, mais la fiancée... votre fille, pis que morte.

ODOARDO. Pis? Pis que morte?... Elle est donc morte en même temps?... Je ne connais qu'une chose qui soit pis...

ORSINA. Non pas morte en même temps, mon bon père, non! Elle vit, elle vit. C'est dès maintenant seulement qu'elle va commencer à bien vivre... d'une vie pleine de délices; de la vie de paresse la plus belle, la plus joyeuse... tout le temps qu'elle dure.

ODOARDO. Ce mot, madame, ce seul mot qui doit m'ôter la raison! Dites-le donc!... Ne jetez pas vos gouttes de poison dans un sceau! Ce seul mot, vite!

ORSINA. Eh bien, épelez bien ceci lettre à lettre. Ce matin, le prince a parlé à votre fille, à la messe; cette après-midi, il l'a dans son château de plaisance... de plaisance.

ODOARDO. Il lui a parlé à la messe, le prince, à ma fille?

ORSINA. Avec une familiarité! avec une ardeur! Ils avaient à convenir de quelque chose d'important. Et il est juste, puisque cela avait été convenu, très juste que votre fille se soit volontairement réfugiée ici. Voyez-vous, il n'y a certes pas eu de violent enlèvement, mais rien qu'un petit... qu'un tout petit assassinat.

ODOARDO. Calomniatrice! Infernale calomniatrice! Je connais ma fille. S'il y a eu assassinat, il y a eu aussi violent enlèvement. (*Il regarde d'une manière farouche autour de lui, frappe du pied et écume de fureur*). Ah! Claudia! Ah! bonne mère! Nous avons vécu dans le plaisir! Oh! le gracieux prince! Oh! l'honneur sans pareil!

ORSINA. Cela opère-t-il, vieillard, cela opère-t-il?

ODOARDO. Me voici maintenant dans la caverne du bandit... (*Il ouvre son vêtement des deux côtés, et ne trouve pas d'armes sur lui*). C'est singulier, dans ma précipitation mes mains ne trouvent peut-être pas!... (*Il fouille dans toutes ses poches, comme s'il cherchait quelque chose*). Rien, absolument rien, nulle part!

ORSINA. Ah, je comprends!... Je puis vous venir en aide. J'en ai apporté un. (*Elle tire un poignard*). Prenez, prenez vite, avant qu'on nous voie. J'ai aussi autre chose, du poison. Mais le poison que pour nous autres femmes et non pour les hommes. Prenez ce poignard. (*Elle le lui tend*). Prenez.

ODOARDO. Merci, merci... chère enfant: celui-là qui me redirait que tu es folle, aurait affaire à moi.

ORSINA. Cachez-le; vite, cachez-le!... L'occasion m'a fait défaut, à moi, pour en faire usage. A vous, elle ne fera pas défaut, cette occasion, et vous la saisirez aux cheveux... si vous êtes un homme. Mais je ne suis qu'une femme: cependant c'est pour cela que je venais ici! J'étais fermement résolue... Nous, vieillard, nous pouvons tout nous confier. Car nous sommes tous les deux outragés, outragés tous les deux par le même séducteur. Ah! si vous saviez, si vous saviez combien j'ai été outragée par lui d'une manière immense, inexprimable, inconcevable, et le suis encore... vous pourriez en oublier votre propre outrage. Me connaissez-vous? Je suis la comtesse Orsina, Orsina, qu'il a séduite et abandonnée... peut-être même pour votre fille... Mais qu'y peut votre fille? Elle aussi sera bientôt abandonnée... Et ensuite ce sera le tour d'une autre!... et d'une autre encore... Ha! (*Dans une sorte de ravissement*). Quelle joie céleste! Si nous étions un jour toutes... toute la troupe des abandonnées... nous toutes, transformées en bacchantes, en furies, et que toutes, nous le tenions au milieu de nous... et que nous le déchirions, que nous le lacérions, que nous fouillions ses entrailles, pour y trouver le cœur que le traître a promis à toutes, mais donné à aucune! Ha! Ce serait une danse! Ha, oui!

SCÈNE VIII

Claudia GALOTTI, les précédents

CLAUDIA (*en entrant, elle regarde tout autour d'elle, et aussitôt quelle aperçoit son mari, elle court à lui.*) Je l'ai deviné... Ah! notre protecteur, notre sauveur, te voilà, Odoardo! Est-ce toi? Leurs chuchotements, leurs signes me l'avaient appris. Que te dirai-je, si tu ne sais encore rien? Que te dirai-je, si déjà tu sais tout? Mais nous sommes innocentes. Je suis innocente. Ta fille est innocente... Nous sommes innocentes, innocentes de tout point.

ODOARDO (*cherchant à se calmer à la vue de sa femme*). Bien, bien. Calme-toi, calme-toi... et réponds-moi. (*A la comtesse Orsina.*) Ce n'est pas, madame, que je doute encore. — Le comte est mort?

CLAUDIA. Mort.

ODOARDO. Est-il vrai que le prince ait parlé à Emilia, ce matin, à la messe ?

CLAUDIA. C'est vrai. Mais si tu savais quel effroi cela lui a causé, dans quel saisissement elle est rentrée à la maison...

ORSINA. Eh bien, avais-je menti !

ODOARDO (*avec un sourire amer*). Je ne voudrais pas non plus que vous eussiez menti, et pour beaucoup.

ORSINA. Suis-je aliénée ?

ODOARDO (*allant çà et là avec fureur*). Oh !... je ne le suis pas non plus.

CLAUDIA. Tu m'as ordonné d'être calme, et je le suis... Oserais-je aussi, mon excellent ami, te prier ?...

ODOARDO. Que veux-tu ? Ne suis-je pas calme ? Peut-on être plus calme que je ne le suis ? (*Se contraignant.*) Emilia sait-elle qu'Appiani est mort ?

CLAUDIA. Elle peut ne pas en être sûre. Mais je crains qu'elle ne le soupçonne, puisqu'il ne paraît pas...

ODOARDO. Et elle se lamente et elle gémit ?

CLAUDIA. Plus à présent... Cela est passé, à sa manière que tu connais. Elle est à la fois la plus timide et la plus intrépide de notre sexe : jamais maîtresse de sa première émotion, elle se retrouve tout entière, après la plus légère réflexion, tout entière et préparée à tout. Elle tient le prince à distance, elle lui parle d'un ton... Fais en sorte que nous partions, Odoardo.

ODOARDO. Je suis à cheval... Que faire ?... Pardon, madame, vous retournez à la ville dans votre voiture ?

ORSINA. Oui.

ODOARDO. Auriez-vous l'obligeance d'emmener ma femme avec vous ?

ORSINA. Pourquoi non ? Très volontiers.

ODOARDO. Claudia... (*lui présentant la comtesse*). La comtesse Orsina, une femme de grand sens, mon amie, ma bienfaitrice... Retourne à la maison avec elle, et et envoie nous sur-le-champ la voiture. Emilia ne retournera pas à Guastalla, elle viendra avec moi.

CLAUDIA. Mais... si... je me sépare de mon enfant, à contre-cœur.

ODOARDO. Son père ne reste-t-il pas auprès d'elle ? On ne le laissera pas en venir à ses fins. Pas d'objections !... Venez, madame la comtesse... (*Bas à la comtesse.*) Vous entendrez parler de moi ! — Viens, Claudia. (*Il les conduit au dehors.*)

FIN DU QUATRIÈME ACTE

ACTE V

La scène ne change pas

SCÈNE PREMIÈRE

MARINELLI, LE PRINCE

MARINELLI. Venez, monseigneur, par cette fenêtre, vous pouvez le voir. Il se promène sous les arcades... Il se retourne... Il vient. Non, il retourne sur lui... Il n'est pas encore tout à fait d'accord avec lui-même. Mais il est plus calme; ou du moins il le paraît : ce qui est tout un pour nous... naturellement! Ce que ces deux femmes lui auront mis dans la tête, osera-t-il le dire?... A ce que Battista a entendu, sa femme va à l'instant lui envoyer sa voiture. Car il est venu à cheval. Vous allez voir qu'en se présentant devant vous, il remerciera très humblement Votre Altesse de la gracieuse protection que sa famille a trouvée ici, dans ce triste accident; demandera vos faveurs à venir pour sa fille; l'emmènera tranquillement à la ville et ira y attendre, dans la plus profonde soumission que Votre Altesse daigne s'intéresser davantage à sa chère et malheureuse enfant.

LE PRINCE. Mais, s'il ne s'apprivoisait pas autant? Et il s'apprivoisera difficilement, difficilement. Je le connais trop bien. S'il étouffe à grand'peine ses soupçons, s'il dévore sa fureur, et, qu'au lieu de conduire Emilia à la ville, il l'emmène avec lui, s'il la retient à ses côtés, s'il l'enferme dans un cloître, hors de mon territoire? Eh bien?

MARINELLI. Les craintes de l'amour vont loin. Vraiment?... Mais il ne le fera pas...

LE PRINCE. Pourquoi ne le fera-t-il pas? Pourquoi? Quel secours retirerons-nous de la mort de ce malheureux comte?

MARINELLI. Pourquoi ce triste regard en arrière? En avant! pense le vainqueur, qu'amis ou ennemis tombent à ses côtés... Et quand même, quand même ce que vous craignez du sévère vieillard serait dans ses intentions; prince. (*Réfléchissant.*) Eh bien, je tiens le moyen... il en serait pour ses frais... Oui, certes... Mais ne le perdons pas de vue. (*Il revient à la fenêtre*). Il a failli nous surprendre; le voici. Tenons-nous à l'écart, et permettez-moi de vous dire d'abord, prince, ce que nous devons faire en vue d'un accident à craindre.

LE PRINCE (*avec menace*). Eh bien! Marinelli.

MARINELLI. La chose la plus innocente du monde! (*Ils sortent*).

SCÈNE II

Odoardo GALOTTI

ODOARDO GALOTTI. Encore personne ici?... Bon, je n'en pourrai que mieux me calmer. C'est un bonheur pour moi. Il n'y a rien de plus méprisable qu'une tête effervescente de jeune homme avec des cheveux gris! Je me le suis assez souvent dit. Et cependant je m'étais laissé jeter hors des gonds, et par qui? Par une femme insensée de jalousie... Qu'a de commun la vertu opprimée avec la fureur du vice? Le tout est que la vertu soit sauve... Et quant à toi... mon fils, mon fils!... je n'ai jamais pu pleurer et je ne veux pas commencer à l'apprendre... et quant à toi, un autre que moi se chargera de te venger. Il me suffit que ton meurtrier ne jouisse pas du fruit de son crime... cela le torturera plus que son crime! Quand la société et le dégoût le pousseront de fantaisie en fantaisie, que le regret de n'avoir pas satisfait cette fantaisie-ci, lui empoisonne la jouissance de toutes les femmes. Dans tous ses rêves, que, devant sa couche, le fiancé sanglant lui amène sa fiancée, et que, lorsqu'il étendra vers lui un bras voluptueux, il entende tout à coup le ricanement infernal et s'éveille...

SCÈNE III

MARINELLI, Odoardo GALOTTI

MARINELLI. Où étiez-vous, monsieur, où étiez-vous ?
ODOARDO. Ma fille est-elle ici ?
MARINELLI. Elle, non ; mais le prince.
ODOARDO. Il me pardonnera : j'ai accompagné la comtesse.
MARINELLI. Eh bien ?
ODOARDO. L'excellente femme !
MARINELLI. Et votre épouse ?
ODOARDO. Elle est partie avec la comtesse, et va nous envoyer à l'instant la voiture. Le prince permettra que je ne m'arrête pas plus longtemps ici avec ma fille.
MARINELLI. Pourquoi ce dessein ? Le prince ne se serait-il pas fait un plaisir de les reconduire toutes deux, la mère et la fille, lui-même, à la ville ?
ODOARDO. Ma fille d'ailleurs aurait été obligée de s'excuser de ne pas accepter cet honneur.
MARINELLI. Comment cela ?
ODOARDO. Elle ne retourne plus à Guastalla.
MARINELLI. Ah ! et pourquoi ?
ODOARDO. Le comte est mort.
MARINELLI. Raison de plus...
ODOARDO. Elle m'accompagnera.
MARINELLI. Vous accompagnera ?
ODOARDO. Oui ! Je vous répète que le comte est mort... pour le cas où vous ne le sauriez pas déjà... Que ferait-elle maintenant à Guastalla ?... Elle m'accompagnera.
MARINELLI. Certainement le séjour futur de la fille

dépendra entièrement de la volonté du père. Mais quant à maintenant?

ODOARDO. Quant à maintenant?

MARINELLI. Vous devez permettre que votre fille, monsieur le colonel, soit reconduite à Guastalla.

ODOARDO. Ma fille? A Guastalla? Et pourquoi?

MARINELLI. Pourquoi? Considérez seulement...

ODOARDO (*avec chaleur*). Considérer! considérer! Je considère qu'il n'y a rien à considérer... Il faut absolument qu'elle m'accompagne.

MARINELLI. Oh! monsieur, qu'avons-nous besoin de nous échauffer? Il est possible que je sois dans l'erreur et que je croie indispensable ce qui ne l'est pas. Le prince en ordonnera au mieux. Le prince décidera... je vais le chercher.

SCÈNE IV

Odoardo GALOTTI

ODOARDO. Comment?... Impossible! Me prescrire le lieu où elle doit aller?... Me la retenir sans droit?... Qui le veut? Qui l'oserait?... Celui qui ose tout ici? Bien, bien, il verra ce que j'ose aussi, moi, si je n'ai encore rien osé! Tyran à la vue courte! Je vais accueillir ton ordre! Celui qui méprise la loi est aussi puissant que celui qui est au dessus de la loi. Ne sais-tu pas cela? Arrive, arrive... Mais voilà encore que la colère envahit mon cerveau... Qu'est-ce que je veux? D'abord faudrait-il que je susse pourquoi je fais rage. Ce n'est que le bavardage d'un flagorneur de cour! Et puis, je ne l'ai même pas laissé bavarder; je ne lui ai même pas laissé dire le prétexte sous lequel ma fille doit retourner à Guastalla... J'aurais pu préparer ma réponse. Il est vrai que je saurai en trouver une. Mais si je n'en trouvais point, si je n'en trouvais point... On vient. Du calme, vieil enfant, du calme!

SCÈNE V

Le prince, MARINELLI, Odoardo GALOTTI

LE PRINCE. Ah! mon cher, mon honnête Galotti, il faut qu'il arrive de telles choses pour que je vous voie chez moi. Pour une chose plus futile, vous ne l'eussiez pas fait. Pourtant, pas de reproches!

ODOARDO. Monseigneur, je tiens en toute occasion pour peu convenable d'importuner son prince. Celui qu'il connaît, il le fait demander, quand il a besoin de ses services. Aujourd'hui même, vous voudrez bien me pardonner...

LE PRINCE. Combien d'autres en qui je souhaiterais de trouver cette fière modestie!... Mais, au fait! Vous devez être impatient de voir votre fille. Elle est dans de nouvelles angoisses, par suite de l'éloignement soudain de sa tendre mère... Pourquoi aussi cet éloignement? Je n'attendais que le moment où l'aimable Emilia serait entièrement remise pour les ramener toutes deux en triomphe à la ville : vous m'avez diminué de moitié mon triomphe : mais je ne vous laisserai pas me l'enlever tout entier.

ODOARDO. C'est trop de faveur!... Permettez, prince, que j'épargne à ma malheureuse enfant, les mortifications de toute espèce qu'amis ou ennemis, compassion ou joie maligne lui tiennent toutes prêtes à Guastalla.

LE PRINCE. Les douces consolations de l'amitié et de l'intérêt, ce serait cruauté de les lui enlever. Quant aux mortifications de l'inimitié ou de la joie maligne, elles ne l'atteindront pas; cher Galotti, laissez-moi m'en charger.

ODOARDO. Prince, l'amour paternel réclame ce soin pour lui seul. Je crois savoir ce qui convient à ma fille, dans son désastre d'aujourd'hui... C'est l'éloignement du monde... un cloître... aussitôt que possible.

LE PRINCE. Un cloître?

ODOARDO. En attendant, elle pleurera sous les yeux de son père.

LE PRINCE. Tant de beauté se fanerait dans un cloître?... Un seul espoir déçu nous doit-il faire renoncer au monde d'une manière si absolue? Mais enfin, personne n'a le droit de s'opposer à la volonté d'un père. Galotti, emmenez votre fille où vous voudrez.

ODOARDO (*à Marinelli*). Eh bien, monsieur?

MARINELLI. Vous m'interpellez?

ODOARDO. Oh! nullement, nullement.

LE PRINCE. Qu'avez-vous tous deux?

ODOARDO. Rien, monseigneur, rien. Nous considérons seulement lequel de nous deux s'est trompé à votre endroit.

LE PRINCE. Qu'est-ce?... Parlez, Marinelli.

MARINELLI. Cela me fera perdre la faveur de mon prince. Cependant, quand l'amitié me commande avant tout de réclamer sa justice...

LE PRINCE. Quelle amitié?

MARINELLI. Vous savez, monseigneur, combien j'étais cher au comte Appiani, combien nos deux âmes semblaient liées l'une à l'autre...

ODOARDO. Vous savez cela, prince? Alors il n'y a que vous qui le sachiez.

MARINELLI. Lui-même m'a confié sa vengeance...

ODOARDO. A vous?

MARINELLI. Demandez-le à votre épouse. Marinelli, le nom de Marinelli fut la dernière parole du comte, en mourant; et avec un accent! un accent!... Il ne me sortira jamais de l'oreille, cet accent terrible, tant que je n'aurai pas tout mis en œuvre pour que ses assassins soient découverts et punis.

LE PRINCE. Comptez sur mon énergique coopération.

ODOARDO. Et sur mes vœux les plus ardents... Bien! bien!... Mais après?

LE PRINCE. Après, Marinelli?

MARINELLI. On a soupçonné que ce n'étaient pas que des brigands qui avaient attaqué le comte...

ODOARDO (*avec dédain*). Ah! vraiment?

MARINELLI. Que c'était un rival qui l'avait fait déménager de ce monde...

ODOARDO (*amèrement*). Ah! un rival?

MARINELLI. Oui...

ODOARDO. Alors... que Dieu le damne, le misérable qui s'est fait son assassin!

MARINELLI. Un rival, et le rival le plus favorisé...

ODOARDO. Comment? le plus favorisé? Que dites-vous?

MARINELLI. Rien que ce que la renommée répand.

ODOARDO. Un rival le plus favorisé? Le plus favorisé par ma fille?

MARINELLI. Ce n'est, ni ne peut être. Je le démens avec vous. Mais après tout, monseigneur,... si les vraisemblances les mieux fondées ne pèsent rien dans la balance de la justice; après tout, on ne peut pas se dispenser d'en venir à interroger sur ce point la belle infortunée.

LE PRINCE. Oui, sans aucun doute.

MARINELLI. Et où cela peut-il avoir lieu, où, si ce n'est à Guastalla?

LE PRINCE. En cela vous avez raison, Marinelli; en cela vous avez raison... Oui, en vérité, cela change la thèse, cher Galotti; vous le voyez vous-même.

ODOARDO. Oh! oui, je vois... je vois ce que je vois... Dieu! Dieu!

LE PRINCE. Qu'avez-vous? A quoi songez-vous?...

ODOARDO. Que je n'avais pas prévu ce que je vois maintenant. Cela me contrarie, rien de plus. Je vais la ramener à sa mère, et, jusqu'à ce que l'instruction la plus sévère l'ait innocentée, je ne quitterai pas moi-même Guastalla. Car, qui sait? (*Avec un sourire amer.*) Qui sait si la justice ne jugera pas nécessaire de m'interroger aussi?

MARINELLI. C'est très possible! Dans de tels accidents, la justice aime à faire plutôt trop que trop peu. C'est pourquoi je crains même...

LE PRINCE. Quoi? Que craignez-vous?

MARINELLI. Qu'on ne puisse avant l'arrêt, permettre que la mère et la fille communiquent ensemble.

ODOARDO. Qu'elles communiquent ensemble?

MARINELLI. Qu'il soit indispensable de séparer la mère et la fille.

ODOARDO. De séparer la mère et la fille?

MARINELLI. Et la mère, et la fille et le père. Les formes de la procédure exigent absolument cette précaution. Et je regrette, monseigneur, de me voir forcé de proposer pour cette cause, d'une manière expresse, qu'Emilia au moins soit placée sous une surveillance particulière.

ODOARDO. Sous une surveillance particulière?... Prince, prince!... Mais oui; certainement, certainement! C'est très juste; sous une surveillance particulière. Non pas, prince, non pas? Oh! comme la justice est subtile! Parfait! (*Il porte rapidement la main à la poche où il a placé le poignard.*)

LE PRINCE (*d'une voix caressante, en allant à lui*). Remettez-vous, mon cher Galotti.

ODOARDO (*à part, en retirant sa main vide*). Son bon ange l'a inspiré.

LE PRINCE. Comme vous vous trompez! Vous ne le comprenez pas. Ce mot de surveillance vous fait songer à une prison, à un cachot.

ODOARDO. Laissez-moi y songer, et cela me calmera.

LE PRINCE. Ne parlons pas de prison, Marinelli! Ici, la sévérité de la loi doit s'allier doucement avec la considération due à une vertu irréprochable. Qu'Emilia doive être mise en surveillance particulière, je le sais... mais de la manière la plus convenable... dans la maison de mon chancelier... Pas de contradiction, Marinelli! Je l'y vais conduire moi-même. Et je la confierai à la garde d'une des femmes honorables de cette maison, qui me répondra d'elle et sera sa caution. Vous allez trop loin, Marinelli, vraiment trop loin, si vous demandez davantage. Vous connaissez sans doute, Galotti, mon chancelier Grimaldi et sa femme?

ODOARDO. Comment en pourrait-il être autrement? Je connais aussi les aimables filles de ce noble comte. Qui ne les connaît? (*A Marinelli.*) Non, monsieur, ne consentez pas à cela. Si Emilia doit être enfermée, qu'elle le soit dans le plus profond cachot. Exigez-le, je vous en prie... Je ne suis qu'un fou, avec ma demande ; je ne suis qu'un vieil idiot!... Oui, elle a raison, la bonne prophétesse : « Qui, sur de certaines choses ne perd pas la raison, celui-là n'en a pas à perdre ! »

LE PRINCE. Je ne vous comprends pas... cher Galotti, que puis-je faire de plus?... Laissez-la demeurer là, je vous en prie... oui... oui, dans la maison de mon chancelier; elle y ira, je l'y conduirai moi-même ; elle y sera traitée avec la plus haute estime ; j'y engage ma parole... Mais n'ayez point de souci... Elle y demeurera!... Vous-même, Galotti, vous pouvez vous retirer où vous voulez. Vous pouvez nous suivre à Guastalla, vous pouvez vous en retourner à Sabionetta, comme vous voudrez. Il serait ridicule de vous interroger. Et maintenant, au revoir, cher Galotti!... Venez Marinelli, il se fait tard.

ODOARDO (*absorbé par de profondes réflexions*). Comment? Ne puis-je donc pas même parler à ma fille? Je trouve tout d'ailleurs parfait. La maison d'un chancelier est naturellement un lieu franc pour la vertu. Oh! monseigneur, conduisez ma fille là; nulle part ailleurs que là... Mais je désirerais auparavant lui parler. La mort du comte lui est encore inconnue. Elle ne pourra pas comprendre pourquoi on la sépare de ses parents... Afin de la lui annoncer avec ménagement; afin de la tranquilliser à propos de cette séparation... il faut que je lui parle, monseigneur, il faut que je lui parle.

LE PRINCE. Venez donc...

ODOARDO. Oh! la fille peut aussi bien venir à son père... Ici, en tête à tête, j'en aurai bientôt fini avec elle... Veuillez me l'envoyer, monseigneur.

LE PRINCE. Oui!... O Galotti, si vous vouliez être mon ami, mon guide, mon père!

SCÈNE VI

Odoardo GALOTTI

ODOARDO (*Il le suit du regard, et après un silence*). Pourquoi pas ?... De tout cœur... Ha! ha! ha! (*Il regarde d'une manière farouche autour de lui*). Qui est-ce qui rit ici ? Pardieu, je crois que c'est moi-même... Tant mieux! Gai ? gai! Le jeu tire à sa fin. D'une façon ou d'une autre... Mais... (*Silence.*) si elle s'entendait avec lui ? Si c'était la farce de tous les jours ? Si elle n'était pas digne de ce que je veux faire pour elle ?... (*Silence.*) Pour elle ? Qu'est-ce que je veux donc faire pour elle ? Ai-je le cœur de me l'avouer ?... Je pense à une chose, qui ne se dit pas... C'est horrible! Sortons, sortons, je ne veux pas l'attendre. Non! (*Les yeux levés vers le ciel.*) Que celui qui l'a jetée innocente dans ce gouffre, l'en retire! Qu'a-t-il besoin de mon aide? Sortons. (*Il va sortir et aperçoit Emilia qui entre.*) Trop tard! Ah! il veut mon aide, il la veut!

SCÈNE VII

Emilia GALOTTI, Odoardo GALOTTI

EMILIA. Comment, vous ici, mon père ?... Et seul ?... Et ma mère? Elle n'est pas ici ?... Et le comte? Il n'est pas ici ? Et vous êtes si agité, mon père ?

ODOARDO. Et toi, si calme, ma fille ?

EMILIA. Pourquoi pas, mon père ?... Ou rien n'est perdu, ou tout. Que nous puissions être calmes, ou que nous devions l'être, cela ne revient-il pas au même!

ODOARDO. Mais que penses-tu que soit l'accident?

EMILIA. Que tout est perdu... et que nous n'en devons pas moins être calmes, mon père.

ODOARDO. Et tu serais calme, par cela seul que tu le dois?... Qui es-tu? Une jeune fille? Mon enfant? L'homme et le père devraient-ils rougir ainsi devant toi? Mais écoute : qu'appelles-tu : tout perdu? Est-ce, que le comte soit mort?

EMILIA. Et pourquoi serait-il mort? Pourquoi? Ah! C'est donc vrai, mon père? Elle est donc vraie, toute l'effrayante histoire que j'ai lue dans les yeux humides et irrités de ma mère?... Où est-elle allée, mon père?

ODOARDO. En avant... nous allons la suivre.

EMILIA. Le plus tôt sera le mieux. Car, si le comte est mort, s'il est mort pour cela... pour cela! Pourquoi nous arrêter encore ici? Fuyons, mon père.

ODOARDO. Fuir? Quelle nécessité?... Tu es et tu resteras entre les mains de ton ravisseur.

EMILIA. Je resterai entre ses mains?

ODOARDO. Et seule, et sans ta mère, et sans moi.

EMILIA. Moi, seule entre ses mains? Jamais, mon père... ou, c'est que vous ne seriez pas mon père... Moi, seule entre ses mains?... Bien, abandonnez-moi, abandonnez-moi seulement... Certes je veux voir qui m'arrêtera, qui me contraindra... Quel est cet homme qui peut contraindre un homme.

ODOARDO. Je te croyais calme, ma fille.

EMILIA. Je le suis. Mais qu'appelez-vous être calme? Est-ce se croiser les bras? Est-ce endurer ce qu'on ne devrait pas endurer? Est-ce souffrir ce qu'on ne devrait pas souffrir?

ODOARDO. Ah! si tu penses ainsi, laisse-moi te serrer dans mes bras, ma fille. J'ai toujours dit que la nature a voulu faire de la femme son chef-d'œuvre. Mais elle s'est trompée d'argile; elle l'a prise trop fine. Autrement, tout serait meilleur en vous qu'en nous. Ah! ton calme est tel que j'ai retrouvé le mien. Laisse-moi t'embrasser, ma fille!... Pense seulement à ceci : sous le prétexte d'une instruction judiciaire. — Oh! l'infernale bouffonnerie! — il t'arrache de mes bras et te conduit chez la Grimaldi.

EMILIA. De vos bras? chez la Grimaldi? Il veut, il veut. Mais si, nous, nous ne voulons pas, mon père!

ODOARDO. Cela me mit aussi dans une telle fureur, que je saisissais déjà ce poignard... (*Il le sort.*) pour percer le cœur à l'un des deux, à tous les deux!

EMILIA. Non pas, mon père; par le Ciel! Cette vie est tout ce qu'ont les vicieux... A moi, mon père, à moi ce poignard!

ODOARDO. Enfant, ce n'est pas une épingle à cheveux.

EMILIA. Les épingles à cheveux feraient au besoin l'office de poignard... C'est indifférent.

ODOARDO. Quoi? En serais-tu arrivée là? Non pas, non pas. Reviens à toi... Toi aussi, tu n'as qu'une vie à perdre.

EMILIA. Et qu'une innocence aussi!

ODOARDO. Qui est au dessus de toute violence...

EMILIA. Mais non, au dessus de toute séduction... La violence, la violence, qui est-ce qui ne peut pas la braver la violence? Ce qu'on appelle la violence, ce n'est rien. La vraie violence, c'est la séduction. Mon père, j'ai le sang aussi jeune, aussi ardent qu'une autre. Mes sens sont des sens. Je ne résisterai pas, je ne serai pas forte. Je connais la maison des Grimaldi. C'est la maison du plaisir. Une heure passée là, sous les yeux de ma mère, et il s'est élevé tant de tumulte dans mon âme, que les pratiques les plus sévères de la piété ont pu à peine en une semaine l'apaiser. De la piété, oui, et de quelle piété!... C'est pour n'éviter rien de pis que des milliers de vierges se sont précipitées dans les flots, et elles sont saintes... Donnez-moi, mon père, donnez-moi ce poignard.

ODOARDO. Ah! si tu connaissais, ce poignard!

EMILIA. Que je le connaisse, ou non... un ami inconnu est aussi un ami... Donnez-le moi, mon père, donnez-le moi.

ODOARDO. Si je te le donne... alors! (*Il le lui donne.*)

EMILIA. Alors! (*Elle le saisit pour s'en frapper; son père le lui arrache.*)

ODOARDO. Vois, quelle promptitude! Non, ce n'est pas fait pour ta main.

EMILIA. C'est vrai, il suffira d'une épingle à cheveux! (*Elle porte les mains à ses cheveux, pour en chercher une; elle saisit la rose.*) Tu es encore là?... A terre! Tu ne conviens pas aux cheveux d'une... comme mon père veut que je devienne.

ODOARDO. O ma fille!

EMILIA. O mon père, si je vous devinais!... Non, certes, ce n'est pas cela non plus que vous voulez. Autrement vous ne trembleriez pas ainsi. (*Avec amertume, pendant qu'elle effeuille la rose.*) Autrefois il y eut un père qui pour arracher sa fille à l'infâmie, lui plongea d'une main ferme, l'acier dans le cœur... Il lui donnait ainsi une seconde fois la vie. Mais de tels faits sont d'autrefois. De tels pères, il n'y en a plus.

ODOARDO. Si, ma fille, si! (*Il la poignarde.*) Dieu! qu'ai-je fait? (*Elle tombe; il la reçoit dans ses bras.*)

EMILIA. Vous avez brisé la rose, avant que la tempête l'eût effeuillée. Laissez-la moi baiser, cette main paternelle.

SCÈNE VIII

Le prince, MARINELLI, les précédents

LE PRINCE. (*En entrant.*) Qu'est-ce?... Emilia se trouve mal?

ODOARDO. Au contraire!... Au contraire!...

LE PRINCE. (*S'approchant.*) Que vois-je? Horreur!

MARINELLI. Malheur à moi!

LE PRINCE. Père cruel, qu'avez-vous fait?

ODOARDO. J'ai brisé la rose avant que la tempête l'eût effeuillée... N'est-ce pas ainsi, ma fille?

EMILIA. Ce n'est pas vous, mon père... C'est moi-même..., moi-même...

ODOARDO. Non pas toi, ma fille... non pas toi! Ne

t'en va pas de ce monde avec un mensonge. Non pas toi, ma fille! C'est ton père, ton infortuné père!

EMILIA. Ah! mon père! (*Elle meurt : il la pose doucement sur le sol*).

ODOARDO. La voilà!... Et maintenant, prince! Vous plaît-elle encore? Excite-t-elle encore vos désirs? Encore, dans ce sang qui crie vengeance contre vous? (*Après un silence.*) Mais vous attendez la fin de tout ceci. Vous attendez peut-être que je tourne l'acier contre moi-même, et que je finisse mon action comme une fade tragédie... Vous vous trompez. Le voici... (*Il jette le poignard à ses pieds.*) Le voici, le témoin sanglant de mon crime! Je pars, je vais me constituer prisonnier. Je pars et je vais vous attendre comme juge... et puis là-haut, je vous ajourne devant notre juge à tous!

LE PRINCE. (*Après un moment de silence, pendant lequel il contemple le cadavre, avec horreur et désespoir, à Marinelli.*) Là, le poignard, ramasse-le... Et bien! tu hésites?... Misérable! (*Il lui arrache le poignard des mains.*) Non, non, ton sang ne doit point se mêler à ce sang... Va-t'en, dérobe-toi à mes yeux pour toujours! Va-t'en, te dis-je. — Mon Dieu! mon Dieu! Ne suffit-il pas pour leur plus grand malheur, que les princes soient hommes, faut-il encore que le démon s'incarne dans leurs amis!

FIN D'EMILIA GALOTTI

TABLE DES MATIÈRES

L'œuvre dramatique de Lessing 5
Nathan le Sage. 37
Miss Sara Sampson 159
Émilia Galotti. 255